AF559524

La longue route

DU MÊME AUTEUR AUX ÉDITIONS J'AI LU

Vagabond des mers du Sud, N° 3935.

Cap Horn à la voile, N° 4038.

Tamata et l'alliance, N° 4138.

BERNARD MOITESSIER

La longue route

Seul entre mers et ciels

RÉCIT

LES GRANDES LATITUDES

Carte du voyage

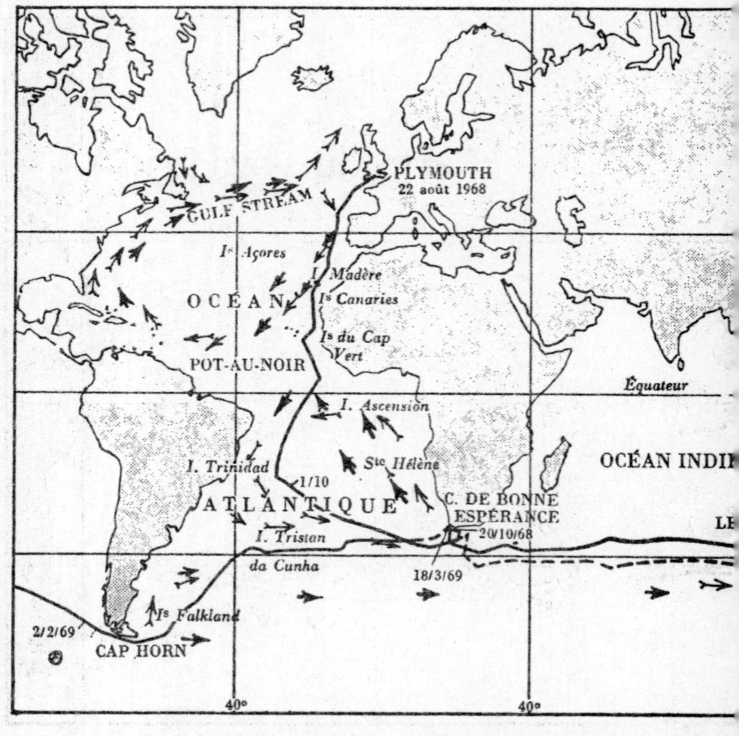

En trait plein : 1er tour du monde. En pointillé : 2e navigation : océans Indien

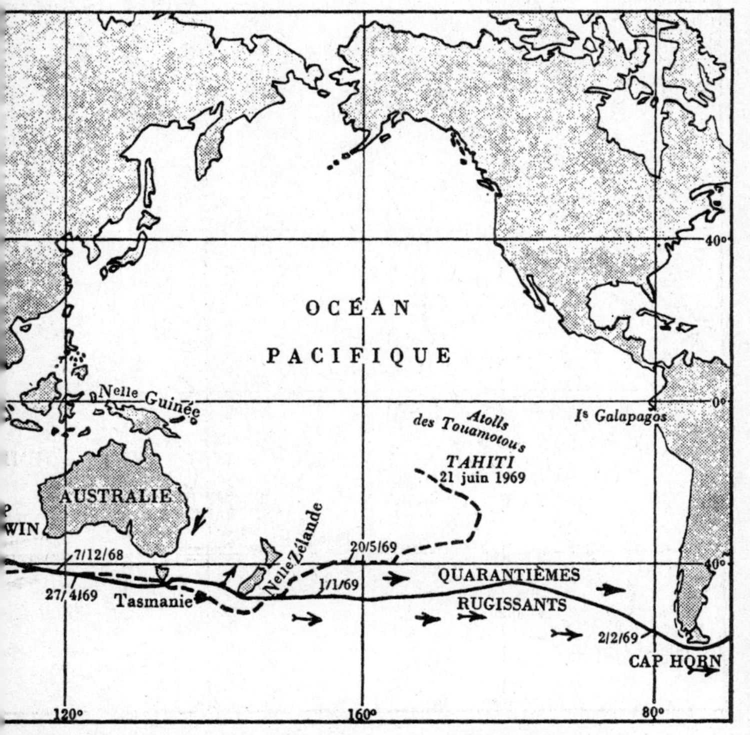

acifique. L'ensemble du voyage représente un tour du monde et demi.

Préface

Mon cher Bernard,

J'aurais bien voulu entendre à nouveau ton rire, une fois, juste une fois, devant mon air stupéfait quand Arthaud, ton éditeur « historique », m'a demandé une préface pour la réédition de *La Longue Route* ! Tu imagines ? Étrange inversion des rôles, non ? Lorsque nous nous sommes rencontrés pour la première fois, c'était justement peu avant ce voyage devenu la référence maritime incontournable. À l'époque, j'étais un « éléphant »[1], et toi déjà davantage qu'un navigateur. Tu représentais l'homme de mer que je voulais devenir, tu appartenais à cette espèce particulière des marins-amphibiens dont l'accomplissement se tient au large, dans un recueillement secret et souvent solitaire, en harmonie charnelle avec la mer, loin, très loin des lois de la terre. J'en rêvais.

D'abord « vagabond des mers », tu avais découvert un nouvel élan dans le souffle puissant des mers australes, à l'occasion d'une première traversée sans escale de 14 216 milles et de 126 jours entre Tahiti et Alicante, via le cap Horn[2]. Ce pro-

1. Novice.
2. *Cap Horn à la voile*, Arthaud, 1967.

logue à la longue route avait eu lieu deux ans auparavant (en 1965-1966) à bord de *Joshua*, avec ta femme Françoise, et il constituait – presque par hasard – un record inédit : celui de la plus longue traite sans escale jamais accomplie par un petit voilier. Tu n'avais évidemment pas couru après un exploit, ce sillage était simplement la route logique pour rentrer en Europe le plus vite possible afin que Françoise retrouve au plus tôt ses enfants.

Il s'était passé des choses autrement plus importantes qu'un record durant ces quatre mois de mer. Le monde des latitudes extrêmes, avec ses vents soutenus et sa longue houle, avec ses lumières délicates ou fulgurantes, ses nuits inquiétantes peuplées d'étoiles au scintillement intense, et avec pour seule compagnie les albatros géants qui planent inlassablement, t'avait pénétré comme une révélation. Peut-être le tournant fut-il une tempête phénoménale qui dura six jours, et durant laquelle tu compris qu'en ces régions agitées, un bateau malmené a plus de chance de s'en sortir en allant vite qu'en essayant de résister. D'un coup d'Opinel, tu sectionnas les traînards qui freinaient *Joshua*. Le voilier sembla se libérer, il bondit, dévala les pentes déferlantes en glissant sur le flanc, et il parut enfin capable de s'intégrer à son nouvel univers.

Ce coup d'Opinel représente certainement un affranchissement salvateur et symbolique dans ta vie. Ton intuition ne t'avait pas offert qu'une technique de gros temps qui allait faire parler d'elle ; tu avais découvert quelque chose d'essentiel : il suffit d'écouter le chant grave de ces océans sauvages pour comprendre les lois de la vie. On sublime alors son voyage et on accède à la véritable dimension des choses. Pour un navigateur, c'est là-bas dans le Grand Sud que le pacte se scelle le mieux, car nulle part ailleurs la mer n'est aussi absolue. Tu revins transformé de cette longue traite, presque transcendé.

Il faut se rappeler que vers la fin de ces années 1960, la mer n'était encore que voyage et aventure. Aux yeux du public, la course transatlantique en solitaire dans laquelle s'était illustré Éric Tabarly en 1964 constituait encore le haut fait maritime. Le cap Horn demeurait un mythe, peu de navigateurs s'y étaient risqués et il s'agissait de voyageurs ou d'aventuriers, pas de coureurs. Il y avait pourtant dans l'air une excitation, un goût de surenchère qui poussait les défricheurs du large à élargir leur quête, à franchir de nouvelles frontières. Quand, peu après ton premier périple, Chichester redora le blason britannique en accomplissant une circumnavigation en solitaire par les trois caps mythiques – Bonne-Espérance, Leeuwin, Horn –, avec une seule escale en Australie[1], vous étiez déjà quelques-uns à avoir admis que le seul défi qui restait à relever était le suivant : un homme, un bateau et le tour du monde sans escale et sans assistance extérieure. Tu étais de ceux-là, tu le fis savoir... tout en gardant secrète la réelle motivation de ce projet fou. La publication précipitée du récit de ta récente traversée t'avait laissé un sentiment amer : « Peut-être étais-je au bord du suicide quand... dans un flash d'une intensité fulgurante... j'ai vu comment me racheter. Puisque j'avais trahi en bâclant mon bouquin, je n'avais qu'à en écrire un autre pour effacer celui-là et mettre fin à la malédiction qui pesait sur mon âme.

1. 28 500 milles au total, en deux traites de 107 jours et 119 jours, d'août 1966 à mai 1967.

Un livre tout neuf et tout propre qui raconterait un nouveau voyage... une traversée gigantesque...

Ivre de joie, empoigné par la vie, je vole maintenant au milieu des étoiles. Mon cœur et mes mains contiennent ensemble l'unique solution... tellement lumineuse, tellement évidente, tellement énorme aussi qu'elle en devient transcendante. Le tour du monde sans escale par les trois caps...

... Mais cette fois, je partirai seul vers ce combat qui sera le plus grand de ma vie. »[1]

Rédemption ou appel irrésistible d'un accomplissement qui ne pouvait se poursuivre qu'en tête à tête avec la toute-puissance du Sud, dans un très long voyage plus ambitieux qu'une glorieuse épopée maritime. Il ne s'agissait plus de destination mais de destinée.

Cette « traversée gigantesque » (tu n'emploies jamais les mots à la légère) était passionnante car, pour espérer la réussir, il fallait savoir allier une préparation technique parfaite et des vertus morales inébranlables. Défi personnel et défi technique qui n'avaient jamais été relevés, à une époque où n'existaient pas les GPS, cartes météo instantanées, où les premiers matériaux synthétiques commençaient tout juste à remplacer les voiles en coton et les cordages en chanvre. Donc, pas de raison de changer ce qui marchait ou tenait sur l'indestructible *Joshua*, les poteaux télégraphiques en guise de mâts étaient parfaits, les câbles galvanisés faisaient l'affaire : il suffisait de donner du vent au voilier ; lui, il offrirait la traversée et le reste. Tu retiras tous les poids inutiles (moteur, mouillages, etc.) après quelques semaines de mer, tu t'allégeras même d'un stock de superflu, provisions, rechanges, cordages...

1. *Tamata et l'Alliance*, Arthaud, 1993.

Que le journal britannique *Sunday Times* reprenne l'idée de cette navigation risquée pour en faire une course à suspens était presque anecdotique : le projet avait déjà séduit d'autres navigateurs et chacun savait que s'il raflait les prix (un globe en or pour le premier arrivé et 5 000 livres sterling pour la navigation la plus rapide), « le règlement ne précisait pas qu'on devait dire merci ».

Le voyage était solitaire mais cependant fraternel, entre oiseaux du large, et durant ces mois de mer tu t'inquiéteras pour les concurrents croisés avant le départ, ton copain Loïck Fougeron, Bill King, Nigel Tetley, etc. Stupéfiante course en vérité, mais exceptionnelle aventure maritime qui rassembla neuf partants dont certains ne savaient même pas naviguer. Un seul parvint à boucler la boucle, le solide Britannique Knox-Johnston, deux fois jugé « désespérément normal » par le psychiatre qui l'examina avant et après son périple de dix mois. C'est pourtant bien à cette étrange compétition que se réfèrent les grandes courses actuelles autour du monde, sans doute parce qu'elle constituait alors l'ultime défi individuel, extrême et sans recours, que l'homme pouvait encore lancer à l'inconnu, en y risquant tout.

Dans l'intime solitude du large, en complicité parfaite avec ton bateau et ton univers océanique, tu accomplis ton « boulot de marin » avec une efficacité remarquable, quasi idéale. Après des mois de mer, et après avoir vaincu les trois caps, il te plaça en position de probable vainqueur. Mais parti pour une quête qui n'avait rien à voir avec le franchissement d'une ligne d'arrivée (victoire futile qui aurait pu faire voler en éclats l'harmonie assemblée avec tant de patience), tu préféras poursuivre ta longue route.

Il te fallait annoncer cette décision à ceux qui attendaient, et préparer ton retour vers la terre. Ce n'était pas le plus facile à expliquer, ni le voyage le plus tranquille, tu le savais.

À une époque fertile en remises en cause de tout ordre, le message se mélangea peut-être à beaucoup d'autres, écologiques, libertaires ou contestataires. Mais il marqua son époque, et, quelques décennies plus tard, ton voyage dépasse toujours la stricte épopée maritime, il demeure fort, pur, poétique et émouvant. Il est authentique. Les conditions de navigation ont bien changé et les tours du monde à la voile les plus surprenants se sont banalisés. C'est pourtant à travers celui de *Joshua* que les navigateurs se reconnaissent toujours le mieux et, que l'on soit terrien ou marin, pour peu que l'on sache encore regarder les nuages et apprivoiser le vent, tu nous touches de la même façon qu'hier.

En nous offrant *La Longue Route*, qui fit de toi un auteur aussi important que le marin, tu as depuis longtemps gagné ton autre course : il s'agit bien du livre dont tu rêvais, « un livre tout neuf et tout propre ». Avec des pages sublimes pour conter la communion d'un homme seul et du vieil océan, des pages qui ont marqué la littérature maritime.

Dis-moi Bernard, comment t'offrir autre chose qu'un préambule affectif en guise de clin d'œil à cette réédition ?

Gérard Janichon

I

Joshua et *Captain Browne* bord à bord à Plymouth. Bernard Moitessier et Loïck Fougeron se préparent de concert et s'entraident jusqu'au bout.

1

Toute la toile

Le sillage s'étire, blanc et dense de vie le jour, lumineux la nuit comme une longue chevelure de rêve et d'étoiles. L'eau court sur la carène[1] et gronde ou chante ou bruisse, selon le vent, selon le ciel, selon que le couchant était rouge ou gris. Il est rouge depuis plusieurs jours et le vent chantonne dans le gréement, fait battre une drisse* parfois contre le mât, passe comme une caresse sur les voiles et poursuit sa course vers l'ouest, vers Madère, tandis que *Joshua* descend vers le sud à 7 nœuds dans l'alizé.

Vent, Mer, Bateau et Voiles, un tout compact et diffus, sans commencement ni fin, partie et tout de l'Univers, mon univers à moi, bien à moi.

Je regarde le soleil se coucher, je respire le souffle du large, je sens mon être s'épanouir et ma joie vole si haut que rien ne peut l'atteindre. Quant aux autres questions, qui me troublaient parfois, elles ne pèsent pas un gramme face à l'immensité d'un sillage tout près du ciel et plein du vent de la mer, que ne peuvent perturber les petits mobiles habituels.

---

1. Afin que le lecteur peu familiarisé avec les choses de la mer suive facilement ce récit, un glossaire à la fin de l'ouvrage donne la définition des termes techniques marqués d'un astérisque.

Avant le départ de Toulon en direction de Plymouth, j'étais très monté contre le *Sunday Times* qui avait décidé d'« organiser » une régate pour solitaires autour du monde et sans escale, avec de l'argent pour récompense. Deux prix à la clé : un globe en or pour le premier arrivé, et 5 000 livres sterling pour le voyage le plus rapide. Le règlement était simple, inutile d'être officiellement inscrit, les bateaux devaient quitter un port quelconque d'Angleterre entre le 1er juin et le 31 octobre et y revenir après avoir doublé les trois caps, Bonne-Espérance, Leeuwin et Horn.

Le *Sunday Times* avait eu cette idée après avoir appris que Bill King et *Joshua* se préparaient pour la longue route. Mon vieux copain Loïck Fougeron préparait lui aussi ce voyage, nous avions échangé des confidences à Toulon. Il y était question de gréement, matériel, vivres, poids inutiles, poids gênants mais indispensables, voiles minces et maniables, ou bien toile plus lourde et plus solide mais plus difficile à ferler* dans un coup de chien des hautes latitudes, récupération d'eau de pluie, mauvais temps, froid, solitude, saisons, résistance humaine. Seulement les choses de la mer. Après l'annonce du *Sunday Time*, nous avons décidé de conduire nos bateaux à Plymouth pour pouvoir, le ciel aidant, rafler l'un de ces prix, ou mêmes les deux (c'était permis), sans pour autant risquer de perdre notre liberté, puisque le règlement ne précisait pas qu'on devait dire merci. Du point de vue purement technique, ce trajet sur Plymouth constituait en outre un excellent galop d'essai avant la grande épreuve, cela permettait de voir les détails qui clochaient et de tout mettre au point dans ce port.

Le vent tient bon, *Joshua* marche très vite, je sens passer dans tout mon être ce souffle de haute mer qu'on n'oublie jamais plus après qu'on l'a goûté. Quelle paix ici, au grand large ! Il y a belle lurette que je n'en veux plus à l'équipe du *Sunday Times*. En fait, c'était fini de ma rancœur dès notre premier contact à Plymouth. Car derrière le *Sunday Times*, il y a les hommes de ce journal. Robert, le patron de l'équipe, souhaitait me voir embarquer un gros poste émetteur avec batteries et chargeur. Il m'en faisait cadeau, à Loïck aussi, pour qu'on lui envoie deux messages par semaine. On ne voulait pas de ce gros truc encombrant, on défendait notre tranquillité, donc notre sécurité. Nous ne pouvions pas être d'accord, mais Robert comprenait le sens de notre voyage et nous étions amis. Steeve, son collaborateur du service de presse, nous a bourrés de pellicules photo, avec en plus un Nikonos japonais étanche pour chacun. Il nous a dit : « On vous fait cadeau de tout ça, on ne vous demande rien en échange. » Et Bob, le photographe du *Sunday Times*, m'a donné tous les tuyaux possibles sur son métier. Il regrettait, lui aussi, que je préfère mon bon vieux lance-pierres à 100 ou 150 kilos de matériel radio, mais il sentait mes raisons, m'aidait à trouver de bons élastiques, me procurait les petits tubes d'aluminium où je pourrais enfermer des messages pour les catapulter sur le pont des navires de rencontre. Un bon lance-pierres... ça vaut tous les postes émetteurs du monde ! Et c'est tellement mieux, de se débrouiller avec seulement les deux mains que le bon Dieu m'a données, et une paire d'élastiques ! Je tâcherai de leur faire parvenir messages et pellicules, ça leur fera plaisir... et à moi aussi.

Madère est sur ma droite, déjà. Presque 150 milles de moyenne journalière depuis le départ de Plymouth. Je me demande où passeront Bill King et Loïck Fougeron. À droite ou à gauche de Madère ? À droite ou à gauche des Canaries, plus loin ? Et les îles du Cap-Vert... à droite ou à gauche ?... Nous avions parlé souvent de ces problèmes Loïck, Nigel et moi pendant les six semaines de préparatifs à Plymouth, lorsque nos bateaux[1] reposaient dans le bassin à flot de Milbay Dock. À cette époque, nous pensions tous laisser les îles du Cap-Vert sur bâbord, le pot-au-noir se rétrécissant en principe vers l'ouest. Mais nous n'avions pas encore étudié les *pilot charts* en vue de ce détail que nous aurions largement le temps de mettre au point, à tête reposée, après le départ. Il nous restait alors trop de menus travaux beaucoup plus importants à régler avant l'appareillage.

Nigel, retenu encore un peu par sa profession, ne pourrait pas partir avant le début du mois de

1. *Captain Browne* de Loïck Fougeron : cotre acier de 9 mètres à gréement aurique. C'est l'ancien *Hierro* des Van de Wiele. *Victress* de Nigel Tetley est un trimaran de 12 mètres environ, en contreplaqué. *Galway Blazer II* de Bill King est une goélette en bois moulé d'environ 13 mètres avec un gréement dérivé des jonques chinoises, mâts non haubanés, bouge important, tonture inversée. Il y avait au total neuf partants pour cette aventure. Je ne connais personnellement que Bill, Nigel et Loïck, puisque nous étions réunis à Plymouth. Plusieurs étaient déjà partis longtemps avant nous, d'autres sont partis après, le lieu et la date de départ étaient laissés au choix de chacun. Sur les neuf partants, seul Robin Knox-Johnston a ramené son bateau en Angleterre après avoir passé les trois caps. Nigel était presque de retour, avec lui aussi trois caps dans son sillage, lorsque *Victress* s'est désagrégé dans l'Atlantique. Je l'ai appris quelques jours après l'arrivée de *Joshua* à Tahiti. Crowhurst est mort en mer. Tous les autres ont dû s'arrêter en chemin pour causes d'avaries sérieuses, bateaux roulés par les déferlantes, etc. Loïck avait conduit d'abord son bateau de Belgique à Casablanca, puis de là à Plymouth pour prendre le départ.

septembre, tandis que Loïck, Bill King et moi devions quitter Plymouth vers le 15 août. Mais le vent soufflait de l'ouest depuis une dizaine de jours. Bill King, arrivé tout récemment à Plymouth, terminait les dernières mises au point, dans l'enceinte de l'arsenal, difficile d'accès aux civils et assez éloigné de notre bassin. Ses contacts avec le reste de la bande étaient donc rares, occupés que nous étions par les mille détails précédant un appareillage. Tout bien pesé, ce mauvais temps d'ouest nous arrangeait dans un sens, puisqu'il nous obligeait à attendre utilement la renverse.

On se croit parfois paré à 100 % pour un grand départ. Puis vient une période de mauvais temps qui conseille de rester encore un peu au mouillage, et c'est alors que tout se décante pour de bon.

Dernières provisions, dernières visites dans les magasins pour trouver des sacs en plastique d'un modèle qu'on n'avait pas encore à bord, dernières vérifications d'un appareil photo, achat d'une cellule de rechange, retour chez le marchand parce que, tout bien pesé, il faut absolument acheter ce petit magnétophone pour la musique, puis on pense aux élastiques de rechange pour le lance-pierres, il faudrait aussi prendre encore quelques vieilles chambres à air pour fabriquer les sandows qui serviront à limiter le débattement de la barre par grosse mer.

Il y avait eu enfin cette bonnette* de 25 m² que j'avais retournée dans ma tête pendant toute la nuit, et que M. Clements a confectionnée le lendemain matin, à l'arrachée, en mettant toute son équipe sur ce travail. Il me l'avait apportée en fin d'après-midi. Les rafales de pluie faisaient vibrer le gréement, pas question de l'essayer, M. Clements garantit qu'il n'y aura pas d'os, qu'il a vérifié personnellement que les œils de pie disposés sur la bordure du génois* correspondent exactement à ceux de la bonnette. O. K., je lui fais confiance, il n'a fait que du travail parfait jusqu'à présent pour renforcer les points d'écoute de toutes les voiles de *Captain Browne* et de *Joshua*, et coudre des bandes de ris* supplémentaires :

Françoise !... viens me donner un coup de main pour descendre en vitesse le génois et la bonnette dans le poste avant... tant pis, viens comme tu es, vaut mieux nous mouiller que de laisser les voiles se mouiller... dis donc, si tu as un moment, passe prendre des mini-cassettes vierges, je pourrai enregistrer la musique qui me plaira à la radio, et aussi la météo, c'est Loïck qui m'a donné l'idée, on branche le magnétophone et on peut faire repasser le bulletin, et aussi comparer avec celui des autres jours... achète encore quinze petits flacons d'amuse-gueule variés, je risque d'être un peu court avec ceux que tu as apportés l'autre jour, tu ne seras pas là pour me faire la tambouille, tâche de trouver une autre marque pour varier... ohé Loïck ! Françoise va chercher des bricoles en ville après la pluie, si tu as besoin de quelque chose profites-en... O.K., je te passe une liste dans deux minutes, dis donc tu n'aurais pas besoin de cire en rabiot pour ton fil à voile, j'en ai trop... envoie, j'étais peut-être un peu juste en cas de gros pépin voilure, tiens prends ce paquet d'aiguilles n° 16, j'ai eu tellement de mal à les trouver en France que j'en ai pris trois fois trop, les n° 16 sont rares, et les aiguilles plus grosses cassent les fibres du Tergal... envoie, je n'ai pas trouvé plus petit que le n° 15 à Casablanca, dis donc, je peux te passer une caisse de biscuits du Maroc, vraiment sensas, j'en ai nettement trop pour le voyage... O.K. Loïck, merci, ça permettra de varier, tiens, je peux te passer une caisse de biscuits de l'armée, ça s'appelle « pain de guerre », tu verras, c'est

Joshua est dépourvu de moteur :
Moitessier le déborde du quai à la main.

fameux, pourquoi tu rigoles, on en a bouffé pendant tout le voyage Tahiti-Alicante et j'en ai redemandé six caisses à Toulon, arrête de rigoler, je t'assure que c'est bon, tiens, je te passe aussi une caisse d'Ovomaltine, j'en ai vraiment beaucoup, et ça, au moins, je sais que tu l'aimes.

Le mauvais temps d'ouest persistait. Tout avait retrouvé sa place. Nos bateaux flottaient plus haut, allégés d'une quantité de poids et de matériel inutiles pour la haute mer, entreposés chez un copain ou jetés dans les grandes poubelles de Milbay Dock.

Nous pouvions maintenant respirer à un rythme normal, nous détendre en bricolant à toute petite vitesse, plutôt pour ne pas perdre la main que par nécessité. Nous pouvions nous retrouver presque chaque soir, Nigel, sa femme Evelyn, Françoise, Loïck et moi, dans l'un de nos bateaux, évoquant le voyage, mais surtout parlant « cuisine à bord »... car notre instinct nous avertissait que la tambouille serait le vrai nerf de la guerre, une fois partis.

Jeudi 22 août à 7 heures du matin, la tête de Loïck sort du panneau en même temps que la mienne... nous venions d'écouter le bulletin météo.

— Tu as entendu ? On les met ?

— Et comment ! Demain c'est vendredi !

La météo annonce du vent favorable pour aujourd'hui et demain, mais aussi du brouillard. Tant pis pour le brouillard, demain est un vendredi, les marins n'aiment pas partir un vendredi, même quand ils ne sont pas superstitieux. Quant à attendre samedi, pas question, le vent aurait le temps de revenir à l'ouest : nous sommes peut-être fous de vouloir passer les trois caps dans la même foulée, mais nous ne serions quand même pas assez bêtes pour risquer délibérément de nous faire matraquer à froid dans le golfe de Gascogne, avec l'approche d'une nouvelle dépression. Le bon Dieu a donné le feu vert, ce n'est pas vendredi, on y va ! Bill King a encore quelques petites choses à régler. Il partira après-demain samedi. Tiens… Bill King non plus n'aime pas vendredi…

Tout s'est passé très vite à partir de ce moment-là. Je me souviens du petit visage de Françoise essayant en vain de retenir ses larmes, et moi, j'étais agacé de la voir pleurer : « *Mais puisque je te dis qu'on se reverra bientôt, qu'est-ce que c'est huit ou neuf mois dans une vie, ne me flanque pas le cafard dans un moment pareil !* » J'avais un tel besoin de retrouver le souffle de la haute mer, il n'y avait que *Joshua* et moi au monde, le reste n'existait pas, n'avait jamais existé. On ne demande pas à une mouette apprivoisée pourquoi elle éprouve le besoin de disparaître de temps en temps vers la pleine mer. Elle y va, c'est tout, et c'est aussi simple qu'un rayon de soleil, aussi normal que le bleu du ciel.

Toute cette toile en l'air après si longtemps ! On étarquera* à bloc au premier virement de bord, juste après l'angle du wharf*… crrric… les winches* d'écoutes*… l'eau murmure déjà sur la carène tandis que *Joshua* prend son erre et commence à vivre… Ceux qui ne savent pas qu'un voilier est un être vivant ne comprendront jamais rien au bateau ni à la mer.

Françoise ne pleurait plus. Elle était fascinée par la puissance et l'harmonie de cette longue coque rouge bordée d'une ligne noire, filant comme un songe à 7 nœuds vers la haute mer, sous ses grandes ailes blanches gonflées par le vent et pleine du rêve d'un homme et des pensées de beaucoup d'autres. Elle m'a crié : « *Tu n'as pas idée à quel point il est beau, veille bien sur lui, il te le rendra.* » Mais elle pleurait quand la vedette a fait demi-tour après la digue du port, nous laissant seuls ensemble devant la ligne d'horizon.

Brusquement, j'ai pensé très fort à mes enfants. Nous avions parlé souvent de ce voyage. Avais-je su le leur faire comprendre, à cette époque où la préparation technique sollicitait toutes mes ressources physiques et mentales ? Mais je crois maintenant qu'ils ont senti l'essentiel et sauront toujours obéir à leurs voix intérieures, sans quoi c'est le troupeau.

Nuit de veille dans le cockpit, allongé avec les oreilles en éventail, assis, les yeux cherchant à percer le rideau sombre, debout à faire les cent pas pour me dégourdir les jambes et écouter la nuit.

Le vent tient bon sur une mer presque plate. Le brouillard devenu terriblement dense tombe en grosses gouttes le long des bômes*. Je souffle de temps en temps dans la corne de brume, mais il n'y a pas de réponse. *Joshua* court dans l'axe de la Manche, loin des lignes de navigation, à égale distance de la France et de l'Angleterre. On a tendance à croire qu'un voilier est facilement repérable par un radar, à cause des haubans* métalliques, et qu'une coque d'acier l'est encore plus. Ce n'est pas forcément vrai, les énormes bouées métalliques, hautes sur l'eau, sont munies d'un réflecteur radar. Il y en a un à demeure, en tête du grand mât.

Joshua glisse à près de 7 nœuds dans un brouillard absolu, avec seulement le frou-frou atténué de l'eau sur la carène.

Le gros gigot préparé par Françoise a une présence énorme. Je suis bien protégé contre l'humidité grâce à l'ensemble pantalon-veste molletonnés en tissu imperméable avec cagoule attenante. C'est un matériel inusable, pas trop lourd, fabriqué à Coulange dans la Mayenne. Jean Rivolier, des expéditions polaires Paul-Émile Victor, m'en avait déniché trois, rescapés d'un incendie qui avait ravagé le dépôt. J'en avais donné un à Loïck qui doit être comme moi en train de souffler dans sa corne de brume ou d'écouter les messages de la nuit, bien au chaud dans son vêtement fourré. Celui dont je suis vêtu appartenait probablement à Paul-Émile Victor (il porte en grandes lettres sur le dos les initiales P.E.V.) ; un petit oiseau chante sur le E et un poisson rouge fait des bulles à l'intérieur du V.

Le petit oiseau dessiné sur le E me raconte sûrement des tas de choses, car je reste extralucide et attentif, sans aucune fatigue. Les objets inanimés qui ont beaucoup vu et fait du beau travail semblent dégager des ondes fastes.

Si Paul-Émile Victor s'est parfois demandé où diable avait bien pu passer sa vareuse au petit oiseau perché sur le E, j'espère qu'il n'en voudra pas à Jean Rivolier qui la lui a piquée pour me la donner. J'espère aussi que le poisson qui fait des bulles dans le V ne m'apportera pas la poisse plus tard, sous les hautes latitudes !

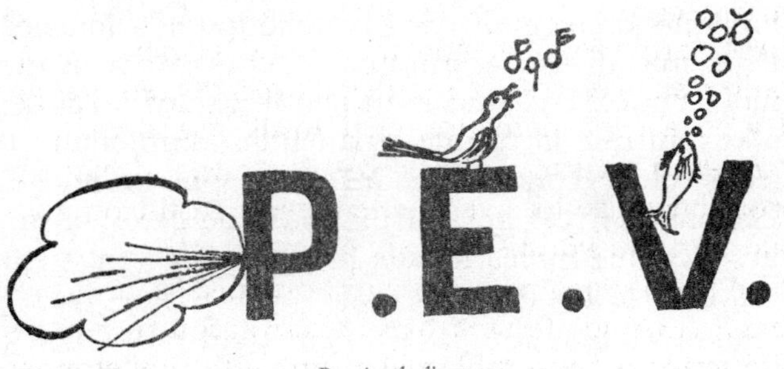

Dessin de l'auteur

Vendredi 23 août (lendemain du départ) : Vent E.-N.-E. force 3 à 4. Brouillard encore dense par moments. Réussi à faire une droite en fin de matinée et une méridienne à midi, de justesse à travers les stratus. Parcouru 150 milles depuis Plymouth. Nous voilà donc sortis de la Manche et très loin d'Ouessant, bien en dehors de la route des navires.

24 août : Vent de N.-N.-E. force 4, vitesse plus de 7 nœuds, ciel bouché, pas d'observation astro dans la matinée, ni même pour la méridienne. Mer pas trop agitée. Attrapé le soleil à la volée dans les stratus vers 15 heures, coup de chance, cela me permet de tracer une droite et pointer ma position d'après la distance parcourue au loch* (178 milles, presque 7,5 nœuds de moyenne depuis hier après-midi).

Joshua est loin de terre, au large des lignes de navigation, tout va donc bien et le vent reste stable, Loïck doit se féliciter, lui aussi, d'être parti jeudi malgré le brouillard. Je pense que nous avons suivi à peu près la même route par le milieu de la Manche et très loin d'Ouessant pour être tranquilles question navires.

25 août : Le brouillard qui nous tient depuis le départ se lève entièrement à 9 heures. Formidable ! La nuit dernière, beaucoup d'étoiles étaient visibles, alors que le ciel était resté bouché toute la journée et je me doutais que ça se tasserait pour aujourd'hui. Mais j'avais un peu le cafard à l'aube, en voyant que la brume tenait bon. Maintenant le ciel est bleu, d'un horizon à l'autre, sans un nuage. Cela paraît irréel après trois jours de cette saleté. Parcouru 167 milles depuis hier midi, le vent tient bon, c'est la belle vie.

Si nous étions équipés d'un émetteur radio, Loïck et moi, je lui aurais envoyé un message : « *Arrête de broyer du noir, tu auras bientôt du soleil* » (*Joshua* étant plus long que *Captain Browne* marche donc plus vite, et a quitté la zone de brouillard avant Loïck). Et Bill King, où est-il ? La B.B.C. n'a pas annoncé son départ, du moins n'ai-je rien entendu à la radio. Dommage qu'il n'existe pas de tout petits émetteurs du genre talkie-walkie à piles pouvant porter à 500 ou 600 milles. Cela nous aurait permis de prendre contact Loïck, Bill King et moi, tous les deux ou trois jours, jusqu'à ce que les écarts entre nos bateaux deviennent trop grands.

26 août : Toujours le bon vent portant, c'est une sacrée chance. Parcouru 176 milles dans les vingt-quatre heures. Ça mollit pendant l'après-midi, mais le golfe de Gascogne est dans le sillage : c'est du vrai beau temps avec bonne visibilité. Toujours pas de navires en vue, je suis loin des lignes de navigation, mais m'en rapprocherai bientôt pour essayer de me faire signaler au Lloyd's par un cargo.

27 août : Parcouru 100 milles seulement depuis hier, car le bon vent est devenu petite brise. Mais elle vient de la bonne direction, la mer est belle, le soleil chaud, c'est le principal. J'aimerais quand même aller plus vite, c'est tellement bon de regarder foncer le bateau.

C'est bon aussi de flemmarder sur le pont en se rôtissant au soleil en écoutant chantonner l'eau sur l'étrave. N'empêche que j'aimerais marcher plus vite, à cause des questions de saison dans l'océan Indien et surtout dans le Pacifique, pour le passage du Horn.

28 août : Vent toujours assez faible : parcouru 122 milles depuis hier. Croisé le *Fort Sainte-Catherine*

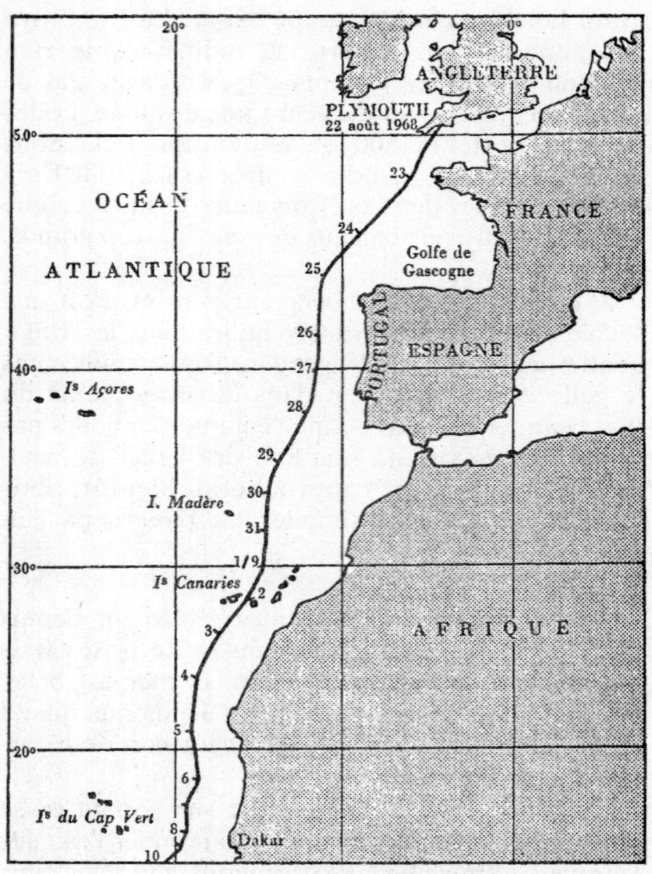

De 22 août au 10 septembre 1968

L'auteur, habitué à marcher pieds nus, prépare la voile d'avant sur le bout dehors.

Entre Toulon et Plymouth, dernière occasion de mettre au point le bateau.
On remarque le seau pour récupération de l'eau de pluie
(photo de Loïck Fougeron).

qui fait route vers Gibraltar. Il ne semble pas avoir remarqué mes signaux au miroir. En même temps que les signaux, je faisais descendre et monter mes pavillons M.I.K. Si j'ai pu lire son nom, il peut voir mes pavillons : pas de réaction sur la passerelle du navire. (Les pavillons M.I.K. veulent dire : « prière de signaler ma position au Lloyd's ».) Je porterai ces trois pavillons en permanence pendant tout le voyage, entre les pataras du grand mât. Le *Sunday Times* m'en a fourni quatre jeux de rechange.

29 août : Le vent est revenu, il y en a plein les voiles. 166 milles depuis hier, c'est presque trois degrés de gagnés en latitude… ça commence à sentir les tropiques et les poissons volants ! Loïck doit se dire la même chose en ce moment. J'espère qu'il n'a pas eu d'ennuis les trois premiers jours de brouillard. Un petit cargo… et boum… plus de poissons volants, plus d'alizés, plus de hautes latitudes. Et Bill King, où est-il ? Toujours rien à la B.B.C.

30 août : Grand beau temps, vent de N.-E. à N.-N.-E. force 2… Croisé encore un navire, trop loin pour que j'ose risquer de le dérouter en lui faisant des signaux de miroir : il aurait pu se fâcher. Je ne fais des appels au miroir que si le bateau est suffisamment près pour pouvoir lire mes pavillons M.I.K. En même temps, je descends et monte les pavillons afin d'attirer son attention sur mon seul souhait : « *signalez ma position au Lloyd's* » (et entre parenthèses : je n'ai pas besoin d'autre chose, merci, ne vous approchez surtout pas, je suis tout petit et vous êtes bien gros)…

Le nom de *Joshua* est écrit en lettres noires, se détachant bien sur le blanc de l'hiloire* du cockpit*. Quand j'ai peint ces lettres de 40 cm de haut, cela me rendait mal à l'aise, c'était terriblement tape-à-l'œil. J'avais été tenté de tout rebarbouiller en blanc, puisque ma grand-voile portait un grand numéro d'identification permettant au Lloyd's de savoir qu'il s'agissait de *Joshua* (n° 2). Nigel, plein de bon sens, m'avait dit : « *Ne sois pas idiot, si tu portes M.I.K. sans que le nom de* Joshua *soit écrit en très grandes lettres, un navire finira par te rentrer dedans en s'approchant trop pour te demander comment tu t'appelles, ce serait malin !* »

31 août : Très grand beau temps, force 2 du N.-E. La bonnette de 25 à 30 m^2 lacée sous le génois est installée depuis hier après-midi, portant la surface totale du génois à 60 ou 62 m^2. Ça tire comme un cheval et *Joshua* file plus de 5 nœuds sous ces petits souffles. Parcouru 111 milles dans les dernières vingt-quatre heures, alors que le loch indique 125 milles. Cette différence est due à un changement de cap important pour m'écarter de la route des navires la nuit dernière. Puis j'avais de nouveau modifié le cap vers 2 heures du matin, afin de retrouver des navires aujourd'hui et tâcher de me faire signaler au Lloyd's.

Françoise écoutait sûrement les bulletins météo des premiers jours qui ont suivi le départ. Elle devait être inquiète à cause du brouillard. J'aimerais la rassurer.

1er septembre : Croisé un navire tôt ce matin. Je l'attaque au miroir et il répond d'un coup de lampe Scott. Il a donc compris et me signalera au Lloyd's, Françoise saura que tout va bien, je suis content, j'ai gagné ma journée de bonne heure.

Redescendu tout heureux pour terminer ma moque de café, je jette un coup d'œil par le panneau, et qu'est-ce que je vois ?... le bateau qui revient ! Il avait fait un grand tour (je pouvais voir le sillage laissé sur l'eau calme) et m'arrivait dessus, par l'arrière. Hou ! la la ! Je n'en mène pas large... Il me longe à une quinzaine de mètres, comme une muraille qui s'élève beaucoup plus haut que mes mâts. Ce navire est énorme, il mesure bien plus de 100 mètres. Quand la passerelle arrive à ma hauteur, un officier crie dans son porte-voix : « *Nous vous signalerons au Lloyd's, avez-vous besoin de quelque chose ?* »

Je fais « non » de la main car j'ai la gorge bloquée. Ce monstre n'en finit pas de passer, j'ai tiré la barre à bloc pour m'écarter le plus possible, craignant qu'il ne dévie un peu et me fauche les deux mâts. Mais le commandant du *Selma Dan* connaît son affaire et possède un bon coup d'œil. J'ai quand même des sueurs froides et les jambes toutes molles. À cette distance, je pouvais canarder la passerelle au lance-pierres, mais n'avais pas eu le temps de préparer un message. Pas question de le lui faire comprendre, il est tellement gentil qu'il reviendrait. J'ai mon compte d'émotions pour aujourd'hui, avec une soif terrible. J'en connais un qui n'est pas prêt d'attaquer les navires au miroir avant quelque temps !

Hier, la météo de Paris-Inter annonçait un sérieux coup de vent dans l'Atlantique Nord et la Méditerranée. Je suis loin ! C'est bon d'être loin quand ça cogne là-haut plus au nord. Latitude à midi : 30° 19'. Le vent est très faible, mais les poissons volants sont pour bientôt, les dorades aussi... ça se sent rien qu'à regarder le ciel et la mer !

Les poissons volants arrivent avec l'alizé de nord-est, croché avant les Canaries. Il souffle sans grains, sauf une fois entre Gran-Canaria et Ténériffe, passées sous tourmentin* au lieu du génois, pendant quelques heures. En réalité, ce n'est pas un grain : l'alizé donne force 6 à 7 dans ce passage entre les deux îles.

La moyenne remonte jour après jour, sur une mer toujours pleine de soleil, avec parfois un bel arc-en-ciel jouant dans l'écume de la vague d'étrave. Je le filme, bien calé sur le balcon du bout-dehors*.

Le sillage s'étire, s'étire. Les Canaries sont maintenant sur l'arrière, les îles du Cap-Vert à droite, l'Afrique à gauche.

Toujours du beau temps, mais très peu de brise. La vitesse reste quand même surprenante, car *Joshua* porte plus de 145 m^2 de toile : en plus de la bonnette* de génois, j'ai installé un tourmentin de 5 m^2 en bonnette sous la bôme de grand-voile, et un autre tourmentin de 7 m^2 en tissu léger pour servir de seconde trinquette*. La mer est calme, il n'y a pas de roulis, tout ce petit monde se porte à merveille et fait son boulot en ramassant le moindre souffle. Je contemple mon bateau qui glisse à près de 7 nœuds sur une mer lisse, dans le soleil couchant. Quelle paix ! Deux semaines déjà, et 143 milles de moyenne journalière depuis Plymouth.

Les poissons volants chassés par les dorades planent par grandes bandes sur l'avant du bateau.

Le pot-au-noir est relativement proche maintenant. C'est une zone de calmes et de vents variables, avec pluie et grains, provoqués par la rencontre des deux alizés dans les parages de l'équateur. Sur la latitude des îles du Cap-Vert, le pot-au-noir s'étend à peu près entre le 15e et le 5e parallèle nord, soit environ 600 milles.

Pour les grands voiliers d'autrefois, le pot-au-noir représentait de longs jours épuisants à manœuvrer les lourds phares carrés sous une chaleur moite et un ciel plombé, pour profiter des moindres variations de la brise, avec des virements de bord continuels. Pour nous autres, petits yachts, le pot-au-noir est simplement un moment très énervant à passer, mais sans plus, car les virements de bord ne posent aucun problème et la zone sera en principe assez vite traversée. Cela n'empêche qu'un marin abordera toujours le pot-au-noir avec mauvaise conscience. Je me demande où passeront les copains. Moi, je ne suis pas encore tout à fait décidé entre la gauche ou la droite des îles du Cap-Vert.

Joshua se traîne depuis des jours qui semblent des semaines. Quand la brise tombe complètement, il faut tout border plat et amener le « génois-bonnette » de 60 m^2 qui fatiguerait trop en battant au roulis contre la draille* de trinquette. Chaque fois que la brise revient, presque toujours instable, je dois renvoyer le génois et régler les écoutes au centimètre près, pour capter les moindres risées, faire du sud à tout prix.

Je me nourris mal, je perds le mordant. J'ai laissé passer plusieurs occasions de faire un peu de route utile vers le sud parce que j'étais écœuré par la pluie, que je ne voulais pas me mouiller, que je ne me sentais pas en forme, n'ayant pas pris un repas correct depuis plusieurs jours.

Quand la pluie tombe, elle n'est même pas utile. Pour un voyage aussi long, chaque goutte d'eau douce envoyée par le ciel est un grand cadeau. Mais j'ai quitté Plymouth avec de quoi atteindre la Nouvelle-Zélande et aurai au moins dix occasions de compléter le plein du réservoir, d'ici la Tasmanie. Pourtant, j'ai récupéré cinquante litres entre hier et aujourd'hui, avec le seau suspendu pour cet usage sous la ferrure de bôme de grand-voile. C'était vraiment par principe, comme si je ne voulais pas quitter ce coin pourri avec les mains tout à fait vides.

Je me sens vide comme cette mer sans soleil, sans poissons, sans oiseaux, morte malgré cette garce de houle qui secoue le bateau et fait souffrir la voilure pour achever de m'effriter le moral. Il faut tenter de recoller tout ça, ne pas mollir, régler les écoutes vingt fois par heure, oublier la belle bonnette déchirée hier dans un grain, sortir à tout prix du pot-au-noir avant d'en avoir complètement marre de tout.

2
Tétrodons et requins

Ce matin, je me suis étiré de tout mon long, lentement, à gauche, puis à droite, puis en rond, faisant jouer l'une après l'autre chacune de mes articulations, bâillant à fond jusqu'à ce que les yeux se mouillent, remplissant mes poumons et tout mon corps avec un air nouveau. Et je sentais pénétrer en moi quelque chose qui ressemblait à la fois à une grande torpeur et à une grande force. C'est ainsi que la vie commence et je n'avais pas besoin de quitter ma couchette pour percevoir par tout mon être qu'aujourd'hui serait très différent d'hier.

Toute la nuit dernière, l'eau bruissait le long de la coque, je l'entendais même en dormant me semblait-il. Et quand j'ouvrais un œil et m'étirais avant de diriger le faisceau de la lampe torche sur le compas fixé au pied de la couchette, je savais qu'il dirait sud-sud-ouest. Je me rendormais chaque fois en quelques secondes avec un immense espoir au cœur.

J'entendais parfois tapoter contre le mât la seconde drisse* de trinquette. J'avais oublié de remettre le sandow qui la maintient écartée vers les haubans. D'ordinaire, ce bruit est déplaisant, il trouble la conversation à mi-voix de la mer et du bateau. Mais cette nuit-là, ce léger tapotement participait au chœur des sons nécessaires à la vie du marin, pour dire, lui aussi, que le vent était revenu, que les nuages auraient demain la forme et la couleur de l'alizé, petits flocons ourlés de rose dans un ciel qui bleuirait à mesure que monterait le soleil.

Je m'étire encore, cale bien le traversin sous le vent, et me rendors aussitôt. Les joies du marin sont aussi simples que celles des enfants.

Joshua court au près à 6 nœuds dans l'alizé de sud-est encore léger mais vrai, croché par 4° de latitude nord le 17 septembre.

Le pot-au-noir était plus large que prévu : je m'attendais à 600 milles environ. Il en faisait 900 où nous sommes passés. *Joshua* l'a traversé à 90 milles de moyenne journalière, la plus mauvaise traite n'ayant pas été inférieure à 50 milles dans les vingt-quatre heures. L'épreuve des calmes humides n'a donc pas été vraiment féroce. Cependant elle a duré dix jours, c'était long.

La moyenne générale est tombée de 143 milles pour l'entrée du pot-au-noir, à 125,4 milles à la sortie. Ce sera dur à rattraper. Il est temps aussi que je me refasse du lard. Je n'en avais pas beaucoup avant le pot-au-noir, il ne m'en reste plus du tout maintenant... mais le baromètre intérieur est en hausse rapide depuis la nuit dernière et j'ai ingurgité un énorme porridge et trois moques d'Ovomaltine ce matin, avec un appétit nouveau.

À part la belle bonnette déchirée qui est en train de moisir dans la cabine, tout va bien, équipage et bateau, puisque le moral a retrouvé son altitude. Les anatifes ont quand même profité des calmes

pour se coller sur le gouvernail et aussi, probablement, sur la partie arrière de la carène. Je plongerai à la première occasion propice pour en débarrasser *Joshua*.

Les poissons volants sont revenus avec le vent. Les dorades aussi, pour chasser les petits planeurs qui fusent en éventail par bandes si compactes parfois que cela forme comme de grandes feuilles de palmier en nacre lumineuse, toutes scintillantes de centaines d'ailes argentées. Çà et là, un bref bouillonnement dit une vie et une mort.

On pourrait les croire à l'abri des dorades, grâce au miracle de leurs ailes. Pourtant, quand on assiste à cette lutte pour la vie, on se demande comment il reste des petits poissons dans la mer. Mieux vaut, certes, s'envoler que zigzaguer comme une sardine devant la bouche d'une dorade. Mais elles nagent si vite qu'elles peuvent suivre en plongée un poisson volant, pour le cueillir à l'arrivée, parfois même en plein vol. C'est surtout par mer calme que ce petit monde inquiet court les plus grands risques en restant pendant tout le planning dans le champ visuel d'une dorade qui les poursuit au ras de la surface.

Spectacle qui m'a coupé le souffle et que je vois pour la troisième fois depuis mes années de navigation : un poisson volant surpris trop tard s'est élancé non pas au planning, mais à la verticale, par une détente qui l'a envoyé à sept ou huit mètres en chandelle. Une bécune de 1,50 m démarre derrière lui et le saisit presque au sommet de la parabole. Mais le plus fantastique, c'est que cette bécune a obliqué un peu sur sa trajectoire, par des contorsions de tout son corps et des battements de queue à la volée, pour réussir à suivre sa proie qui avait dévié sur la gauche en atteignant le sommet de sa parabole.

J'étais *sorry* pour le petit, mais tellement saisi d'admiration pour la formidable beauté de ce coup, que j'ai poussé un grand *Haaah !*... C'était aussi fantastique que de voir un chat attraper une hirondelle au vol, en un bond de trois mètres.

L'air est tiède cette nuit, le vent doux, la mer peu houleuse. Du cockpit, je peux entendre avec netteté le bruissement de l'eau lorsqu'une grande bande démarre au planning, poursuivie par *Joshua* ou par des dorades. Cela ressemble au frémissement des feuilles de cocotier sur le bord d'un lagon par nuit calme, quand survient un souffle d'air.

J'étais descendu me coucher et j'écoutais l'eau courir sur la carène, dans un demi-sommeil, quand un violent *flap-flap* retentit sur le pont. Je bondis en criant : « poisson volant » et réussis à l'attraper du premier coup, car il est encore tout lumineux de la phosphorescence de l'eau. Mais je le lâche vite, il est tellement énorme que c'est un petit barracuda ou autre animal dangereux pour les doigts. En un éclair, j'ai revu la mésaventure d'un navigateur rencontré à Alicante :

Il traînait une ligne et avait pris deux maquereaux en fin d'après-midi. La nuit vient. Il jette un coup d'œil derrière. La ligne est tendue. Il la ramène en disant « chic » et attrape le maquereau pour le saigner en lui brisant la nuque. C'était une grosse vive[1].

Il naviguait en solitaire, sans moteur. Il a atteint un port espagnol, le lendemain, presque dans le coma.

1. Vive : poisson allongé dont la piqûre est extrêmement douloureuse, et peut être même mortelle dans certains cas.

Mon poisson à moi est bel et bien un poisson volant du type « jamais vu de pareil ». J'ai senti ses ailes me frôler le poignet au moment où mon réflexe me faisait le lâcher. Un second réflexe referme vite mes mains. Trop tard. Il bondit sur le pont, c'est comme si je voulais attraper une savonnette dans le noir. Il s'échappe en me caressant une dernière fois de ses ailes immenses. J'en suis malade. Je salive en m'insultant.

Le poisson volant est ce que je préfère à tout. Ça ressemble à la sardine, mais en beaucoup plus fin, plus parfumé. Bien que n'ayant pas vu clairement celui-là, il était gigantesque, peut-être plus de soixante centimètres de long. Je ne suis pas certain que mes deux mains refermées sur lui auraient fait le tour de son corps. Quand je pense qu'une dorade finira peut-être par l'avoir, alors que je le tenais à moins d'un mètre de ma poêle à frire ! Bien sûr, j'en récolte d'autres sur le pont, mais ce sont des petits, c'est ce gros-là que je voulais.

La mer est pleine de vie dans cette zone, nerveuse par moments, puis de nouveau régulière. D'après la pilot chart, nous sommes en plein courant équatorial portant à l'ouest, alors que ces alternances de mer hachée et de mer lisse semblent indiquer des veines de courant dirigé vers l'est. Cela expliquerait peut-être une telle intensité de la vie marine ici.

À l'aube, *Joshua* passe près d'un groupe d'une dizaine de gros poissons-ballons (des tétrodons, je crois) gonflés et couchés le ventre en l'air.

C'est la première fois que je vois des tétrodons gonflés le ventre en l'air, d'une manière naturelle, sans que j'aie eu besoin de leur gratter le ventre après les avoir pris à la ligne. Sur le coup, j'ai dit :

« Ça, alors qu'est-ce qui a bien pu leur arriver ?... » et j'ai cru qu'ils étaient morts, tous ensemble, pour une raison mystérieuse, peut-être à cause d'une veine de courant contenant un plancton nocif pour les tétrodons.

Évidemment, mon raisonnement rapide est idiot. S'ils étaient vraiment morts d'un plancton vénéneux, ils ne flotteraient pas tous ensemble dans un carré de trois mètres en ayant attrapé la colique à la même seconde. Je vois alors un aileron, puis un bouillonnement. L'une des boules blanches a disparu dans ce remous, avalée par le requin.

Les autres boules blanches ne s'affolent pas. Elles attendent bien sagement la voix du destin, souhaitant peut-être quand même que le prochain tour soit pour le voisin et que le requin en crève.

Joshua marche à près de 7 nœuds, de sorte que je ne vois pas la suite, et je suis plongé trop loin dans mes réflexions pour penser à grimper vite au mât d'artimon*. Une chose est certaine : ce groupe de tétrodons s'est gonflé d'air pour tromper le requin... mais le requin n'est pas dupe. J'aimerais maintenant savoir comment se porte ce requin, car le tétrodon est empoisonné.

À l'île Maurice, j'ai assisté à l'agonie d'une portée de chatons qui avaient mangé un tétrodon abandonné sur la plage par un pêcheur. La chair de ce poisson est pourtant excellente, très fine. Yves et Élisabeth Jonville en ont fait une grosse consommation pendant leur escale aux Galápagos, à bord d'*Ophélie*. Mais ils prenaient bien soin de ne pas consommer la tête ni, surtout, le foie et la peau, qui sont extrêmement dangereux.

Toujours aux Galápogos, les De Roy m'ont raconté l'histoire d'un yachtman qui ne croyait pas à cette légende. Il a avalé le foie cru d'un tétrodon, devant André De Roy qui essayait par la force de l'en empêcher. Sa langue est devenue énorme, il étouffait et a failli en mourir.

Mais je pense qu'il n'arrivera rien de fâcheux à mon requin, si ce n'est, peut-être, d'éprouver le besoin d'aller faire un brin de sieste. Je me souviens en effet d'une dorade en pleine forme, harponnée dix ou douze ans plus tôt du pont de *Marie-Thérèse II*, là où se trouve actuellement *Joshua* ou tout au moins sur la même latitude. Son estomac contenait une dizaine de petits tétrodons. J'avais été surpris que ces poissons lents et apparemment sans défense aient pu se trouver là, à la merci de n'importe quel ennemi, à 1 000 milles de la côte. Je me demande pourquoi de telles inégalités existent partout dans la nature, où dorades et requins, par exemple, peuvent manger les tétrodons qui, eux, ne peuvent rigoureusement rien faire pour s'en tirer. Et les baleines ? Elles n'ont pas besoin d'y voir pour avaler une demi-tonne de vie à chaque bouchée. À quoi ça sert, tout ça ? Pourtant, ça sert sûrement à quelque chose.

Je me demande pourquoi j'ai pensé à ces choses trop simples et trop compliquées, cela m'a fait oublier de vite grimper au mât d'artimon pour voir combien de boules blanches restaient dans le sillage.

Chaque matin, le soleil teinte en rose et en mauve la base des petits cumulus suspendus comme de légers flocons. Puis il monte, clair dans un ciel bleu pâle, ce ciel d'alizé d'Atlantique Sud où le temps reste égal, sans grains, sans périodes de calme. Le vent insuffle aux voiles la vie du large, qui se transmet dans tout le bateau en petits sons mêlés au fond sonore de l'eau taillée par l'étrave.

Joshua remonte l'alizé à 159 milles de moyenne journalière depuis une semaine. J'écoute le bruit du vent dans le gréement. J'écoute le bruit de l'eau sur la carène. Je lis à petites gorgées *Les Racines du ciel* que j'alterne avec *Terre des hommes*. Je passe de longs moments sur le pont à regarder les bulles d'écume monter dans le sillage. Il y a tant de choses dans les bulles d'écume et dans l'eau qui court le long du bord !

Le soleil se lève, le soleil culmine, puis le soleil se couche et un jour pousse l'autre en beauté. Il y a seulement un mois que nous sommes partis, c'est comme si j'étais en mer depuis toujours avec mon bateau. Cette impression que rien ne changera, que la mer restera la même, dans son bleu lumineux. Le vent ne tombera plus, *Joshua* n'arrêtera jamais de creuser son sillon dans l'océan, pour la joie d'en faire naître des gerbes d'écume, pour le plaisir très simple de courir la mer sous le soleil et les étoiles.

3

Pie chercheuse

Le 26 septembre, *Joshua* se trouve par 16° 40' de latitude sud, à deux cent cinquante milles au nord de la petite île de Trinidad, presque encalminé au coucher du soleil. La pilot chart indique seulement 1 % de calmes pour ce secteur... pas de chance, ça tombe sur moi ! En fait, nous sommes assez près des *horses latitudes,* zone de transition entre l'alizé de sud-est et les grandes brises d'ouest. Dieu merci, rien de comparable avec le pot-au-noir, le ciel restant presque toujours beau sous les *horses latitudes*, et les calmes vraiment plats, assez rares.

Pendant Tahiti-Alicante[1], il avait pourtant fallu dix jours à *Joshua* pour en venir à bout, par brises légères de nord à nord-nord-est. Il avait perdu son vieux génois en coton dans un grain, et se traînait alors au près sous son foc* de route et sa trinquette lourde, gagnant avec peine en latitude pour essayer de crocher l'alizé.

Maintenant, la différence est énorme : *Joshua* porte un bon génois, sa grande trinquette, et j'ai

1. *Note de l'éditeur :* Parti le 23-11-1965 de Tahiti, Bernard Moitessier, accompagné de sa femme Françoise, ralliait Alicante en une seule traite en doublant le cap Horn. 14 216 milles et 126 jours de mer représentaient alors le plus long voyage sans escale effectué par un yacht. Voir *Cap Horn à la voile*, éd. Arthaud.

envoyé en plus un tourmentin de 7 m^2 en Tergal ultraléger entre le capot avant et le pied du grand mât.

Tout cela tire bien, car la mer s'est beaucoup calmée depuis deux jours, et le peu de brise qui subsiste vient du nord-est, portante. Je sens quand même de légers picotements dans mon ventre chaque fois que je pense à la belle bonnette de 25 m^2 perdue au passage du pot-au-noir… et je ne peux m'empêcher d'y songer en me tournant et me retournant dans ma couchette. J'ai dû la jeter hier par-dessus bord, elle était pourrie, irréparable. J'essaie de me consoler en calculant que cela représente vingt kilos d'encombrement et de poids en moins à trimballer : toujours ça de gagné sur les performances.

Celles-ci dépassent d'assez loin mes espérances les plus optimistes. L'alizé de sud-est a été remonté au près bon plein en dix jours depuis le pot-au-noir, à 150,6 milles de moyenne journalière, avec deux traites de 130 milles, une de 138 milles, deux de 151 milles, deux de 156 milles, deux de 160 milles, et enfin une journée un peu fracassante de 174 milles.

Joshua n'avait jamais réalisé de si bonnes vitesses en remontant le vent. Pendant Tabiti-Alicante, sa meilleure journée au près bon plein* avait atteint 160 milles, une fois seulement, au large des îles du Cap-Vert. Les bonnes journées de près se situaient, à cette époque, autour de 145 milles, entre la latitude du Cap-Vert et celle des Canaries. Pourtant, la mer y était plus régulière que ces derniers jours.

La raison de cette meilleure vitesse actuelle contre le vent tient pour une grande part dans l'allégement relatif de *Joshua* par rapport à Tahiti-Alicante.

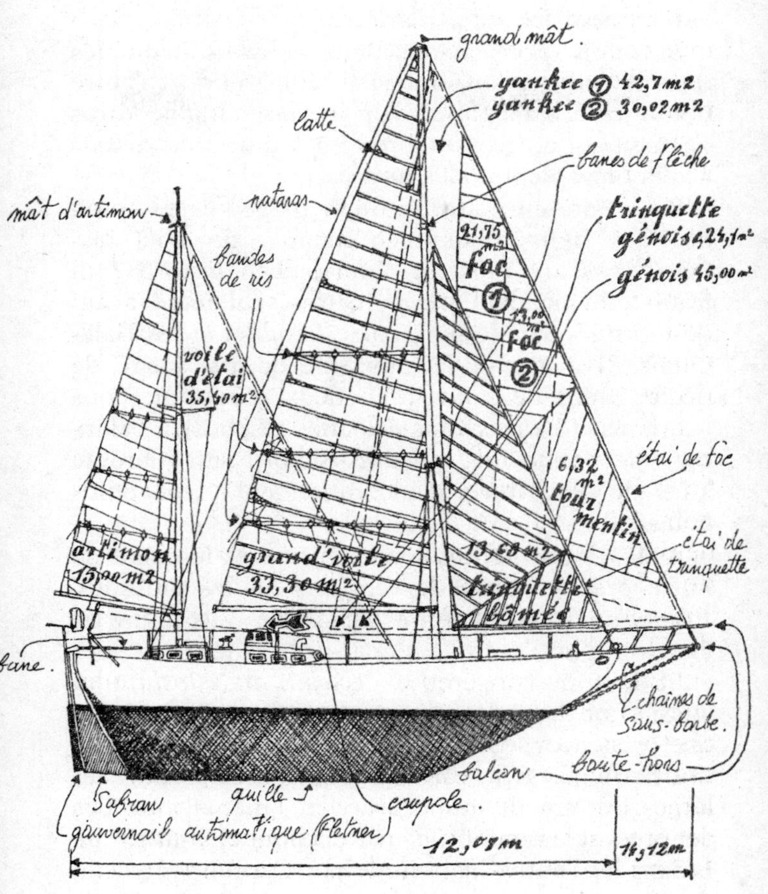
grand mât
yankee ① 42,7 m2
yankee ② 30,02 m2
latte
bancs de flèche
mât d'artimon
nataras
trinquette
génois 24,1 m²
génois 45,00 m²
bandes de ris
21,75 m²
foc ①
13,00 m²
foc ②
voile d'étai
35,60 m²
6,32 m²
tourmentin
étai de foc
étai de trinquette
13,60 m2
trinquette bômée
artimon
15,00 m2
grand'voile
33,30 m²
banc
chaînes de sous-barbe
balcon
boute-hors
safran
quille
coupole
gouvernail automatique (Fletner)
12,07 m
14,12 m

Et aussi à une bien meilleure concentration longitudinale des poids, car, moins chargé de matériel inutile (donc moins encombré), j'ai pu dégager entièrement l'avant et l'arrière.

Autrefois, nous avions deux youyous démontés dans le poste avant, dont l'un était mort et l'autre bon à jeter, sans parler d'un invraisemblable fatras de menues et grosses bricoles « ultraprécieuses » accumulées depuis des années.

Il y avait, entre autres, un vieux génois en coton de 65 à 70 m^2, obtenu en échange de je-ne-sais-quoi, trois ans plus tôt. Pourri de A jusqu'à Z, il avait tenu pendant treize heures seulement avant de mourir pour de bon, entre Panamá et les Galápagos. Il avait failli nous enlever une barre de flèche avant de s'ouvrir en deux. Pourtant, nous l'aimions et ne pouvions pas nous résoudre à balancer une bonne fois par-dessus bord ses quarante kilos de pourriture, d'encombrement et de poids néfaste.

Ainsi, douze heures seulement après le début de notre premier coup de vent des hautes latitudes, *Joshua* s'était vu bien près de sancir, c'est-à-dire de chavirer par l'avant, cul par-dessus tête : la mer était devenue dangereuse, certes… mais *Joshua* lui aussi était dangereusement chargé pour ce secteur que nous avons traversé en vivant un peu trop sur nos nerfs, jusqu'au cap Horn, sans oser prendre les lames autrement que 3/4 arrière, même avec des vents simplement frais, par crainte de sancir en butant de l'étrave dans une houle secondaire.

Alléger le bateau en cours de route ? Plus facile à dire qu'à faire, dans ces mers où le pont est souvent recouvert par des lames croisées qui frappent parfois dangereusement, sans prévenir.

« Chat échaudé craint l'eau froide »... cela s'est traduit par un coup de balai de grande envergure pendant les préparatifs à Plymouth : débarquement du moteur, guindeau*, youyou, quatre ancres, cartes non nécessaires, une valise de livres et *Instructions nautiques* ne faisant pas partie des zones prévues, vingt-cinq kilos d'anodes de réserve, quatre cents kilos de chaînes, une grosse partie du mouillage Nylon 18 mm de réserve, toute la peinture (125 kilos !...), après un dernier barbouillage des œuvres mortes.

C'est absolument incroyable ce qu'un voilier, équipé pour la croisière lointaine dans les alizés avec escales, peut contenir de matériel en réserve. Et je ne parle même pas de la multitude de petites choses invraisemblables, qui, accumulées les unes sur les autres, totalisent un poids considérable : tout ce petit monde s'est retrouvé dans les poubelles montées sur roulettes de Milbay Dock, ou sur les bateaux voisins... au grand soulagement du mien.

J'avais déjà retiré près de trois cents kilos de bricoles et de matériel avant de quitter Toulon pour Plymouth, dont une grosse malle bourrée de cartes couvrant une bonne partie du monde, présent d'un copain qui les avait « récupérées » à l'occasion du désarmement d'un navire. Il y avait, entre autres, le golfe Persique et la mer Rouge, en détail, ainsi que tout le Japon, où je n'ai jamais eu l'intention de mettre les pieds, pas plus que dans le golfe Persique.

Quand je songe à cette masse de bric-à-brac débarqué avant le voyage, je me demande si la plupart de ceux qui vivent à bord de leur bateau ne sont pas comme la « pie chercheuse », cet oiseau tellement hanté par la crainte de manquer un jour de nécessaire qu'il ramasse et accumule tout ce qui passe dans sa ligne de mire.

À l'arrivée de Tahiti-Alicante, j'avais découvert un soufflet parmi les cent bricoles conservées précieusement dans le poste avant. J'en avais oublié l'existence. Il se trouvait quatre ans plus tôt sur un quai, et je me l'étais approprié, en me disant froidement que s'il n'était à personne, autant qu'il fût à moi, car un soufflet, ça peut servir un jour. À quoi ? Je n'en savais rien, n'aimant pas les canots pneumatiques, trop difficiles à manier dans le vent et incapables d'arracher une ancre. Mais ce soufflet pourrait certainement servir à autre chose qu'à gonfler un canot. Il pourrait, par exemple, envoyer de l'air dans une cloche à plongeur : Françoise pompe pendant que je me promène parmi les coraux pour lui rapporter un joli poisson. (En fait, ce soufflet n'était pas assez puissant pour pulser l'air à plus de 40 cm sous la surface.)

À Alicante, je redécouvre donc mon soufflet dans un recoin du poste avant, et en fais cadeau à un yacht français en partance pour les Antilles et le Pacifique. Il m'avait donné un verre de lampe qui ne s'adapte à aucune de mes lampes. Mais sait-on jamais ?

Quelques semaines plus tard, mettant un peu d'ordre dans la pagaille du poste avant, j'en sors un tourmentin de 3 m^2 en chanvre, lourd comme de la tôle et ralingué presque aussi gros que le poignet. On me l'avait donné. Il est parfaitement inutilisable pour quelque bateau que ce soit. Je le sors avec précautions pour lui faire prendre un peu l'air. Le copain anglais du bateau voisin, attiré comme par un aimant, le caresse d'un œil humide de tendresse. Je le lui donne. Il est tellement heureux que c'est un régal de le regarder étendre au soleil et épousseter ce tourmentin dont il ne pourra jamais se servir, si ce n'est pour en faire des joints de pompe à eau. Puis il range précieusement son trésor dans le poste avant et m'apporte un soufflet en me demandant si cela pourrait me servir. C'était le mien... que lui avait donné le propriétaire d'un yacht allemand parti la veille pour les Canaries, en échange d'un morceau de tuyau galvanisé !

J'ai repris mon soufflet en me disant que si le ciel l'avait remis sur mon chemin après de tels détours, c'est qu'il y avait une raison importante à cela. Je ne sais toujours pas quelle était cette raison importante, car le soufflet est passé sur le quai de Plymouth, avec tout ce qui encombrait *Joshua* et l'aurait aidé à mieux sancir sous les hautes latitudes.

Chaque objet débarqué à Plymouth était d'abord pesé sur la balance de salle de bains que j'avais chipée à Françoise pour pouvoir surveiller ma petite santé au cours de ce voyage. Une tonne bon poids de matériel a ainsi débarrassé *Joshua,* entreposé en partie dans la remise d'un ami, où je le retrouverai à mon retour.

Bien entendu, je ne me suis pas démuni inconsidérément, malgré ces coupes sombres. Si j'ai emporté le strict minimum de cartes par exemple, elles couvrent en détail les atterrissages éventuels des parages de Bonne-Espérance, Australie, Tasmanie, Nouvelle-Zélande Sud et Nord, ainsi que les eaux du Horn avec une partie des canaux de Patagonie, et même quelques atolls du Pacifique. En cas de pépin, je ne serai pas coincé le dos au mur.

J'ai donc quitté Plymouth avec seulement ce que je considère comme nécessaire pour ce voyage,

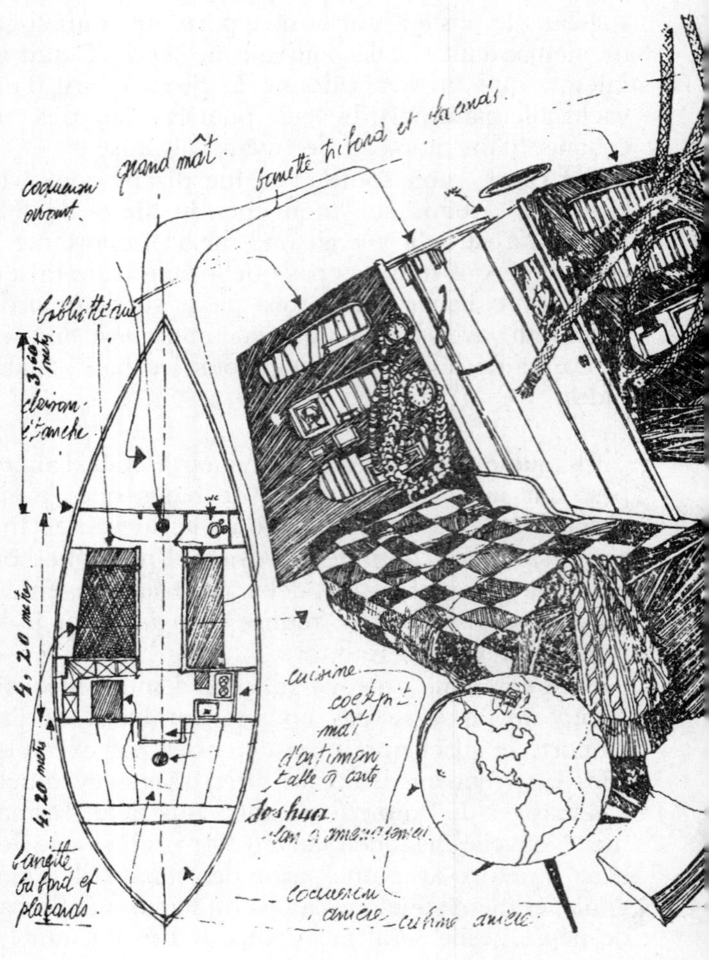

coqueron avant.
grand mât.
banette bi fond et placards.
wc
bibliothèque
3,60 mètres
cloison étanche
4,20 mètres
4,20 mètres
banette bi fond et placards.
cuisine
cockpit
mât d'artimon
table à carte
Joshua
plan d'aménagement
coqueron arrière
cuisine arrière

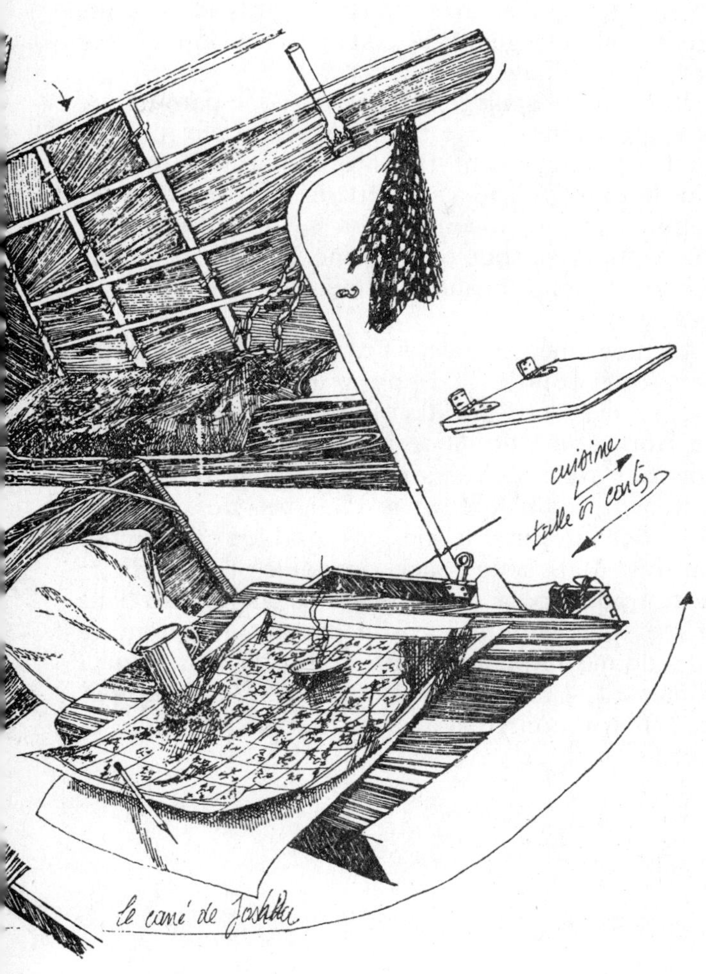
cuisine
table à cartes
le carré de Joshua

mais aussi avec ce qui pourrait le devenir. Malgré la chasse au poids, j'ai conservé l'ancre C.Q.R. de 25 kilos, la Colin Trigrip de 16 kilos, 60 mètres de chaîne 10 m/m en trois longueurs (dans la quille creuse) et une glène de 100 mètres nylon 18 mm pour le mouillage.

Bien que très allégé, *Joshua* est donc paré à faire face à un atterrissage en cas d'avarie, de maladie ou de découragement. Un voyage aussi long, malgré tout le soin apporté à sa préparation, comporte des données encore inconnues en ce qui concerne la santé. Mais surtout, il y a une grande inconnue, elle, et de toute beauté : la mer.

La moyenne générale est remontée à 132,5 milles par jour depuis le départ. Elle avait été de 115,4 milles entre Tahiti et le Horn, et de 120 milles du Horn à la latitude de Madère, quelques années plus tôt, avec des vents meilleurs dans l'ensemble.

Il peut sembler étrange d'aligner des chiffres, alors que le vent et la mer passent bien au-delà des chiffres. Mais cette vision des milles tracés sur la carte traduit pour le marin un sillage creusé dans la mer par la quille de son bateau, avec tout ce qu'a donné le bateau, tout ce que le marin lui a donné. Et si nous sommes en course, ce n'est pas forcément contre d'autres marins et d'autres bateaux.

4

Dimanche à Trinidad

Calmes, calmes, petites brises du secteur nord, calmes… Le soleil est là pour me remonter le moral après le point de midi : seulement 45 milles parcourus dans les dernières vingt-quatre heures ! C'est la plus faible traite depuis le départ.

La moyenne générale a baissé de deux crans, avec 130 milles contre 132,4 hier à la même heure. Ce sera dur à rattraper, tous les marins le savent. Ce qui me console tout de même, c'est que les 45 milles tracés sur la carte se dirigent plein sud, vers la petite île Trinidad, la brise étant passée au nord-est.

Le lendemain 28 septembre, elle retourne au sud, toujours faible, et je vire, cap sur Bonne-Espérance. Nous n'allons pas vite mais c'est autant de gagné sur la distance, puisque jusqu'à maintenant, *Joshua* descendait vers le sud-ouest, en serrant le vent pour aller chercher les brises portantes qui soufflent en principe le long du 35e parallèle sud, en cette saison. Mieux vaut donc me diriger vers ce 35e parallèle en faisant du sud-est qui me rapproche en direct du cap de Bonne-Espérance, plutôt que de continuer vers le sud-ouest sans aucun bénéfice.

La moyenne est encore tombée d'un cran au point de midi : 129 milles contre 130 hier et 132,4 avant-hier (n'oublions pas le « virgule 4 » il est très important). Je ne m'affole pas, mais je médite sur la vanité des choses...

La brise repasse au sud-est, force 3 cette fois. Je vire de nouveau pour prendre l'autre amure*. L'île Trinidad est à 90 milles dans le sud. La mer s'agite d'une manière désagréable. La présence d'une grosse houle de sud à S.-S.-W. me surprend un peu sous cette latitude (19° sud, pleine zone tropicale). Elle semblerait indiquer un coup de vent éloigné, mais très violent pour avoir pu envoyer une houle résiduelle aussi grosse, tellement loin vers le nord.

Il faudra donc tâcher de ne pas descendre plus au sud que nécessaire : c'est encore le printemps, là-bas, avec ses coups de vent bien plus nombreux qu'en été, et dont la trajectoire moyenne passe plus au nord que pendant la belle saison.

La brise ne sait vraiment pas ce qu'elle veut, tantôt sud-est tantôt plein est, parfois même nord-est, toujours faible. Je profite de chaque variation favorable pour diriger l'étrave sur Trinidad, où j'aimerais remettre un colis de pellicules destiné au *Sunday Times*. La vitesse se maintient à 4 nœuds depuis hier. Si cette petite brise tient (comme le laisse espérer l'aspect du ciel), *Joshua* devrait être en vue de terre demain dans la matinée, toutes plumes dehors.

Petit vent d'est force 3 en début d'après-midi. Le moral reprend de l'altitude. Pourtant, j'ai horreur des atterrissages*. Ils perturbent le petit train-train habituel. Ils modifient le rythme intérieur très lent qui est devenu celui du marin, après quelques temps passés loin des dangers de la côte, dans la sécurité du grand large où chaque chose a pris sa vraie place, sans pardon mais aussi sans infamies.

Pour le marin, la côte ressemble souvent à une grande criminelle. Je préfère la tenir à longueur de gaffe*. Et si je dois parfois la reconnaître, que ce soit du plus loin possible. De plus, à force de « chasser les poids » à Plymouth, j'ai tout simplement oublié d'emporter les *Instructions nautiques* H IV du Brésil, dont fait partie cette île. Ce n'est pas très malin. Ayant lu la description de Trinidad pendant le voyage Tahiti-Alicante, je me souviens que les côtes sont assez franches sur la face est où se trouve la petite agglomération. Ils ont probablement la radio et me signaleront au moins au Lloyd's si je ne parvenais pas à remettre mon colis. Car demain, c'est dimanche.

J'espère que le radio (le seul probablement à savoir ce que veulent dire les pavillons M.I.K.) ne profitera pas de ce dimanche pour faire la sieste de 6 heures du matin à 6 heures du soir... Mais l'apparition d'un yacht rouge va sûrement secouer un peu la torpeur de ce petit monde tropical où la sieste est sacrée.

Terre en vue tôt le lendemain 29 septembre. Le vent tient du nord-est, force 3, régulier sous un ciel absolument bleu. Pas de problème, ce vent ne tombera pas. Je ne saurais pas dire pourquoi. Ce sont là des choses qu'on sent d'instinct, par cent petits signes du ciel et de la mer. Et cette fois, la terre est bien amicale, avec cette brise qui ne nous lâchera pas, juste sur mesure.

Je me demande s'il y aura des cocotiers sur la plage. J'aimerais les caresser des yeux, juste en passant !

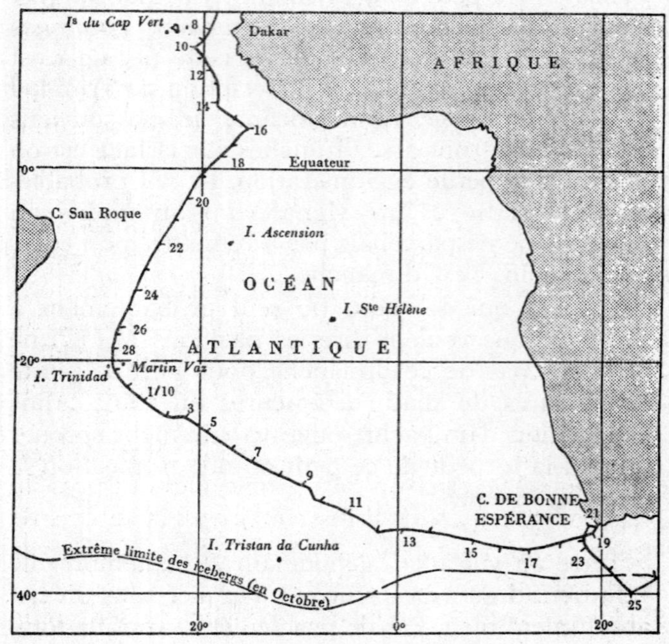

Du 8 septembre au 25 octobre 1968.

Pour une fois, tout se déroulera presque exactement comme je l'avais espéré hier. Trinidad grossit, grossit, révélant peu à peu ses couleurs, puis ses détails.

L'île est haute, très découpée, avec de grandes falaises et des à pics dont les teintes virent du bleu foncé au mauve selon leur orientation par rapport au soleil. Il y a aussi des touches de rose, mais très peu de vert. Cette île est belle, très belle. J'aimerais en faire le tour, à toute petite distance des falaises, perché sur la première barre de flèche pour surveiller les fonds. Je parie qu'elle est franche à toucher.

La brise est passée à force 4, toujours du nord-est. Dans les jumelles, je distingue bien la petite agglomération. C'est minuscule, joli-joli. Les toits sont verts. Il y a une chose longue et rouge, un peu bizarre, juste au battant de la lame. Ça m'intrigue. On dirait une sorte de jetée. Qu'est-ce que cela peut bien être ?

Joshua court vers la côte à 6 nœuds. Non, ce n'est pas une jetée, c'est un bateau mouillé tout près du bord, rouillé à mort. Il ressemble aux baleiniers de Cape Town. La côte est donc franche à 100 %, j'en étais sûr.

La distance s'amenuise assez vite. Je sens mon bateau sous les pieds, bien manœuvrant, paré à virer ou à empanner*, au choix, prêt à répondre dans la seconde.

La mer est déjà beaucoup plus calme. Ce bateau tout rouillé continue de m'intriguer. Si j'étais capitaine de baleinier, je n'oserais jamais mouiller si près du rivage. Je ne le lâche pas des yeux aux jumelles…

Nom de nom !... j'avais raison tout à l'heure, c'est une jetée ! Ou plutôt, c'est l'épave d'un vieux baleinier en acier, qui a été probablement coulé là à dessein et rempli de cailloux pour servir de brise-lames et protéger un minuscule port destiné aux embarcations.

Si ce port existe vraiment, il est caché derrière l'épave et je ne peux le voir d'ici. Mais je ne distingue ni pirogue ni canot sur la grève blanche de soleil. Il faut pourtant que ce petit abri artificiel existe, si les gens du village veulent manger du poisson de temps en temps. Peut-être suffit-il de jeter une ligne au moulinet, de la plage, pour prendre tout le poisson qu'on veut, dans ce pays ?

Joshua est mis en panne vers 11 heures, trinquette et génois à contre, à 300 mètres de l'épave. Je grimpe à la première barre de flèche pour voir s'il n'y aurait quand même pas de hauts fonds sous le vent. Rien : tout est d'un bleu profond, sauf près du rivage où se distinguent des taches suspectes, plus claires, tirant sur le jaune et le vert.

C'est vraiment pratique, ces échelons vissés sur les mâts. J'avais vu cela pour la première fois sur *Les Quatre Vents* de Bardiaux, à son passage à l'île Maurice. Puis sur *Didikaï*, à Cape Town où était passé Bardiaux. Puis sur cinq ou six autres bateaux. Nigel en a installé sur *Victress*. Bill King cherchait lui aussi une solution. C'était plus délicat : la voilure chinoise s'applique contre un côté du mât, par un transfilage qui interdit les aspérités. J'espère que Bill King a résolu le problème ? Le temps de frapper trois fois dans les mains, et on se retrouve presque à la première barre de flèche.

Bardiaux avait fait mieux. Les Mauriciens se souviennent l'avoir vu entrer dans une passe difficile sous grand-voile et trinquette bômée, louvoyant entre les pâtés de coraux qu'il détectait de loin, du haut des barres de flèches. Son poste d'observation lui servait en plus de poste de pilotage, avec commande à distance branchée sur la barre.

Joshua dérive lentement. Tout est clair dans un rayon de 200 mètres au moins. Il y a une décoloration suspecte loin à droite du village, une autre loin à gauche, avec une tache marron qui dit bien ce qu'elle veut dire. Tout cela est gravé dans ma mémoire, pour quelques heures au moins.

Je redescends. J'observe le village aux jumelles. Pas un chat. Les fenêtres semblent closes, par des volets verts comme les toits. Je souffle dans la corne de brume. Je grille une bobine avec ma Beaulieu. Je souffle de nouveau dans la corne de brume, puis empanne pour me rapprocher encore avant de virer.

Voiles d'avant à contre, je choque* un peu l'écoute de trinquette, avec beaucoup de barre dessous, pour faire un cap au près, à vitesse très réduite, parallèlement à la rive. La Beaulieu est dans le cockpit et je filme entre deux coups de corne de brume. Les pavillons M.I.K. flottent au vent, bien entendu. Ils sont à poste depuis le départ, encore en bon état, à peine un peu délavés après cinq semaines mais bien identifiables aux jumelles. J'espère qu'ils ont au moins une paire de jumelles, à terre. Toujours pas un chat.

Corne de brume. Pas plus de succès. J'ai faim malgré mon excitation. Midi passé. J'aimerais respirer les senteurs de cette terre mais la brise vient du large. Elle ne doit pas sentir grand-chose, on y voit si peu de vert.

Corne de brume. Rien. Après tout ce boulot, ce serait quand même trop bête de partir comme ça. Pourtant, j'ai un peu envie de laisser tomber le *Sunday Times* pour faire le tour de cette île tellement belle, en rasant ces cathédrales de roches qui grimpent les falaises. Je me réserverais juste le rayon nécessaire à un empannage si le génois masquait à cause d'un revolin[1].

Mais si je laisse tomber le *Sunday Times*, je laisse aussi tomber Françoise et les copains qui seraient heureux d'avoir de bonnes nouvelles. Et puis, si le *Sunday Times* reçoit un message radio de Trinidad, la B.B.C. dira peut-être que *Joshua* a été vu tel jour, que le même jour Bill King et Nigel étaient à tel endroit. Je resterai suspendu aux programmes de la B.B.C. pendant trois jours après Trinidad, ça me ferait un tel plaisir de savoir comment vont les autres, où ils sont. Quant à Loïck, nous en sommes au même point, sans émetteur. Je n'aurai sûrement pas de ses nouvelles.

Corne de brume. Rien. C'est pas possible… ils doivent être en train de se remplir le ventre en faisant grand tapage toutes fenêtres closes !

Ça y est !… Un… deux, trois, neuf… plus moyen de les compter… les voilà qui dégringolent le perron d'une grande maison, c'est bien ça, ils étaient tous à s'empiffrer ce dimanche dans la même maison, et ça devait faire un raffut du diable, làdedans… C'est peut-être un gosse mis au coin qui a donné l'alarme en criant : *« Bella barca ! bella barca ! »*

Maintenant, il y a au moins vingt personnes entassées sur les marches de cet escalier. Ils restent

1. Revolin : brusque changement dans la direction du vent, causé par la proximité d'une côte, d'une digue, d'un gros rocher, etc.

là, sans bouger. Je fais de grands gestes. Pas de réaction. Si… il y en a un qui descend en courant, prend sur la droite et entre toujours courant dans une petite maison. Il n'a pas d'uniforme. Les autres ne bougent toujours pas. Il me semble que si j'étais l'un d'eux, j'aurais déjà dégringolé les 50 mètres qui les séparent de la grève et serais maintenant avec de l'eau jusqu'aux genoux, sans avoir pris le temps d'enlever mon pantalon.

Je ne vois pas ce qu'ils ont derrière la tête. En tout cas, pas de canot dans ce patelin : en passant tout à l'heure dans le sud du baleinier rouillé et tout percé, je n'ai distingué aucun abri. Il s'agit apparemment d'une simple épave, sans utilité annexe.

Ces gens ne bougeront pas. Celui qui est entré en courant dans la petite maison en ressort avec quelque chose à la main. Vite les jumelles : non, ce n'est pas une mitraillette… lui aussi me regarde aux jumelles… mais ne répond pas aux signes d'amitié que je lui fais de la main. Cela m'inquiète vaguement.

J'empanne, débranche la roue, et embraye la girouette du pilotage automatique, réglée pour le près, pour la sortie de cette baie où je n'ai rien à faire. Je monte et descends quand même cinq ou six fois M.I.K.

Le gars aux jumelles a pu lire clairement le nom de *Joshua*, peint en grandes lettres noires sur l'hiloire blanc du cockpit. J'espère qu'il l'a lu et qu'il a aussi remarqué le grand chiffre 2 cousu dans la voile.

Joshua file vers le large, pavois presque au ras de l'eau, pour parer de loin les taches vertes et brunes. Accroupi à la chinoise dans le cockpit, coude appuyé sur l'hiloire et menton dans la paume, je contemple ces gens groupés qui n'ont pas bougé depuis tout à l'heure. Comme s'ils avaient peur. Comme s'ils voyaient le diable. Je suis presque soulagé qu'ils n'aient pas de canot : je commence à me demander s'ils ne seraient pas venus, en armes, me « prier » de bien vouloir leur montrer le visa qui m'autorise à venir espionner leur île.

Je ne comprends vraiment pas. Voilà des gens très isolés, tout juste visités une ou deux fois l'an par un ravitailleur militaire du Brésil, peint en gris. Si j'étais l'un deux, ça me cognerait de sacrés coups dans le cœur, en voyant surgir de l'horizon un petit bateau rouge, qui porte dans ses voiles de si vastes étendues. Pourquoi sont-ils comme ça ?

Je me lève et fais le grand geste lent, du bras droit. Ce geste que tout le monde comprend, même les peuples les plus sauvages du monde : le geste qui veut dire « adieu ». Alors, subitement, tous les bras s'agitent, tous courent jusqu'à la grève en poussant de grands cris d'amitié. Trois gars entrent dans l'eau jusqu'à la ceinture. Je sens leur chaleur arriver jusqu'à moi. Ça me serre la gorge.

Maintenant je comprends... Ils croyaient tous que j'allais mouiller. Ils attendaient. Ils espéraient sans arriver à croire. Ils avaient peur que le rêve s'envole et à cause de ça ils ne bougeaient pas.

Mois aussi, je n'avais pas compris. Mais ils n'ont pas de canot, je n'ai pas de youyou.

Les bras continuent de s'agiter. Les appels de la terre se fondent dans le vroum-vroum de la mer taillée par l'étrave qui fonce vers l'horizon. Je me sens tout drôle. Un peu envie de chialer.

Au coucher du soleil, Trinidad est dans le sillage. Elle se découpe au loin, merveilleuse, irréelle, en bleu foncé dans l'orange du ciel.

Une petite dorade mord à la ligne de traîne, que j'avais filée d'instinct tout à l'heure. Mais je n'ai pas faim ce soir. Je la décroche et la remets à l'eau. C'est la première fois que je remets un poisson à l'eau. J'aurais pu la garder pour demain. Mais je n'en ai pas envie. Elle a de la chance.

Je regarde Trinidad, toute petite maintenant, presque estompée dans le couchant. Je revois l'île entière avec ses falaises, ses cathédrales de roches, ses couleurs, ses ombres et sa chaleur. Je revois le village aux toits verts et les hommes courant sur la grève qui agitent leurs bras avec de grandes clameurs.

Y avait-il des cocotiers ? Je n'en sais rien. C'est la seule chose que j'ai oublié de regarder.

Par temps calme, Bernard Moitessier n'hésite pas à plonger pour gratter la carène à l'aide d'une spatule.

5

Muchos pocos hacen un mucho

Depuis trois jours que Trinidad a disparu, *Joshua* a traversé à 148 milles de moyenne journalière un petit carreau marqué 5 % de calmes sur la pilot chart. C'est une vraie chance, sous les *horse latitudes*. Le cap est au sud-est pour laisser dans le nord deux autres carreaux marqués 6 % de calmes avec grosse prédominance de vents contraires en dehors de ces maudits calmes.

Le loch tourne bien rond. La brise a un peu molli, mais les voiles restent gonflées et *Joshua* court encore vite au grand largue, sans tosser car la houle vient presque de l'arrière.

Avant le départ, je ne voyais pas l'utilité de remorquer continuellement un loch en plein océan : cela userait la mécanique pour rien, alors que cet instrument est précieux pour le passage des caps et en navigation côtière, où une bonne estime devient capitale[1]. Ayant promis à la Maison Vion

1. Pour faire un point astro, on peut commencer le calcul à partir d'une position estimée délirante : la droite de hauteur ramènera le bateau sur sa position. En cas d'intercept exagéré, il suffit de recommencer le calcul en partant de la nouvelle position estimée qui, elle,

de traîner ce loch pendant toute la durée du voyage (banc d'essai pour son matériel) je ne regrette pas cette expérience, car le loch aide à mieux soigner les réglages de voilure : une variation d'un quart de nœud est difficile à estimer. Le loch l'indique. Or, un quart de nœud donne 6 milles de mieux dans les vingt-quatre heures... La moyenne est remonté à 129,5 milles.

Le 3 octobre... le loch tourne beaucoup moins vite. Le 4 plus du tout : à peine 93 et 23 milles enregistrés pour ces deux journées. La moyenne générale est brutalement tombée à 126,2 milles, soit 3 milles de moins qu'avant-hier, et cela pour deux jours de poisse. En fait, ce n'est pas vraiment de la poisse. J'avais eu beaucoup de chance avec la brise, depuis Trinidad. Il est normal que les conditions redeviennent celles des *horse latitudes* où se trouve *Joshua.* Calme plat maintenant. Mais la mer est parcourue par une longue houle de sud-ouest et par une autre plus courte, de sud. De plus, le plafond était couvert de cirrus, hier, avec de nombreux altocumulus ce matin. Ces signes disent bien que le vent reviendra bientôt.

J'enfile ma combinaison de plongée. C'est le moment de m'occuper des anatifes qui ont dû prospérer depuis l'équateur et nous freinent sûrement un peu par faibles brises. Il s'agit de crustacés montés sur un pédoncule assez long pour maintenir leurs branchies en dehors de la zone empoisonnée par les meilleures peintures sous-marines. J'en trouve assez peu, mais ils sont gros, surtout contre

---

est plus précise que celle qu'aurait indiquée le loch, surtout après la méridienne. Je me suis parfois amusé à choisir volontairement un point faux de 600 milles. En deux calculs (vite faits avec les tables HO 249), le bateau retrouvait sa vraie position sur la carte.

les anodes de zinc qui protègent la carène de l'électrolyse, et sous les parties de la quille qui n'ont pas pu être peintes au dernier carénage de juin, à Toulon.

La mer frise et le vent revient, du sud-ouest pour la première fois, force 2 d'abord… puis force 4 bien établi. C'est fantastique, par 26° de latitude. *Joshua* a toutes les chances : 110 milles parcourus au point du 5 octobre, 147 le lendemain, 143 milles le 7. Les vents d'ouest…

La mer s'est encore un peu refroidie, j'ai deux pull-overs sur le dos et un pantalon de flanelle. Le génois de 45 m^2 a regagné son sac, remplacé par le petit foc de 15 m^2, avec le tourmentin paré sur le balcon du bout dehors.

Les vents d'ouest crochés pour de vrai, dans un carreau marqué 6 % de calmes avec grosse prédominance de vents du secteur sud-est ! Et le baromètre baisse un peu ! ça va donc tenir. Je passe de fréquentes périodes sur le pont, à tripoter les winches d'écoute pour tirer le maximum de ce vent miraculeux.

Régate ? Et comment ! Je régate contre les saisons : on ne peut pas passer les trois caps à la meilleure période, mais il faut essayer de cravacher un peu pour ne pas passer le Horn pendant l'automne austral. Si tout va normalement, *Joshua* doublera Bonne-Espérance « un peu trop tôt » en saison (pas le choix), Leeuwin et la Nouvelle-Zélande « juste à point », et le Horn « encore bon ». Mais il ne faut pas penser à tout cela pour le moment, c'est loin encore. Il faut simplement tirer le meilleur de mon bateau.

J'ai établi le tourmentin de 7 m^2 en plus de la grande trinquette de 18 et un second tourmentin de 5 m^2 en bonnette sous la bôme de grand-voile. Et je regarde tourner le loch, je regarde le sillage, j'étarque un rien la drisse de trinquette… non, c'est trop… je choque un centimètre… oui, c'est ça, c'est parfait maintenant, la trinquette ramasse tout le vent du ciel pour faire les bulles d'écume qui naissent du sillage. Et tout l'univers se concentre dans la trinquette.

Une troupe de dauphins nous accompagnent. Ils restent près d'une demi-heure. Je viens de finir le beau livre de Robert Merle : *Un animal doué de raison* et suis plein d'images de dauphins jouant avec les hommes en leur apprenant la sagesse. Je crois que maintenant, j'oserais essayer de nager parmi les dauphins pendant un calme plat…

Je les filme longuement, de l'étrave, du bout-dehors, du grand mât. Trois bobines. Ils les méritent bien. Mais il faut que je commence à faire attention, j'ai déjà consommé quarante-sept bobines de films sur les cent du départ !

Mes dauphins reviennent une heure plus tard. Deux d'entre eux se mettent à faire le tire-bouchon dans l'air. Je me précipite vers la caméra que j'avais remise dans son placard… trop tard. Ils repartent déjà. Je m'en veux autant que si j'avais mouillé une ancre en oubliant de la maniller sur sa chaîne. Après avoir raté l'extraordinaire image de la bécune attrapant le poisson volant en plein ciel, je m'étais pourtant juré de laisser la Beaulieu parée dans le cockpit, les jours de beau temps, avec un linge dessus pour la protéger du soleil. Mais ce n'est pas assez. Je commence à comprendre que c'est moi qu'il faudrait aussi protéger de cette caméra.

Au début, je croyais qu'il suffisait d'appuyer sur le déclencheur après avoir réglé l'objectif. Ce n'est pas du tout ça. Il faut y mettre quelque chose d'autre, dans cette caméra. Elle essaie maintenant de me bouffer les tripes. Ce serait facile, de la bourrer dans un des réservoirs étanches, et de l'oublier là. Mais c'est trop tard et de toute manière je ne regrette rien.

Du point de vue technique, je suis sans expérience et n'ai fait ni film ni photos avant ce voyage. Françoise s'en occupait... et elle n'avait pas tort, car je n'avais jamais essayé de comprendre les histoires de Din, A.S.A. ouverture et vitesse d'obturation. Depuis, j'ai certainement fait de sérieux progrès, grâce à *Cinéma et photo sur la mer* de Quéméré, *excellent* petit livre clair et précis, où l'auteur a su se mettre dans la peau du débutant ignare ou même hostile.

Souvent, nous avions déploré de n'avoir pas de caméra pendant Tahiti-Alicante. Nous avions même poussé l'inconscience au point de partir avec seulement trois rouleaux de vingt poses noir et blanc ! Pourtant, nous n'avions pas osé photographier la mer, avant le Horn et surtout au lendemain de notre gros coup de vent du Pacifique. Ce n'était pas à cause du danger ni de la fatigue, mais parce que nous sentions confusément que cela eût ressemblé à une profanation.

Je crois que le voyage précédent était « pour voir et pour sentir ». J'aimerais que celui-ci aille plus loin.

C'est déjà la mer des hautes latitudes, longue, pleine de puissance contenue, un peu nerveuse parfois. Et le loch tourne, tourne, tourne. Et le baromètre continue à baisser, très lentement, sans crochets. Ne pas descendre trop vite au sud... tu vas voir… on va tenter une petite impasse, juste pour se faire la main : passer à raser le dernier carreau marqué 60 % de calmes et 47 % de vents de sud-est… ça réussit !… il est derrière nous deux jours plus tard, et peut toujours cavaler pour essayer de nous rattraper… vas-y *Joshua*, fonce dans la plume !

Il y a eu un petit coup de vent, hier. Ça ressemblait à une prise de contact avec les hautes latitudes : force 7 en moyenne, 8 par moments, toujours du sud-ouest. La dépression était donc loin dans le sud-est. Mer très maniable, très belle aussi. Quelques petits coup de surf, comme pour voir si ça va. Ça va, l'étrave soulage en beauté. L'allégement de Plymouth porte ses fruits.

Le baromètre est bien remonté aujourd'hui et la brise mollit à force 3. J'en profite pour enverguer la petite grand-voile de 26 m^2 et le petit artimon de 14 m^2, qui resteront à poste jusqu'après le Horn. C'est un gros travail, ce changement de voiles, surtout pour plier proprement la grand-voile d'alizé et la descendre dans la cabine. Je l'ai posée à plat sur le plancher, avec le sac du génois et celui de l'artimon côte à côte par-dessus, bien coincés. Cela m'encombre un peu, mais je préfère concentrer les poids au maximum, c'est très important sous les hautes latitudes. Et ça le deviendra de plus en plus.

Je contemple *Joshua* qui court maintenant aussi vite qu'avant sous sa nouvelle voilure des hautes latitudes, petite, maniable, légère, avec des bandes de ris très haut et des renforts à faire bégayer un maître voilier.

Il va quand même falloir commencer à ouvrir l'œil sur le printemps de l'Atlantique Sud et ses coups fourrés : tout s'était bien passé pendant le petit coup de vent d'hier. La mer était grosse, elle déferlait assez dur, mais sans danger. *Joshua* la prenait au grand largue, presque de l'arrière.

Puis le vent a un peu molli. Puis il a nettement diminué, force 5 à peine. La mer ne déferlait plus, bien qu'encore assez grosse. Ensuite, le vent est passé au S.-S.-W. toujours force 5. C'était la rotation normale et j'ai réglé le pilote automatique pour continuer vent de travers.

J'étais redescendu dans la cabine depuis une minute à peine, quand une énorme déferlante a frappé à toute volée, couchant le bateau à plus de 60°. *Joshua* était à peine gîté lorsqu'elle a frappé. La cabine a donc encaissé le choc de plein fouet et, sur le moment, j'ai cru que tous les hublots au vent étaient partis en éclats. Pas de dégâts… mais j'ai réglé la girouette pour prendre les lames trois quarts arrière. Le cockpit était plein.

Cette déferlante erratique était probablement due au courant traversier d'environ 1 nœud porté sur la pilot chart pour cette zone. De plus, nous n'étions pas loin de la ligne de convergence subtropicale des courants chaud et froid. Ce sont là des petits détails dont il ne faut pas oublier de tenir compte. Ce premier coup de semonce s'est pourtant produit par 31° de latitude sud à peine… Attention au printemps austral. Ne pas oublier le harnais de sécurité lorsque je monterai sur le pont pour quelque raison que ce soit.

Bonne-Espérance est à 1500 milles, et le vent tient bon. Une dizaine de jours à cette cadence…

Coup de vent, le 12 octobre. Il n'est pas méchant pour le moment, mais souffle du nord-ouest avec baromètre en baisse et ciel bouché. La dépression se trouve donc dans le sud-ouest et elle se rapproche. Deux ris dans la grand-voile et deux ris dans l'artimon à 1 heure du matin. Le foc de 15 m^2 a été remplacé par le tourmentin de 3,5 m^2. Joie de contempler mon bateau qui court si vite avec si peu de toile !

La mer n'est pas vraiment grosse. Elle ne le devient jamais beaucoup, pendant la période de nord-ouest d'une dépression. C'est après que cela peut devenir méchant, quand le vent effectue sa rotation à l'ouest puis au sud-ouest, en formant des lames croisées.

Le vent augmente, avec rafales. La trinquette de 18 m^2 est réduite à 9 m^2 depuis l'aube, par un ris. C'est moins compliqué qu'un changement de trinquette, bien que pas toujours facile, car c'est un gros paquet, les 9 m^2 de Tergal en rabiot à serrer dans le vent et nouer par les garcettes. Mieux vaut des ongles coupés ras pour ce genre de manœuvre.

Encore trop de toile : 7,8 nœuds au loch, et probablement un peu plus de 8 nœuds dans les pointes. C'est illusoire, car les zigzags provoqués par la vitesse limite dans cette mer assez grosse augmentent la distance parcourue sans bénéfice réel. J'amène ce qui reste de grand-voile et trinquette. Impeccable : la vitesse se stabilise, régulière, à 7 nœuds tout rond sous l'artimon au bas ris et le petit tourmentin. Le gréement semble me dire merci, très soulagé. Et si ce coup de vent montre vraiment les dents d'ici le coucher du soleil, il suffira d'amener les 7 m^2 d'artimon au bas ris pour que *Joshua* continue à bien se porter (Inch Allah !). Nous sommes par 35° 30' sud.

Il est à peine 9 heures du matin quand le ciel se dégage. Le vent passe à l'ouest force 4 seulement, tandis que le baromètre remonte de deux crans. À midi, le vent tombe à force 2-3 et les voiles battent dans la grosse houle. Fausse alerte ! À larguer les ris.

Hier, au point de midi, *Joshua* avait parcouru 182 milles dans les vingt-quatre heures. Aujourd'hui, 173 seulement malgré ce coup de vent modéré. Le cap de Bonne-Espérance est à moins de 1 000 milles. Inutile de descendre encore au sud pour le moment. Je prendrai la décision finale dans quelques jours : passer près de terre pour essayer de remettre un message à un pêcheur sur le Banc des Aiguilles ou bien la route du large, par le sud du 40e parallèle, afin d'éviter la dangereuse zone de rencontre des courants chauds et froids qui peuvent créer une mer monstrueuse (le mot n'est pas trop fort) dans les parages du Banc des Aiguilles, par coup de vent. Pour le moment, Bonne-Espérance est très loin et très près à la fois. Très loin parce qu'à un millier de milles. Très près parce que nous y serons dans une semaine si tout se passe normalement.

La brise souffle frais depuis des jours, entre sud-ouest et nord-ouest. Il y a souvent des grains dans le ciel et des ris dans les voiles, largués dès que possible.

Les menus se sont améliorés depuis deux semaines et je me sens en pleine forme, toujours d'accord pour prendre un ris, toujours d'accord pour en larguer un, selon le ciel, selon le temps. La nuit, le jour, c'est pareil, je ne dors que d'un œil mais je dors bien parce que je fais bien mon boulot. La dernière semaine a donné 1 112 milles parcourus, malgré deux petites traites de 128 et 122 milles.

Quand le vent vient du sud-ouest, la température descend à 12°. Quand il vient du nord-ouest, elle monte à 15 ou 16. C'est curieux, moi qui n'aime pas le froid, je me sens tout guilleret quand la température baisse, car je suis bien couvert et les vents de sud-ouest soufflent dans un ciel de beau temps, même quand ils sont forts.

La mer est souvent grosse, les démarrages au surf fréquents. L'avant soulage beaucoup mieux qu'autrefois. La tonne de poids inutiles retirée à Plymouth a augmenté la sécurité et les performances. De plus, *Joshua* porte seulement 400 litres d'eau douce au lieu des 900 litres de Tahiti-Alicante. Cela fait encore une demi-tonne de mieux qui s'ajoute à tous les autres « mieux ». Mais un marin n'est jamais pleinement satisfait de la sécurité et des performances du bateau, c'est normal.

Pour les hautes latitudes, c'est vital. Les Espagnols ont un proverbe : *Muchos pocos hacen un mucho* (beaucoup de petites choses font une grande chose). Et hier, alors que le vent avait molli à force 4, j'en ai profité pour envoyer par-dessus bord un tas de petites choses sacrées dont la liste m'aurait fait bondir deux mois plus tôt : une caisse de biscuits de l'armée (15 kilos), une caisse de lait condensé (18 à 20 kilos), 25 litres de vin, 20 kilos de riz, 5 kilos de sucre, 10 à 15 kilos d'une confiture que je n'aime pas, une boîte de piles pour le magnétophone.

Il me reste assez de provisions pour tenir encore huit mois. Depuis bientôt deux mois, j'ai pu vérifier soigneusement ma consommation.

Quant au pétrole, c'est la même chose : j'en ai emporté plus que le nécessaire… et hop ! quatre jerricans passent à la baille en même temps que 10 litres d'alcool à brûler. Toujours ça de moins à transporter. J'ai aussi jeté une glène de Nylon

18 mm pesant 25 à 30 kilos (s'il faut mouiller, j'ai du 14 mm).

Ça m'a quand même fait un peu mal aux tripes, le coup du Nylon... Je revoyais les privations et les nuits de travail dans le hangar désert du Royal Cape Yacht Club, avec Henry Wakelam, pour fabriquer les écoutes de *Wanda* et *Marie-Thérèse II* à l'aide de gros cordages Nylon jetés par les baleiniers, pendant notre escale de clochards à Cape Town. À cette époque, nous nous serions traînés sur le ventre pendant un kilomètre pour cette glène de 18, presque aussi précieuse que nos bateaux ! Mais le jeu n'est plus le même qu'à l'époque des poubelles et du bateau miracle.

Grâce à cet allégement supplémentaire (environ 170 kilos entre les vivres, le pétrole et le Nylon), j'ai pu débarrasser totalement l'avant et l'arrière pour concentrer les poids au maximum vers le milieu. Aussi minime que ce soit, cela m'a permis de gagner encore un petit quelque chose sur les trois tableaux :

A) *Plus rapide par petit temps.* Ça n'a l'air de rien, mais je préfère que *Joshua* prenne le moins de temps possible pour ce voyage, où une semaine de gagnée peut modifier du tout au tout le problème santé.

B) *Moins de voiles en l'air par vent frais,* donc moins de fatigue et de difficultés quand il faut manœuvrer ou réduire encore la toile. Moins de fatigue aussi dans le gréement, pour le même sillage.

C) *Meilleure défense dans le gros mauvais temps du sud* (et même dans le mauvais temps normal) grâce à ces 170 kilos de moins qui ont permis une *concentration maximum des poids.*

Ce dernier point est capital, malgré les Hindous qui crèvent de faim et les copains qui n'ont pas tous de quoi offrir à leur bateau une belle glène de Nylon neuf. Car au-delà des Hindous et des copains fauchés, je vois une image dure : le gros coup de vent encaissé avec Françoise quelques années plus tôt, et au cours duquel *Joshua* avait failli sancir. Devant cela, la glène de 18, le pétrole et même la nourriture gâchés n'ont aucune importance. *Le destin bat les cartes, mais c'est nous qui jouons.*

À bientôt le jeu des hautes latitudes. Je le commencerai sans cartes encombrantes… sauf la Beaulieu peut-être.

Au point de midi, Bonne-Espérance est à 310 milles dans l'est-nord-est. Je ne sais pas encore par où je vais passer. Le baromètre est haut. Je crois que je sais. Mais ce n'est pas sûr. Tout peut changer trop vite dans ces coins-là.

6

Joué, perdu… Joué… gagné !

Cinquante-neuf jours après le départ, le point du 19 octobre nous place à une quarantaine de milles dans le sud-ouest du cap des Aiguilles, pointe extrême de l'Afrique du Sud.

Toute la journée d'hier, le ciel était bouché, avec vent de nord-ouest force 5, qui est passé au sud-ouest la nuit. Le baromètre, déjà haut, montait encore. Aujourd'hui, il a atteint la valeur anormal de 770 mm, signe que l'anticyclone permanent de l'Atlantique Sud s'est beaucoup déplacé vers la zone où navigue *Joshua*. Depuis quelques jours, j'essaie de capter les bulletins météo sur les longueurs d'onde indiquées dans l'ouvrage n° 196 : rien. Et même si j'entendais les tit-tit-tat des stations d'Afrique du Sud, cela ne m'avancerait pas, puisque ces émissions en morse sont transmises selon un code international, de l'hébreu pour moi.

Hébreu ou pas, il est plus que probable qu'avec un baromètre aussi haut, le vent passera à l'est d'ici demain. Pas trop fort, je l'espère…

Si j'avais joué selon les règles, *Joshua* serait parti au plus vite vers le sud pour s'éloigner de la bordure des hautes pressions et ne pas risquer de perdre les grandes brises d'ouest. Mais les jeux sont faits depuis hier : mon intention est de passer sur le Banc des Aiguilles, près de terre, pour me faire signaler au Lloyd's par un navire. Avec un peu de chance (beaucoup de chance), *Joshua* devrait même y rencontrer un bateau de pêche, à qui je lancerai un colis pour le *Sunday Times*.

J'ai photographié mon journal de bord, page par page, en double exemplaire. Cela répartira les risques pendant le transbordement à la volée sur le pont du chalutier. Les rouleaux de pellicules sont enfermés dans deux sacs étanches en plastique épais, fournis par Bob et Steeve, avec l'adresse du *Sunday Times* et des directives imprimées en quatre langues pour l'expédition. J'ai ajouté quelques rouleaux de photos : Trinidad aux toits verts, le fou de Bassan qui lisait M.I.K., la dorade prise à la traîne au début de l'alizé, une volée de poissons volants, des albatros, des bandes de petits oiseaux argentés aux pattes palmées, ressemblant un peu à des alouettes et qui nous accompagnent depuis quelques jours, des dauphins jouant avec *Joshua*, la vie en mer, toute simple, toute transparente, avec ses calmes et ses déferlantes.

Je songe à la joie de Robert, Steeve, Bob, s'ils recevaient un de ces paquets contenant tant de merveilles. Je vois la joie de Françoise, comprenant que tout va bien à bord, que je n'ai pas trempé tout mon linge, que je n'ai pas maigri (car elle ne saura pas que j'ai maigri, ce n'est pas son affaire). Je vois l'excitation de mes enfants criant dans toute la maison : « *Joshua* est en train de passer Bonne-Espérance ! »

Pourtant, c'est une carte bien lourde à porter, ce besoin de rassurer la famille et les amis, de leur donner des nouvelles, des images, de la vie, de leur transmettre ce quelque chose d'infiniment précieux, cette petite plante invisible qui s'appelle l'espoir. La raison me crie de jouer seul, seul, sans m'encombrer des autres. La raison voudrait que je file vers le sud-est, loin de terre, loin des navires, dans le domaine des grands vents d'ouest où tout est simple sinon facile, en laissant bien au nord la zone dangereuse de convergence des courants chauds et froids.

Mais une autre voix insiste depuis plusieurs jours : « *Tu es seul, pourtant tu n'es pas seul, les autres ont besoin de toi et tu as besoin d'eux. Sans eux, tu n'arriverais nulle part et rien ne serait vrai.* »

Le soleil est couché depuis longtemps lorsque mon cœur fait boum-boum-boum... le phare du cap des Aiguilles !

J'ai beau savoir que c'est normal, à notre époque des tables modernes et des tops horaires par radio, un atterrissage[1] impeccable restera toujours pour moi nimbé de magie, comme la réponse des étoiles à qui, tout à l'heure, j'avais demandé où *suis-je ?* Et les étoiles avaient répondu : « *T'en fais pas, tu verras le cap des Aiguilles avant minuit.* » Ça me fait chaud dans la poitrine, ce petit éclat du phare qui apparaît entre le noir des lames, là où je le cherchais aux jumelles deux heures après un point d'étoiles. Chaud dans la poitrine et un peu froid dans le dos... car ce cap est un grand cap.

Peu après le coucher du soleil, le vent avait viré au sud, en mollissant. Puis il était passé au sud-sud-est.

1. Atterrir : reconnaître une terre, un amer, un phare, etc. Le cap des Aiguilles se trouve à l'extrême sud de l'Afrique et marque la limite entre l'Atlantique et l'océan Indien. Le cap de Bonne-Espérance se trouve dans l'Atlantique, à une cinquantaine de milles au nord-ouest du cap des Aiguilles.

Joshua court maintenant au près, le phare bien visible à une main sur la gauche du foc.

À 2 heures du matin, toutes les voiles sont au bas ris dans du sud-est force 7. Il fallait s'y attendre, avec un baromètre aussi haut. Pourtant je suis heureux sans pouvoir dire pourquoi.

Le phare n'est plus qu'à 8 ou 10 milles quand je décide de mettre à la cape sur l'autre amure pour attendre le jour avant de prendre une décision.

Je suis très fatigué d'un seul coup. Il me faut dormir, ne serait-ce qu'une heure ou deux. Curieux, à quel point la fatigue peut écraser un bonhomme, sans préavis : on tient, on tient, on tient... brusquement on s'effondre. Mais c'est seulement quand tout est clair qu'on s'effondre.

J'allume la loupiote et descends me coucher. Tout est clair, pas de navires là où capaye *Joshua*. Ils passent assez près de terre ou beaucoup plus loin au large, pour des questions de courants.

Bientôt 4 heures du matin. J'ai dormi comme un plomb, toute ma fatigue s'est envolée. Je m'étire, je bâille, j'allume le réchaud. Une petite moque de café suivie d'une grande moque d'Ovomaltine avec trois biscuits de l'armée tartinés de beurre et de marmelade d'orange. Je me sens en pleine forme.

J'ai remis en route, à l'empannage, sans avoir besoin de toucher aux écoutes bordées pour le près. Le phare est maintenant à un doigt sur la droite du foc, le vent étant passé à l'est-sud-est pendant mon sommeil. Il a molli à force 4 ou 5.

Je ne largue pas les ris, tous les signes sont là, qui annoncent l'arrivée probable d'un coup de vent de sud-est. Inutile de vouloir le remonter au louvoyage pendant des jours et des nuits sur le Banc des Aiguilles, avec en plus le courant contraire et les navires à veiller. La navigation est un compromis entre la distance parcourue et la fatigue dépensée, tant pour l'équipage que pour le bateau. Or la fatigue peut faire très vite boule de neige.

La solution de tirer vers le sud ne serait pas meilleure : *Joshua* tomberait tôt ou tard dans une zone de convergence des courants, à l'accore du Banc des Aiguilles. Ça ferait du vilain en cas de coup de vent, quelle que soit sa direction.

Reste la seule solution correcte : prendre la cape au large en attendant que le vent revienne à l'ouest, une affaire de deux ou trois jours. Mais avant de mettre à la cape, je pourrai facilement longer la côte vent arrière entre le cap des Aiguilles et le cap de Bonne-Espérance pour faire un tour à l'intérieur de la baie Walker où la carte indique un petit port, donc quelques yachts. Nous sommes dimanche, j'en trouverai sûrement un dehors dans la baie et lui enverrai alors mes sacs de pellicules.

Ce sera tout simple. Ce sera même un coup double… car il me donnera sûrement des nouvelles de Loïck, Bill King et Nigel, grâce à des bribes d'informations récoltées çà et là dans les journaux. Je n'ai pas entendu une seule fois prononcer leurs noms au cours des émissions de la B.B.C. destinées à l'étranger. Des nouvelles de mes copains ! Où sont-ils ?…

Le vent augmente avec le jour, force 6 vers 7 heures du matin, presque force 7 une heure après. Le ciel est magnifique sans un nuage, la côte est à 5 ou 6 milles, la mer un peu grosse mais *Joshua* court vent arrière. Trois droites de hauteur tracées à quelques minutes d'intervalle confirment ma position : l'entrée de la baie Walker est à 20 milles environ.

Force 7 bon poids maintenant. Le coup de vent est pour bientôt. Les embruns volent haut sur les navires qui font route vers le cap des Aiguilles. Pour les autres, ceux qui vont au nord, c'est du gâteau. Pour *Joshua* aussi... mais je me demande si je trouverai un yacht dehors par ce temps-là, dans la baie Walker. J'ai remplacé mes vieux pavillons M.I.K. par un jeu neuf.

J'ai de plus en plus l'impression que je vais faire choux blanc dans la baie Walker où aucun yacht ne mettra le nez dehors. C'est déjà presque le coup de vent. Et je suis peut-être signalé au Lloyd's par l'un des navires croisés depuis une heure. L'ennui, c'est qu'ils signaleront que je fais cap vers l'Europe...

La baie Walker est à une quinzaine de milles maintenant et je me sens tout vide, j'ai la conviction absolue qu'il n'y aura pas de yacht dehors avec un vent pareil. Pas de pêcheur non plus, puisque nous sommes dimanche. Et tous ces cargos que je croise ou qui me doublent peuvent lire mes pavillons M.I.K... cap au nord.

Il y en a un petit, tout noir, tout minable, avec un gros panache de fumée qui part de sa cheminée et court devant. Il doit marcher huit nœuds au maximum, car *Joshua* en file sept et ça fait longtemps qu'il cherche à nous rattraper. Il ne passera pas loin...

Je descends vite écrire un message en double exemplaire, qui demande au capitaine de ralentir en tenant un cap bien droit pour que je puisse le rattraper et lui lancer un colis. Le message précise également que je continue vers l'Australie, malgré les apparences. Je roule serré mes deux feuilles manuscrites et les introduis dans de petits tubes d'aluminium servant d'emballage pour les pellicules photo. Chaque tube est lesté d'un morceau de plomb. Si le premier message tombe à l'eau, il me restera son duplicata carbone. Quant au pont très bas de ce cargo, il se prêtera à merveille au transfert ultérieur des sacs en plastique que j'ai roulés serré et ficelés (séparément, bien sûr) pour pouvoir les lancer assez loin malgré le vent.

Puis je regagne le cockpit avec mes deux projectiles et mon lance-pierres.

Le cargo noir est à 25 mètres sur ma droite. De la passerelle, trois hommes me regardent. Flac... Mon message tombe sur la plage avant. L'un des officiers vrille l'index contre sa tempe, comme pour me demander si je ne suis pas un peu cinglé de leur tirer dessus.

La passerelle arrive à ma hauteur. Je hurle : « message, message ». On me regarde avec des yeux ronds. À cette distance et avec des billes de plomb, je pourrais faire sauter leurs trois casquettes en trois coups. Ils n'auraient pas les yeux plus ronds ! Quand j'étais gosse, l'entraînement au lance-pierres consistait à faire mouche sur une boîte de conserve qu'un de mes frères lançait en l'air. Et le lance-pierres, c'est comme le ping-pong, on ne perd pas la main, même après des années. Mais je n'ose pas leur envoyer dans la passerelle le duplicata de mon message, car ce tube d'aluminium est beaucoup moins précis qu'une bille de plomb : je risquerais de casser un carreau ou d'atteindre l'un d'eux.

La passerelle est presque sur mon avant. Il faut essayer de rattraper ça par les cheveux, faire vite. Je brandis le colis, en faisant le geste de le leur donner.

Un officier fait signe de la main qu'il a compris, et envoie aussitôt un coup de barre pour rapprocher l'arrière. En quelques secondes, le pont central est à 10 ou 12 mètres. Je lance le colis. Impeccable !

Il est temps de me sauver… mais je vais commettre une lourde faute en lançant le second colis au lieu de foncer à la barre pour m'écarter. J'avais gagné sur toute la ligne avec le premier coup. Je perdrai sur toute la ligne avec le deuxième. Quand je me précipite à la barre, il est déjà tard. L'arrière du cargo continue de chasser vers moi. De plus, je suis presque déventé par le navire qui m'a doublé sur tribord alors que je suis tribord amures.

Joshua s'éloigne… pas assez vite. Il s'en est fallu d'un cheveu, mais la voûte arrière accroche le grand mât. Ça fait des bruits affreux, des paquets de peinture noire descendent en pluie sur le pont ; le hauban de tête de mât est arraché, puis celui de la seconde barre de flèche. Mes tripes se tordent. La poussée sur le mât fait gîter *Joshua* qui part au lof vers le cargo… et vlan !… le bout-dehors est plié à 20 ou 25°. Je reste hébété.

C'est fini, le monstre noir est passé. J'empanne vite pour sauver le mât et prends la cape bâbord amures. La dérive m'éloignera de la côte, c'est l'essentiel dans l'immédiat, pour que je puisse réparer les haubans sans précipitation.

Le cargo, sans doute inquiet, a modifié son cap. Je lui fais signe que tout va bien, car il m'achèverait en venant m'aider !

Souvent un rien m'irrite et peut me mettre à plat. Mais dans un vrai coup dur, c'est comme si je devenais un observateur froid et lucide, venu d'un autre monde. Je n'ai même pas lu le nom de ce cargo, m'attachant strictement à l'essentiel : sauver le mât.

Rien en dehors de cela n'a d'importance. Je n'éprouve ni colère ni lassitude. Je n'ai pas murmuré : « *le beau voyage est fini, tu ne pourras pas continuer sans escale avec une telle avarie, il faudra réparer à Cape Town ou à Sainte-Hélène.* » Sauver le mât, sans penser à autre chose. Ensuite, je verrai ce qu'il me reste à faire. Mais surtout, surtout, ne pas penser au bout-dehors tordu, irréparable par les moyens du bord.

J'ai joué, j'ai perdu, c'est tout et ce n'est pas un drame. Une sorte d'anesthésie provisoire. Après, peut-être, ça fera mal. Mais après, c'est loin, et ce n'est pas le moment.

J'avais eu la même réaction, bien que multipliée au centuple, lorsque je m'étais retrouvé balayé pardessus bord au large de Durban, sur *Marie-Thérèse II*, à la cape dans un coup de sud-ouest.

J'étais dans l'eau, une eau rendue très légère par l'infinité de bulles d'écume de l'énorme déferlante qui avait retourné le bateau. J'avais eu le temps de voir, dans un éclair, le panneau de cabine arraché de ses glissières. Avec une telle ouverture et la quille au-dessus de l'eau, *Marie-Thérèse II* ne pouvait faire autrement que d'aller par le fond. Et je n'avais ressenti aucun découragement, aucune amertume. J'avais simplement murmuré : « Cette fois, mon petit vieux, les carottes sont cuites. » Et j'ai revu cette page de *Terre des hommes* sur le destin, sur ce besoin absolu de suivre son destin, quelle qu'en soit l'issue. Moi aussi, j'allais finir comme la gazelle de Saint-Exupéry, dont le destin était de bondir dans le soleil et de finir un jour sous la griffe du lion. Mais je ne regrettais rien, dans cette eau tiède et si légère d'où je m'apprêtais à partir paisiblement pour mon dernier voyage.

Marie-Thérèse II s'était redressée avant d'avaler la dose mortelle par la grande ouverture du panneau. J'avais facilement regagné mon bord, en ramenant le capot. Puis j'avais pompé cinq heures de rang.

Les deux haubans sont réparés moins de deux heures après la collision. Je n'ai pas eu besoin de grimper au mât, seuls les serre-câbles du bas ayant glissé.

Les barres de flèche n'ont pas bronché, grâce à leur liaison souple. Quant au mât, je suis plein d'admiration pour lui : il ressemblait à une canne à pêche ployée par un gros thon, au moment du choc ! Cela a renforcé la confiance que je témoignais d'instinct à ce bon vieux poteau télégraphique. Au fond, j'ai eu beaucoup de chance dans ma malchance.

Reste le problème du bout-dehors. Là, c'est plus grave. Ce bout-dehors mesure 2,08 mètres. Il est constitué par un tube en acier de 80 mm de diamètre sur 5 ou 6 mm d'épaisseur, renforcé par un second tube d'acier à l'intérieur. Ce bout-dehors s'étant très légèrement cintré lors de sa galvanisation à chaud, il m'avait fallu près d'une heure de travail sur un quai pour le redresser avec l'aide d'un copain.

Il faudra donc frapper l'étai* de foc sur l'étrave et me priver des bienfaits du bout-dehors... avec plus de 20 000 milles à courir jusqu'à Plymouth, sur un *Joshua* mutilé. Ça me flanque le cafard. On verra ça demain, je suis trop fatigué.

21 octobre.

Coup de vent de sud-est. J'ai enfin capté le bulletin météo de Cape Town, à l'heure des informations. *Joshua* capeye paisiblement sous un soleil splendide qui fait scintiller l'écume des déferlantes.

J'ai peu dormi la nuit dernière. Je pensais tout le temps à mon bout-dehors. J'avais l'impression qu'Henry Wakelam était là, près de moi. De temps en temps, je murmurais : « Bon Dieu, si tu étais là, tu aurais déjà trouvé un truc pour le redresser. »

Hier, lorsque je réparais mes haubans, le problème du bout-dehors flottait en arrière-plan et je sentais près de moi la présence et le souffle de mon copain. De temps en temps je lui parlais. Je lui demandais de ne pas laisser tomber la clé à molettes qui nous servait à visser les serre-câbles. Et il m'aidait calmement sans m'injurier, sans un mot au sujet du vrai problème. Les haubans, c'était de la bricole, du petit boulot simple à coups de clé, de serre-câbles, d'écrous de 6 mm. Cela ne demandait aucun trait de génie, il suffisait de ne pas laisser les clés se sauver par-dessus bord pendant un coup de gîte à la cape. Le vrai gros morceau c'était le bout-dehors, sur lequel je ne devais pas me cristalliser d'une manière prématurée.

Lorsque Henry et moi devions résoudre ensemble un problème coriace, ni l'un ni l'autre n'avait le droit d'en parler. Défense de s'écrier : « Dis donc j'ai une idée, que penses-tu de ça ?... » C'était interdit car la chose n'avait pas suffisamment mûri, et d'avancer une idée non élaborée dans le détail faisait perdre du temps à l'autre, l'empêchant de « laisser mûrir ». Et c'est seulement le soir ou le lendemain matin que nous confrontions les solutions envisagées. Le terrain était alors déblayé dans le détail, il ne restait qu'à nous mettre au travail sans tâtonnements, par le plus court chemin.

22 octobre.

La mer est encore forte pendant la matinée, mais le coup de vent est passé.

Deux heures de l'après-midi : la mer est devenue à peu près correcte. Le vent a beaucoup diminué. Il en reste assez pour amortir le roulis. J'ai préparé un gros palan* à quatre brins et la bôme de secours d'artimon qui servira à augmenter l'angle de tire du palan. Puis j'articule cet espar sur la bitte avant, à l'aide d'une manille. Non, ça ne va pas, il faut une seconde manille pour faire cardan et permettre à l'espar* de jouer dans les deux sens, horizontal et vertical.

Bon, maintenant ça va. La seconde drisse de trinquette sert de balancine*. Ça tient solide et ça se balance gentiment. J'installe une chaîne de 10 entre l'extrémité du bout-dehors et l'extrémité extérieure de l'espar (la chaîne ne s'étirera pas comme le ferait un cordage) et frappe le palan à l'opposé, avec retour sur le gros winch Goïot.

Inimaginable la puissance conjuguée d'un palan et d'un winch... je sens que je vais me mettre à pleurer tellement c'est beau... le bout-dehors commence à se redresser tout doux, tout doux, tout doux, je suis fou de joie !

Henry... mon vieux copain... tu serais fier de ton élève !

Au coucher du soleil, tout est rentré dans l'ordre. Le bout-dehors est droit comme avant, sous-barbe* et moustaches* raidies. Elles sont en chaîne galvanisée 10 mm. L'une d'elles s'était étirée de plusieurs centimètres pendant la collision et il m'a suffi d'en couper deux maillons. Avec des moustaches et sous-barbe en câble métallique, l'avarie eût été bien plus difficile à réparer. Le balcon, qui en avait pris un sacré coup, est en place lui aussi, bien redressé, bien boulonné, comme neuf.

Mort de fatigue et d'émotion, je me couche, crevé, après avoir avalé une soupe en boîte pour tout dîner.

Avant-hier, j'avais joué et perdu. Je voyais alors Henry et toute sa puissance. Je voyais aussi César, le contremaître, pendant la construction de *Joshua*. Lorsqu'une tôle ne voulait pas prendre sa place, César répétait : « *L'Homme est toujours le plus fort*. » Et la tôle finissait par prendre sa forme.

Ma fatigue est très grande, pourtant je me sens comme bourré de dynamite, prêt à bouffer le monde entier et à tout lui pardonner.

Aujourd'hui j'ai joué et gagné. J'ai retrouvé mon beau bateau.

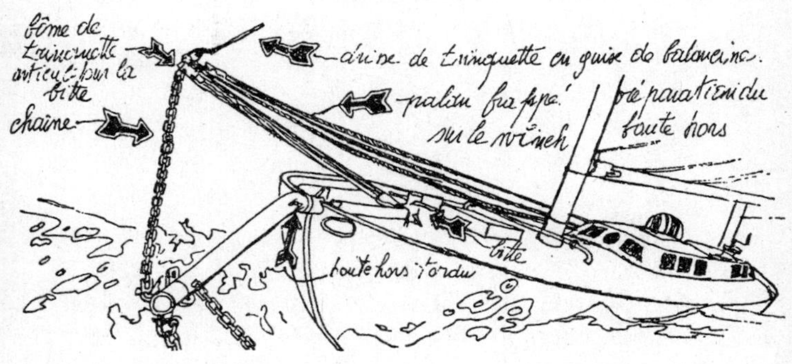

II

7

Bonne-Espérance

Le 24 octobre, *Joshua* franchit la longitude du cap des Aiguilles, à 200 milles de terre. Il continuera sa route vers le sud-sud-est jusqu'à demain, pour s'éloigner encore et laisser bien à bâbord la zone de convergence des courants.

C'est le soixante-troisième jour de mer, avec 7 882 milles parcourus entre les points de midi. Cela représente le quart du voyage Plymouth-Plymouth par les trois caps.

L'Atlantique est dans le sillage. Devant, c'est l'océan Indien. En fait, *Joshua* n'est pas encore dans l'océan Indien, malgré les frontières théoriques, mais dans une sorte de no man's land : les eaux de Bonne-Espérance. Elles s'étendent entre la longitude du Cap et celle de Durban, soit environ 600 milles.

Ces parages peuvent devenir dangereux – plus dangereux souvent que le Horn – à cause de la mer provoquée par le courant des Aiguilles. De nombreux yachts de 8 à 15 mètres s'en souviennent : *Atom*, roulé au large du Cap, s'est relevé rasé comme un ponton. *Awhannee* a rencontré dans les mêmes eaux le temps le plus terrible de sa carrière. Et il a connu le Horn. *Marco Polo*, *Eve*, *Adios*, *Walk*

About, Wanda, Marie-Thérèse II, d'autres encore, se sont fait retourner ou très durement toucher entre Durban et Port Elizabeth, par les déferlantes d'un coup de vent soufflant contre le courant des Aiguilles qui atteint 5 nœuds par endroits.

D'après les *Instructions nautiques*, le secteur le plus dangereux se trouve à l'accore sud-est du Banc des Aiguilles où les coups de vent fréquents lèvent alors une mer énorme, renforcée par la rencontre du courant chaud et salé venu de l'océan Indien, avec le courant froid (moins salé) de l'Antarctique. Quand on a observé les remous provoqués par des différences de salinité au passage des écluses de Panamá, on préfère passer à distance des phénomènes de même origine transposés à l'échelle océanique.

Hier, coup de vent d'ouest. Aujourd'hui, Radio-Capetown annonce que rien n'est prévu jusqu'à minuit. Je devrais en profiter pour cravacher. Mais je laisse *Joshua* se traîner à 6 nœuds au bas ris alors qu'il en marquerait plus de 7 si je remplaçais le tourmentin de 5 m^2 par le foc de 15 et renvoyais la grande trinquette au lieu de conserver l'actuel mouchoir de 3,5 m^2. Il faut me rendre à l'évidence : je ne me sens plus beaucoup de ressort. J'ai à peine dormi la nuit dernière où ça soufflait dur, avec une mer parfois hachée qui me faisait craindre une convergence de courants.

Maintenant, le ciel est assez beau, le vent varie entre 5 et 6, de l'ouest, sans vraies rafales, et le baromètre semble se stabiliser à 760. Pourtant, la mer est étrange. Elle s'apaise aussitôt que le vent descend à force 5, pour grossir très vite, avec de sérieuses déferlantes dès que le vent repasse à force 6 dans les petits grains de beau temps. Aussi j'appréhende de rétablir le foc de 15 m², car si le temps se gâtait de nouveau, j'aurais du mal à le ramasser. Hier, dans la nuit, j'ai eu des difficultés pour maîtriser ce foc et envoyer le tourmentin à la place. Mes gestes étaient maladroits, peu efficaces, je mettais trois fois plus de temps pour nouer rabans et garcettes[1]. Et ce qui était plus grave, mes réflexes répondaient avec retard : je me suis laissé surprendre d'une manière incompréhensible, de l'eau jusqu'aux genoux à l'extrémité du bout-dehors, sans avoir vu venir le coup. C'est peut-être la sous-alimentation et la fatigue accumulées pendant les jours derniers.

Certes, j'aimerais passer ce sale coin en torchant de la toile. Mais si le temps se gâte, comme il peut le faire très vite ici, je suis beaucoup mieux paré pour le recevoir sous cette voilure réduite. C'est plus sage, dans mon état de faiblesse actuel. Oh, rien d'inquiétant, loin de là… mais je demande à *Joshua*

---

1. Raban : cordages de petite section, ou bandes de tissu, servant à ficeler les voiles (rabanter).
Garcettes : petits cordages solidaires de la voile, et servant à prendre les ris, c'est-à-dire diminuer la voilure. Avec un bôme à rouleau, il n'y a pas de garcettes.
Alors qu'ils font voile vers le cap de Bonne-Espérance, à 20 milles de la Géorgie du Sud, par un vent de 60 à 70 nœuds, le *Damien* est retourné par trois fois en une journée. Au cours d'un de ces chavirages, le bateau restera 5 min quille en l'air.
Le mât est perdu et il faudra 10 jours à l'équipage, sous gréement de fortune, pour regagner la Géorgie du Sud. Là, aidés par l'équipe du British Antarctic Survey, ils retaillent les voiles et gréent le *Damien* à l'aide du tronçon du mât de 7 m et c'est sous ce gréement qu'ils atteindront Cape Town, après quelque 20 000 milles de navigation des plus variées…
Remis en état, *Damien* se propose de repartir vers les Kerguelen en octobre 1971, d'où il poursuivra son tour du monde.
Le récit de leurs deux premières années de navigation fera l'objet d'un premier livre en octobre 1972 : *Le Périple du* Damien (Ed. Arthaud).

de faire de son mieux en attendant que j'aie remonté le courant.

Dehors, ce sont les hautes latitudes et la mer gronde un peu sous le vent d'ouest force 6. Dedans, le calme et la paix de mon petit monde. Je fume en rêvant devant le globe terrestre offert par mes amis du *Damien*[1]. Ils sont partis vers le nord, moi vers le sud. Et c'est la même chose puisque nous sommes au large, dans notre bateau.

Je contemple la longue courbe tracée sur le globe. C'est la route suivie par *Joshua* depuis l'Angleterre, avec ses dauphins et ses albatros, avec ses joies et quelques fois ses peines.

Pendant Tahiti-Alicante, de la même manière, Françoise et moi traçions la route parcourue, sur le tout petit globe d'écolier que nous avaient envoyé nos enfants. Et nous attendions toujours que *Joshua* ait franchi 10° de longitude ou de latitude avant d'allonger le trait. Le faire trop tôt eût porté malheur et attiré un coup de vent contraire ou un calme éternel.

Je renvoie la grande trinquette au coucher du soleil, mais conserve le tourmentin. Je largue un ris à la grand-voile et un ris à l'artimon un peu avant minuit. L'étrave s'illumine de phosphorescence et le sillage s'étire très loin sur l'arrière, plein d'étincelles.

---

1. *Note de l'éditeur :* Partis le 25 mai 1969 de La Rochelle pour un tour du monde de cinq ans à bord du *Damien*, cotre franc de 10,10 m à faible déplacement bois moulé, Gérard Janichon et Jérôme Poncet (ainsi que Bernard Guyot jusqu'aux Antilles) ont effectué quelque 20 000 milles par des routes peu fréquentées : Spitzberg, Groenland, Terre-Neuve puis Antilles, côte Est du continent sud-américain avec remontée de l'Amazone sur plus de 1 000 km. Enfin le cap Horn qu'ils doublent le 4 mars 1971 d'est en ouest.

Je songe aux anciens de la grande marine à voile. Pendant des siècles, ils ont sillonné les océans pour la découverte ou le commerce. Mais toujours pour la mer. Je songe à ce qu'ils nous ont légué dans les documents nautiques où les mots voudraient dire la mer et le ciel, où les flèches voudraient raconter les courants et les vents, avec les angoisses et les joies de ces marins, comme si c'était possible, comme si l'expérience des grandes lois de la mer pouvait être transmise, comme si la mer pouvait être communiquée avec des mots et des flèches.

Pourtant... je me revois à l'île Maurice, il y a quinze ans, étudiant les *Instructions nautiques* et les pilot charts en vue du parcours de Port Louis à Durban. Je soulignais en rouge les signes néfastes de l'approche d'un coup de vent de sud-ouest soufflant contre le courant des Aiguilles, en bleu les indications propices au retour ou à la tenue du beau temps. Fermant les yeux, je cherchais à voir et à sentir ce qui transpirait de ces flèches rectilignes, de ces phrases sans saveur, de toute cette austère technicité scientifique pleine de choses cachées qui voulaient se faire jour en moi.

Une fois parti vers Durban, il m'avait semblé, à plusieurs reprises, avoir déjà parcouru la même étape. La mer s'était dégagée de la gangue des mots et je revivais alors une route déjà faite, lisant à l'avance les messages de guerre ou de paix de l'océan Indien.

Cent soixante-quatre milles marqués au point du lendemain. *Joshua* se trouve à 70 milles à l'intérieur de la limite extrême des icebergs, mais il a atteint le 40e parallèle et peut faire maintenant de l'E.-N.-E. pour quitter demain la zone des glaces, tout en restant au large de la convergence des courants.

Le ciel est couvert de cumulus nombreux et aplatis, vrais nuages de beau temps pour ces latitudes, avec parfois de grands espaces de ciel bleu, presque sans cirrus. Le vent, force 6 depuis l'aube, a viré à l'W.-N.-W. Cette rotation m'inquiète un peu, d'autant que je n'ai pas pu capter le bulletin météo. Mais le baromètre est stable, c'est le plus important. La mer est très belle, je veux dire très grosse. Par contre, les déferlantes sont peu nombreuses et pas trop dures dans l'ensemble.

J'ai encore passé la plus grande partie de la nuit dans le cockpit à cause de la ligne pointillée en rouge sur la pilot chart (limite des glaces). Cette seconde nuit de veille ne m'a pas fatigué. Il est quand même temps que je quitte cette zone, sans quoi mes provisions de tabac et de café ne suffiront pas pour terminer le voyage ! *Joshua* marche à 7 nœuds. À ce train, nous aurons bientôt passé la frontière.

Je me demande si mon absence de fatigue apparente ne serait pas plutôt une sorte d'anesthésie hypnotique au contact de cette mer d'où se dégagent tant de forces pures, bruissante des fantômes de tous les beaux navires morts dans les parages et qui nous font escorte. Je suis plein de vie comme cette mer que je contemple, intensément. Je sens qu'elle me regarde, elle aussi, et que nous sommes pourtant amis.

J'ai commis aujourd'hui mes deux premières fautes lourdes depuis le début du voyage. J'avais relevé la méridienne. Au lieu de rentrer tout de suite le sextant, comme toujours sous ces latitudes, je l'ai simplement remis dans son coffret, et calé celui-ci dans un coin du cockpit : il y avait un petit réglage de voiles très important à faire avant de redescendre, oh, juste quelques secondes. En réalité ça pouvait très bien attendre.

J'étais occupé à reprendre du mou dans la retenue d'artimon quand une déferlante assez grosse coiffe le gouvernail. Je l'avais mesurée du coin de l'œil et suis déjà dans les haubans, genoux relevés jusqu'au menton pour ne pas me faire doucher au moment où elle recouvre la cabine arrière et remplit le cockpit à ras bord. Le sextant barbote.

Heureusement, je n'avais pas capelé mon harnais et suis pieds nus, ultramobile. Je bondis avant que le coup de roulis qui va suivre n'envoie le sextant par-dessus bord avec la moitié ou les trois quarts de l'eau contenue dans le cockpit. Je suis déjà dans la cabine, tout fier et tout honteux à la fois de mon double coup d'éclat.

Je retire le sextant de sa boîte, l'essuie au chiffon et le cale avec des oreillers au fond de la couchette bâbord, *tu reviens de loin, mon petit vieux*. Il faut rincer l'intérieur de la boîte pour éliminer d'abord le sel qui réabsorberait l'humidité ambiante et détériorerait les miroirs en peu de temps.

Puis j'allume le réchaud pour sécher la boîte à feu doux sur une plaque d'amiante et monte prendre un second ris à la grand-voile, un second ris à l'artimon, un ris à la trinquette. Le vent, toujours à l'W.-N.-W., souffle à peu près force 7 soutenu maintenant. C'est encore un ciel de beau temps pour ces latitudes.

Lorsque je redescends, les yeux me piquent. La boîte du sextant n'est pas vraiment en train de brûler, mais pour sûr elle est sèche ! J'éteins le réchaud, retire mes bottes, mon harnais, mon ciré, m'essuie les mains, la figure et le cou, enfile mes chaussons fourrés et me roule une cigarette. Un petit café ? Un petit café ! Bon Dieu, qu'on est bien dedans quand ça gronde dehors.

Je suis content de moi pour cette réduction de voilure : réflexes bons, poigne solide. La trinquette a dit oui sans faire d'histoires quand je lui ai fait avaler 7 m^2 d'un coup dans son ris, pas une garcette ne m'a glissé des mains.

Je fume en rêvant devant la carte. *Joshua* se comporte magnifiquement sous si peu de toile, presque pas d'embardées malgré la vitesse limite. Demain, on sera loin. 180 milles ? 190 ? La pilot chart donne un nœud de courant favorable pour le secteur. Cela veut dire qu'on crèvera peut-être bien le plafond des 200 milles si le vent tient. Je ne suis pas fatigué. Je n'ai jamais été fatigué.

Alors, *Joshua*, on est en train de s'envoyer Bonne-Espérance à l'arraché, hein ?

Ma cigarette n'était pas terminée quand une énorme déferlante frappe de plein fouet par le travers bâbord et nous couche à l'horizontale. Tous les hublots ont volé en éclat... non ils sont intacts (ceux de ma cabine, tout au moins), et je n'en reviens pas. En même temps que le bruit assourdi de cascade, on aurait cru entendre le son d'une plaque de tôle sous la masse d'un forgeron.

J'ouvre le panneau et sort la tête. Les voiles battent car le bateau a lofé. À peine croyable, les bômes n'ont pas cassé malgré les retenues[1]. J'avais

1. Retenue : cordage frappé en bout de bôme et dont on amarre l'autre extrémité vers l'avant du bateau. Cela empêche la voile de passer sur l'autre bord en cas d'embardée au vent arrière, ce qui pourrait provoquer des avaries. Les retenues sont également utiles par petit temps pour limiter le frottement des voiles contre les haubans (usure), et empêcher aussi la bôme d'artimon de heurter la girouette du pilote automatique, à la faveur d'un coup de roulis, lorsque le vent est insuffisant pour maintenir toujours la voile pleine.

donné du mou à celle de la grand-voile en cas de coup de gîte brutal au grand largue. Une chance. La retenue d'artimon, en Nylon 10 mm, a cassé. C'était un cordage vieux de trois ans, j'aurais peut-être dû le remplacer depuis longtemps... mais je l'aimais bien, je m'y étais habitué, il avait fait Tahiti-Alicante. Sa rupture a probablement sauvé la bôme d'artimon, mais celle-ci, en se rabattant vers le centre sous la poussée de l'eau, a brisé net le manche à balai de la girouette. Pas grave : il suffit de dix à trente secondes pour changer de girouette, grâce à un montage très simple. J'en ai encore sept en réserve, et de quoi en fabriquer d'autres s'il le fallait.

Je sors brancher la roue et rentre vite, déjà trempé par une gifle d'embruns. Les hublots de la cabine arrière sont intacts, ça m'a fait chaud dans le cœur en les voyant tous là. Je remets du vent dans les voiles avec la roue intérieure et remonte sur le pont remplacer la girouette par une autre beaucoup plus petite réglée vent arrière puisque *Joshua* courait grand largue quand la déferlante a frappé. Reste la retenue d'artimon à remplacer par du neuf. Vite fait. Cette fois, je lui donne un paquet de mou, comme pour la grand-voile.

Tout est maintenant en ordre sur le pont. Je peux descendre me mettre au chaud et faire un peu d'ordre dans la cabine.

Je ramasse le globe dans l'évier, à tribord, et le recoince à sa place, côté bâbord. L'île de Java est un peu écorchée.

Le sextant... je l'avais oublié sur la couchette bâbord, enfoui dans ses oreillers. Maintenant il me regarde, sur la couchette tribord. Pauvre vieux, s'il n'a pas son compte ce coup-là, c'est qu'il y a vraiment un bon Dieu pour les sextants, et aussi pour les abrutis. Premier coup je l'oublie dans le cockpit, deuxième coup sur la couchette *au vent*... Il a fait une chute libre de 2,50 m à travers la cabine quand *Joshua* s'est couché. L'une des trois pattes s'est cassée au ras du filetage. Elle fait pourtant 5 ou 6 mm de diamètre. Il y a trois trous sur la face en contre-plaqué de l'un des tiroirs. Le trou de gauche est profond d'au moins 5 mm, celui de droite un peu moins, celui du haut à peine marqué. Ce sont les trous faits par les pattes quand le sextant s'est planté dans le tiroir.

Joshua dispose d'un second sextant, le grand Poulin à tambour, très précis et d'une lecture rapide particulièrement utile pour les points d'étoiles, avec éclairage incorporé dans la poignée. L'autre (celui qui a maintenant une patte en moins) est un vieux modèle à vernier, que j'aime beaucoup pour les observations de soleil sous les hautes latitudes, parce qu'il est petit, léger, maniable. Je tâcherai de lui recoller sa patte à l'Araldite, quand je l'aurai retrouvée. Il faudra aussi régler les miroirs, qui doivent être tous deux sérieusement faussés par un tel choc.

À peine une heure plus tard, *Joshua* retourne au tapis pour la seconde fois. Là, j'ai presque tout vu.

Accroupi sur la chaise du poste de pilotage intérieur, j'observais la mer à travers les petits hublots rectangulaires de la coupole métallique. Le vent avait diminué d'une manière sensible depuis le premier knock-down, force 6 tout au plus. Mais la mer était devenue étrange, avec des zones paisibles où, bien que très grosse, elle restait assez régulière, sans déferlantes dangereuses. Dans ces zones, j'aurais pu faire vingt fois le tour du pont avec un bandeau sur les yeux. Puis, sans transition, elle devenait nerveuse, cahotante, avec des chevauchements de hautes lames croisées qui provoquaient alors des déferlements traversiers parfois très puissants. C'est probablement une lame croisée de ce genre qui a frappé tout à l'heure. Puis *Joshua* courait de nouveau dans une zone paisible pendant dix minutes ou plus. Puis dans une autre zone tumultueuse.

De temps en temps, je me tenais debout sur la chaise pour respirer de grandes goulées d'air et mieux sentir ce qui nous entourait. Je sortais aussi dans le cockpit pendant les périodes de mer paisible, mais sans lâcher la poignée du capot, paré à rentrer à la volée.

Si je devais passer une seconde fois Bonne-Espérance dans le même sens, je me tiendrais probablement entre le 41ᵉ et le 42ᵉ parallèle (au lieu du 40ᵉ) pour être sûr de ne pas frôler d'un peu trop près la zone de convergence des courants chaud et froid. Il est vrai que cela me ferait pénétrer beaucoup plus profondément au-delà du pointillé rouge de la pilot chart, avec une veille en proportion. J'ai assez veillé les glaces la nuit dernière, et n'aurai presque plus à le faire cette nuit, nous serons pratiquement dégagé du pointillé rouge. Alors, si c'était à refaire, je ferais peut-être tout simplement comme maintenant, à condition que le baromètre se tienne tranquille. C'est le cas. Il a même tendance à monter depuis ce matin.

J'étais redescendu sucer la boîte de lait condensé et me rouler une cigarette. Puis j'avais regagné mon perchoir et observais de nouveau la mer à travers la coupole fermée. Nous traversions une nouvelle zone nerveuse.

Une lame exceptionnelle s'est élevée sur l'arrière, semblable à une petite dune. Elle n'était pas très escarpée, mais peut-être deux fois plus haute que les autres, si ce n'est davantage. Elle ne déferlait pas encore et j'avais l'impression qu'elle ne déferlerait pas, qu'elle n'aurait pas besoin de déferler.

J'ai sauté sur le plancher et me suis cramponné des deux bras à la table à cartes, en y plaquant tout mon buste, jambes arc-boutées. J'ai nettement senti la brusque accélération lorsque *Joshua* s'est fait lancer en avant. Puis le bateau a un peu gîté, il y a eu comme un coup de frein et *Joshua* s'est couché brutalement. L'eau giclait avec force par le joint du capot, mais je ne suis pas sûr que la lame responsable ait déferlé.

Joshua s'est redressé en quatre ou cinq secondes. C'était plus long que pendant la première déferlante. On aurait dit qu'une force énorme le maintenait plaqué sur la mer.

Là encore, pas d'avarie. Mâts et barres de flèche ont tenu. Les voiles ne sont pas défoncées. Heureusement qu'il y avait beaucoup de mou dans les retenues, et que le Nylon est élastique. Si les choses qui nous paraissent inertes pouvaient s'exprimer autrement qu'en serrant les dents, j'aurais entendu de sacrées gueulantes, là-haut sur le pont. Même la petite girouette miraculeuse a tenu et *Joshua* semble n'avoir pas lofé, car il court de nouveau vent arrière, comme si tout était déjà oublié.

Je suis quand même stupéfait d'apercevoir le réflecteur radar à sa place, en tête de mât, sur son pivot. Lui aussi, il a déjà oublié.

Maintenant, je regrette presque de n'être pas resté collé à la chaise pour assister à la scène entière, les yeux rivés sur les petits hublots de la

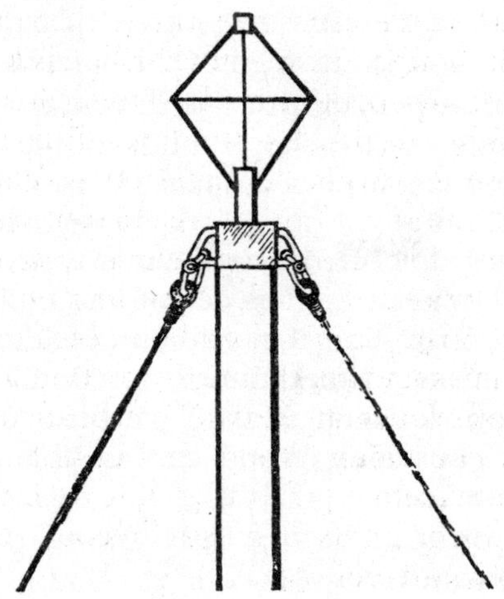

coupole... mais quand j'ai vu cette dune, j'ai senti que *Joshua* allait peut-être sancir[1], et dans ce cas, j'aurais eu la nuque brisée contre l'hiloire du capot.

Sancir par force 6... je sais bien que c'est impossible... mais tout est possible dans ces coins-là.

Le vent baisse encore en fin d'après-midi. La mer retrouve sa grandeur à la fois tranquille et puissante.

Je sens que la nuit sera belle, sans coups fourrés. Je devrais essayer de m'étendre une heure sur la couchette avant la veille de cette nuit (glaces possibles), car je suis sur la brèche depuis l'aube... depuis plusieurs aubes. Mais le soleil se couchera

1. Sancir : chavirer par l'avant, cul par-dessus tête. C'était arrivé à *Tzu-Hang* et à *Sandefjord*. Quand un bateau sancit, le choc est effroyable. Le *dog house* de *Tzu-Hang* a été enlevé net, comme par un coup de gourdin géant. *Joshua* avait été une fois sur le point de sancir pendant un coup de vent, lors de Tahiti-Alicante. Il était très lourd à cette époque.

bientôt et je ne parviens pas à m'arracher à ma contemplation de la mer et du bateau.

Il faudrait pourtant que je dorme davantage, par petits bouts, c'est facile. Il faudrait que je me nourrisse d'une façon plus sérieuse. Je roule trop volontiers au tabac et au café. Je me soutiens en grappillant de-ci de-là. Je devrais trouver le temps pour de bonnes tranches de sommeil, pour de vrais repas copieux. Car il n'y a pas beaucoup à faire sur un bateau, même pour passer Bonne-Espérance. Même pour le Horn. Mais il y a beaucoup à *sentir*, dans les eaux d'un grand cap. Et il faut tout son temps pour cela.

Alors, on s'oublie, on oublie tout, pour ne voir que le jeu du bateau avec la mer, le jeu de la mer autour du bateau, laissant de côté tout ce qui n'est pas essentiel au jeu dans le présent immédiat.

Il faut faire attention, ne pas aller plus loin que nécessaire au fond du jeu. Et c'est ça qui est difficile.

Le temps devient très beau dès le lendemain. Pendant deux jours, la brise joue du nord-ouest au sud-ouest, avec un baromètre haut et du soleil qui fait briller l'arrondi de la longue houle d'ouest. On dirait que la mer, elle aussi, est heureuse de se reposer.

Je me remplis le ventre avec un appétit énorme, je dors tout mon saoul, la nuit, et fais de petits sommes en plus dans la journée, comme ça, quand ça me prend. Le point du 26 octobre a donné seulement cent dix-sept milles parcourus, et celui du lendemain soixante-huit milles à peine, dont une partie grâce au courant. Mais c'est bon, un peu de calmes et de brises légères, nous en avions besoin tous les deux. Je bricole à de menus travaux qui représentent mon univers, tranquillement, sans hâte : recollage à l'Araldite de la patte du sextant, réglage des miroirs, remplacement de cinq amarrages de coulisseaux usés à la grand-voile et de trois à l'artimon, épissures aux drisses de trinquette et d'artimon (elles sont en Tergal alors que les drisses de foc et grand-voile sont en acier) pour déplacer les points de friction contre les poulies. Calme plat.

Mon épissoir suédois tombe à l'eau et je plonge en un clin d'œil, tout habillé. Il n'a pas eu le temps de se sauver bien profond, grâce à son manche en bois et à son fer en forme de gouge, léger.

Je suis heureux et tout fier de le ramener à bord, car ainsi *Joshua* n'a pas perdu la moindre plume depuis le départ ! Et moi, j'ai plongé dans l'eau glacée, alors que ce n'était pas nécessaire puisqu'il y a un autre épissoir en réserve. Mais c'était nécessaire… pas une plume en moins !

Joshua porte le grand pavois, car ce bon soleil sèche dans les haubans tous les pulls et pantalons de laine mouillés depuis les hautes latitudes. Du linge imprégné de sel devient poisseux dès que l'air s'humidifie. Mais si on le secoue très fort pendant qu'il est bien sec, les cristaux se détachent et le linge restera sec (ou à peu près). Jean Gau me l'avait appris pendant l'escale d'*Atom* et de *Marie-Thérèse II* à Durban. Il portait des chemises impeccables lavées à l'eau de mer avec du Teepol, et mises à sécher le plus haut possible, hors de portée des embruns. Le vent, en faisant claquer le tissu, chassait les cristaux.

La brise est trop douce en ce moment pour faire claquer mes lourds lainages, et c'est moi qui les secoue violemment et leur donne un coup de brosse de temps en temps. Ça marche impeccable, on peut voir sauter les cristaux.

La grande couverture à carreaux verts et bleus, devenue un peu moite, se gorge elle aussi de soleil sur le pont chaud. Elle regagnera la couchette, douce et légère comme à Plymouth. Vraiment, *Joshua* n'a pas perdu une plume. Il est dans la même forme qu'au départ d'Angleterre, encore allégé par deux mois de mer, mieux taillé pour se défendre dans le gros temps. Les voiles sont comme neuves, je n'ai pas eu à remplacer un seul mousqueton Goïot. Ils ne présentent même pas une trace d'usure réelle après soixante-cinq jours de frotti-frotta, sans compter les trente jours de Toulon-Plymouth.

Quant à la carène, elle doit être impeccable si j'en juge par l'aspect du gouvernail que je peux très bien voir pendant les périodes de calme. Les anatifes retirés après Trinidad n'ont pas repoussé, l'antifouling ne porte aucune salissure. Moi ? Ça va.

Jean Knocker, l'architecte de *Joshua*, m'avait confié trois bouteilles de champagne pendant son escale à Plymouth sur *Casarca*. Je devais en boire une à chaque cap.

Je voulais attendre que *Joshua* ait franchi le 30e méridien (encore 160 milles) pour déboucher la première. Si je me la versais trop tôt dans le gosier, Bonne-Espérance pourrait me voir et se mettre en colère avant que j'aie le temps de me sauver. Son point géographique est déjà à plus de quatre cents milles dans le sillage, mais il a le bras long, ce diable de cap. Il pourrait encore me dire : « *Viens par ici mon petit, viens prendre ta fessée, parce que tu sais, les deux déferlantes miniatures de l'autre jour, c'était juste pour rire, approche un peu mon trésor, que je t'en montre, moi, des déferlantes signées Bonne-Espérance !* »

Ce soir, je suis presque sûr que Bonne-Espérance est passé. Je réchauffe à petit feu dans la Cocotte-Minute le contenu d'une grosse boîte de soupe de poisson. Elle restera chaude longtemps. Pour lui donner du corps, j'y ajoute une poignée de riz cuit qui me restait du déjeuner, plus un gros morceau de beurre.

Le soleil s'était couché bien rouge, le baromètre est haut, 767 mm. Le peu de brise qui subsistait cet après-midi est tombé complètement, et j'ai mis en panne pour passer la nuit vraiment tranquille, écoutes à contre, barre dessous et voiles au bas ris afin qu'aucune surprise ne puisse nous toucher.

Repos total, pas de décisions à prendre. *Joshua* attend que le vent revienne, comme les mouettes et les albatros posés tout autour sur la mer.

Il fait nuit maintenant. Pas beaucoup de lune, mais elle est haute et la nuit en est tout éclairée tant le ciel est pur. Pas de cirrus, toujours pas de cirrus[1].

Une grande moque brûlante serrée dans mes mains, j'aspire ma soupe de poisson à toutes petites lampées. Et la soupe de poisson devient sang et chaleur en moi. Le speaker de Radio Cape Town, que depuis quatre jours je ne parvenais pas à capter, annonce qu'il n'y aura pas de coup de vent sur les côtes d'Afrique du Sud. Je le savais. La mer, le ciel, les albatros, les cirrus qui ne sont pas là, tous me l'avaient dit déjà. Mais c'est bon de l'entendre confirmer par cette voix amicale.

---

1. Les cirrus se forment à l'avant des perturbations, ils indiquent en général leur approche.

J'aime ce speaker de Radio Cape Town. Quand il annonce un coup de vent, on le sent inquiet, il répète deux fois l'avis, plus une troisième fois à la fin du bulletin. Il ne s'écoute pas parler, il ne se berce pas du son de sa voix. Il communique avec ceux qui sont en mer, simplement, et on sent qu'il nous apporte tout ce qu'il peut nous apporter. Il fait œuvre humaine.

Étant donné que les coups de vent du secteur ouest annoncés par Le Cap sont liés à des dépressions circulant d'ouest en est, repérées dans l'Atlantique Sud, je sais pouvoir compter encore sur deux jours de bons à partir de maintenant, même si un coup de vent atteignait demain l'Afrique du Sud sans avoir été repéré. (*Joshua* est déjà à 430 milles dans l'est du cap des Aiguilles.)

Je n'aime pas les cérémonies... mais j'ai vraiment très envie de ce champagne ! Et boum... le bouchon saute.

Je bois tout doux tout doux et finis la bouteille à petites foulées. La soupe de poisson entre presque en ébullition dans mes veines. C'est fou ce que je suis heureux. Je me sens même tellement heureux, tellement en paix avec l'univers tout entier, que me voilà tout hilare en montant sur le pont pour un besoin bien normal après tant de liquide. Mais là, alors, j'ai assisté à une scène tellement stupéfiante qu'on ne me croirait pas si je le racontais.

Eh bien, il y avait un type debout à l'arrière, oui, parfaitement. Il avait l'air heureux comme pas possible et il disait en rigolant (je répète textuellement) : « *Dis donc, Bonne-Espérance, puisque t'as le bras si long, ça doit être vachement pratique pour te gratter le derrière, hein ?* »

Il y avait de quoi être un peu inquiet mais le gars s'est envolé sans que je l'aie vu partir, pendant que je me dirigeais vers l'arrière pour le faire taire. J'ai jeté la bouteille vide à la mer, je suis redescendu dans la cabine, et à ce moment-là, j'ai vu la Croix du Sud sur bâbord, *Joshua* ayant pivoté peu à peu dans ce calme plat, sans que je m'en sois rendu compte. L'autre, tout à l'heure, avait donc blasphémé en tournant le dos à Bonne-Espérance. Rien de grave, Dieu merci.

Les étoiles scintillent très fort là-haut dans la nuit. Quand j'étais gosse, un vieux pêcheur d'Indochine m'a expliqué pourquoi les étoiles scintillent, et pourquoi, lorsqu'elles scintillent très fort, elles annoncent que le vent reviendra. Mais je ne peux pas raconter ça ce soir, j'ai trop sommeil.

Bien dormi. Le vent est revenu, comme me l'avaient promis les étoiles. Le point du 28 octobre annonce cent quatre-vingt-huit milles parcourus dans les vingt-quatre heures. Nous marchons à la vitesse limite. C'est un spectacle formidable, dans cette mer grosse qui brille sous le soleil. Je reste près d'une heure assis sur le balcon du bout-dehors, sans pouvoir m'arracher à cette vision de *Joshua* défonçant la mer avec son étrave. Quand je songe que j'ai failli ne plus avoir de bout-dehors !

Cent quatre-vingt-huit milles... il n'aurait jamais atteint ce chiffre, même aidé par le courant. Le bout-dehors de *Joshua*, c'est son membre viril.

J'ai mis le riz à cuire à 2 heures de l'après-midi, car malgré ma faim, je ne pouvais pas m'arracher à cette contemplation proche de l'hypnose, de mon bateau fonçant dans l'écume et le soleil. Le trait s'est encore allongé sur le globe du *Damien*. Bonne-

Espérance est dans le sillage. Restent Leeuwin et le Horn.

Non... reste Leeuwin seulement. Une chose à la fois, comme du temps où je construisais *Joshua.* Si j'avais voulu construire tout le bateau, l'énormité de la tâche m'aurait écrasé. Il fallait tout mettre dans la coque seulement, sans penser au reste. Le reste viendrait ensuite... avec l'aide des dieux.

C'est un peu la même chose pour un tour du monde sans escale, je crois que personne n'a les moyens, *au départ*, de le réussir.

Reste Leeuwin... et toute ma foi.

Parfois fort vent, voilure arisée. Le numéro 2 cousu dans la grand-voile, numéro d'inscription dans la course, permet l'identification de *Joshua*. La trinquette dispose ainsi d'un ris. Une des priorités du navigateur était de pouvoir régler les surfaces de voilure par tous les temps. La combinaison des voiles (grand-voile, artimon, voiles d'avant) et leurs réductions possibles à l'aide des ris permettaient d'avoir toujours la voile du temps avec un minimum de changements de voile (à l'époque où n'existaient pas encore les enrouleurs).

8

Sillage en dents de scie

Joshua court cap à l'est sur le 39ᵉ parallèle. La limite des glaces est maintenant loin dans le sud, à cent cinquante milles environ. Le temps est encore beau, parce qu'il ne faut pas se montrer difficile dans ces coins-là. Mais la brise a beaucoup molli, avec parfois des périodes presque calmes, et une houle d'est que je n'aime pas. De plus, le baromètre est trop haut, signe que l'anticyclone s'est rapproché du sud. Si je voulais jouer d'une manière techniquement pure, je me rapprocherais du 40ᵉ parallèle pour être sûr de rester dans la zone des vents d'ouest. Mais j'hésite, car cette manière de jouer, « techniquement pure », correspond à la faute que j'avais commise trois ans plus tôt, en descendant plus bas que nécessaire dans le sud, où *Joshua* a failli se faire étendre par le plus gros coup de vent de sa carrière, loin avant le Horn.

Si ce vent d'est, annoncé par la houle et par la hausse barométrique, ne se manifeste pas d'ici deux jours, je mettrai peut-être un peu de nord dans mon est, à cause du printemps austral. En réalité, je pense dans le vide, puisque je ne sais pas ce que je ferai... ça dépend de trop de petites choses, comme toujours en mer !

Le premier coup de vent de l'océan Indien arrive le 30 octobre, du sud-est. La radio parle d'un coup de nord-est sur les côtes du Natal, avec rotation prochaine à l'ouest, en mollissant. Le Natal est loin derrière, mais c'est toujours utile de savoir ce qui s'y passe.

Ici, il serait possible de faire du près, car le vent n'atteint force 8 que dans les rafales. Je mets quand même *Joshua* à la cape sous grand-voile et artimon à deux ris, trinquette de 5 m^2 et tourmentin à contre, barre dessous. Non seulement c'est beaucoup moins fatigant que de rentrer dans la plume au près bon plein, mais je tiens aussi à refaire prudemment connaissance avec l'océan Indien, le plus sauvage des trois.

Le vent tourne au nord-est dans la nuit, sans forcir davantage. Je remets la barre presque au centre et borde l'écoute de trinquette pour le près bon plein, tourmentin toujours à contre, afin de faire route à petite vitesse vers l'E.-S.-E. Le remous de dérive ne nous protège plus, mais les déferlantes restent d'un calibre modéré, c'est normal par coup de vent de secteur est. *Joshua* encaisse deux paquets sans faire d'histoires.

Puis le vent passe au nord, et enfin au nord-ouest dans la matinée, pour tomber à force 3… La mer devient excessivement hachée. À un moment, le bateau embarque simultanément par l'avant *et par l'arrière.* Ça fait une drôle d'impression, mais c'est sans danger. Les lames sont devenues extrêmement escarpées, avec, au sommet, des cônes d'écume qui restent sur le dos des houles principales venant de l'ouest et du sud-ouest. Cela ressemble beaucoup à la mer étrange que *Joshua* avait rencontrée juste après le Horn quelques années plus tôt, dans un calme presque plat. Je suis content qu'il reste encore un peu de vent pour appuyer la voilure. Quelques déferlantes assez grosses de loin en loin.

Peu à peu, les déferlantes sérieuses s'espacent. Le ciel devient entièrement bleu, au vent, sans trace de nuages à l'horizon. Le baromètre, qui était descendu de 5 mm, commence à remonter. Le reste de brise (force 2 maintenant) vient encore du nord-ouest. Mais ça changera bientôt… rien ne demeure longtemps identique dans ces zones.

Je laisse la voilure au bas ris et ne remplace même pas les voiles d'avant, car nous n'avancerions pas mieux dans cet énorme clapot qui vient de partout à la fois et secoue très dur le gréement. En réalité… avant Bonne-Espérance, je n'aurais pas supporté ce tourmentin un quart d'heure de plus. Depuis Bonne-Espérance, j'ai tendance à m'économiser.

La mer devient toute bruissante en fin d'après-midi. Elle me rappelle une termitière en colère, quand les termites soldats qui encadrent les ouvrières se mettent à claquer des mandibules ensemble par milliers. Ces termites d'Indochine ont des mandibules si puissantes que des colons ont pu les utiliser pour faire des points de suture lorsqu'il n'y avait pas de médecin dans la brousse. Là, toute la surface de la mer frémit du même bruissement de feuilles mortes. Chaque crête est couverte d'écume, sans aucun déferlement dangereux, sans même qu'on puisse appeler cela des moutons. Et tout ça par calme presque plat. Je n'avais jamais vu une chose pareille. Un coup de vent là-dessus, et ça deviendrait peut-être terrible.

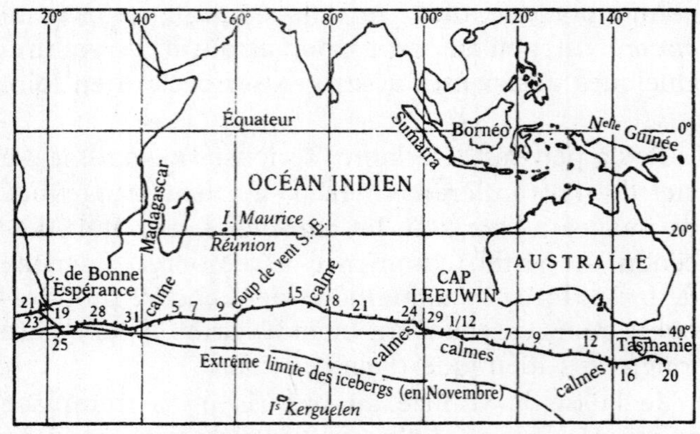

Du 21 octobre au 20 décembre 1968

Après quelques heures, plus un bruit, juste la longue houle, coupée par plusieurs trains de houles secondaires. Plus un souffle. Les voiles battent et fatiguent, il faut tout border plat.

J'ai mis la barre dessous et remettrai *Joshua* en route quand il prendra de la gîte. Conor O'Brien, dont je relis la traversée de l'océan Indien, conseille une bonne journée de repos de temps en temps, lorsqu'il n'est pas payant de se fatiguer à manœuvrer. Conor O'Brien ajoute qu'il est d'une nature trop remuante pour appliquer ce précepte, mais moi, il me convient. On est bien, dans sa couchette. Ça ne bouge presque plus maintenant. Le vent reviendra.

Je pense à cette petite planche sciée bien à l'équerre, bien rabotée, bien propre, sans une algue, que j'ai vue ce matin tout près du bord. Elle semblait avoir été déposée là par une main invisible et j'avais jeté un long coup d'œil circulaire. Rien. Juste la petite planche qui disparaissait déjà dans le sillage du coup de vent... ce signe d'une présence humaine tellement proche, tellement fugitive, dans une zone fréquentée seulement par les oiseaux de mer.

Où sont Bill King, Nigel, Loïck ? J'espérais avoir des nouvelles d'eux par la B.B.C. ou Cape Town, à la suite de mon message au petit cargo noir. Pas une allusion. On est seul pour jouer avec la mer tout entière, seul avec le passé, le présent et le futur. C'est peut-être mieux ainsi... mais j'aurais aimé avoir des nouvelles des copains.

Loïck est sans doute à une semaine de Bonne-Espérance, en train de surveiller l'humeur du baromètre en se demandant s'il vaut mieux passer près de la terre comme Vito Dumas et Conor O'Brien, ou loin au large du banc des Aiguilles. A-t-il fait pousser les graines dans les soucoupes en plastique que nous avions achetées ensemble à Plymouth ? C'est très facile : dans le fond de quelques soucoupes percées de trous, on place sur un morceau de tissu les graines de soja, de cresson et de blé. On empile les soucoupes et on verse un peu d'eau pour humidifier. Au bout de quelques jours, les germes sont assez hauts, on les mange en salade ou bouillis. Je préfère l'Ovomaltine qui contient aussi du germe d'orge, avec des tas de bonnes choses en plus. J'ai balancé mes petits paquets de graines par-dessus bord après un mois de mer.

Nigel regardait nos expériences de germination en rigolant. Il trouvait que nous nous compliquions beaucoup la vie pour pas grand-chose et je pense qu'il n'avait pas tort ! Où est Nigel ? Jusqu'où ira-t-il avec son trimaran ?

Et Bill King, où est-il ? Peut-être très loin devant, peut-être derrière s'il s'est fait coincer longtemps dans le Pot-au-Noir, peut-être tout près si les dieux en ont décidé ainsi. Une belle victoire pour nous tous, si le voyage de Bill King permettait de mettre au point un gréement eurasien assez proche de la perfection grâce à son extrême simplicité de manœuvre. Mais c'est quand même surprenant que je n'aie entendu parler de personne à la B.B.C. ni ailleurs, alors que lui et Nigel communiquent par radio chaque semaine avec le journal qui les patronne.

Peut-être ont-ils tout envoyé valdinguer... poste émetteur, batteries, générateur abrutissant, jerricans d'essence explosifs, allez hop !... tout par-dessus bord pour avoir la paix !

Bientôt minuit. J'ai dormi quelques heures, comme d'habitude. Le rythme de la mer n'est pas le même qu'à terre. En mer, je me réveille presque automatiquement aux environs de minuit, bien frais, pour me rendormir une heure plus tard. Ça me laisse tout le temps d'un petit tour de pont afin de palper le milieu de la nuit et sentir ce qu'il y a autour. Puis je me roule une cigarette sur la table à cartes en rêvant devant le globe du *Damien*.

Quand je suis vraiment sérieux, j'en profite pour me préparer une moque d'Ovomaltine et croquer un biscuit. Quand je suis moins sérieux, c'est un petit café bouillant et une deuxième cigarette. Pas trop épaisse, car le paquet de Bleu doit durer trois jours.

La mer est redevenue belle en très peu de temps. Il y a douze heures à peine, elle déferlait sous un ciel bouché. Puis elle s'est mise à bouillir sous les lames croisées du secteur est, quand le ciel s'est calmé. Maintenant, elle est toute souriante dans le clair de lune, et la brise est revenue, de l'ouest, force 2. Je remets en route, largue les ris et renvoie la grande trinquette. J'attendrai l'aube pour remplacer le tourmentin par le foc.

Le milieu de la nuit est mon instant préféré par beau temps, comme si la prochaine belle journée commençait maintenant au lieu de commencer à l'aube. Mais la cigarette et le café ont déjà moins de parfum, parce que ça me rend un peu malade de sentir que *Joshua* marque un nœud de moins par un si joli temps. Je renvoie le foc et m'offre un petit café supplémentaire avant d'aller me lover dans ma couchette.

À terre, le café m'empêche de dormir. Pas ici. Et je peux même dormir tant que je veux dans la journée. On imagine souvent que nous sommes des forces de la nature, que nous ne dormons presque pas, que nous passons notre temps à manœuvrer les voiles, que nous mangeons froid. Si l'on savait...

Le vent est revenu. *Joshua* court cap à l'est, dans une bande comprise entre le 37e et le 38e parallèle, où il restera en principe jusqu'à environ deux mille milles de l'Australie, avant de remettre un peu de sud dans son est pour passer au large du cap Leeuwin et de la Tasmanie. C'est la tactique qu'avait adoptée Conor O'Brien, modèle de lucidité et de sens marin, afin d'éviter la zone plus au sud, où le pourcentage de coups de vent devient important. Vito Dumas, qui était monté très nord à un moment, jusqu'au 35e parallèle, a connu là d'assez longues périodes de calmes et de faibles brises variables.

Je déteste la tempête, mais les calmes me minent le moral. Et il faudra que je fasse attention de ne pas commettre de trop grosses erreurs stratégiques, car je ne me sens plus aussi solide qu'avant. Je sais aussi que malgré tout le soin apporté à l'étude technique de la meilleure route à suivre, c'est le ciel, en fin de compte, qui décide de donner ou de ne pas donner le vent.

Un bon quart de l'océan Indien est déjà sur l'arrière et il fait assez beau depuis quelques jours. De vastes systèmes nuageux passent de temps en temps, laissent tomber un peu de pluie. Les quelques litres récupérés dans les seaux suspendus aux bômes demeurent imbuvables. Les voiles s'étaient couvertes d'une mince croûte de sel pendant les jours de cape, à l'ouest de Bonne-Espérance. Le soleil clair et le vent chargé d'embruns séchaient tout en quelques secondes. Une grosse pluie sera nécessaire, pour venir à bout de ce sel.

Je ne me fais pas encore de soucis, ce n'est pas la pluie qui manque sous les hautes latitudes... mais j'aimerais quand même voir remonter le niveau de mon réservoir. Il y reste environ 250 litres (sur les 400 litres du départ) soit cent jours d'autonomie, en comptant sur une consommation normale de deux litres et demi par jour.

Les jours succèdent aux jours, jamais monotones. Même lorsqu'ils peuvent paraître exactement semblables, ils ne le sont jamais tout à fait. Et c'est cela qui donne à la vie en mer cette dimension particulière, faite de contemplation et de reliefs très simples. Mer, vents, calmes, soleil, nuages, oiseaux, dauphins. Paix et joie de vivre en harmonie avec l'univers.

Albatros, malamocks, pigeons du Cap, et deux autres races dont je ne connais pas le nom et que je baptise « alouettes du Cap » et « corneilles du Cap » accompagnent *Joshua* depuis les environs du 35e parallèle de l'Atlantique. Ils semblent se nourrir exclusivement d'embruns ou d'air pur, volant au ras des lames sans y plonger le bec.

Albatros et malamocks restent isolés. Les autres se groupent en communauté d'autant plus dense qu'ils sont plus petits, comme les alouettes du Cap. *Joshua* traverse des bandes de plus d'une centaine de ces oiseaux très vifs, de la taille d'une grosse alouette au plumage argenté dont le vol, tout en crochets rapides et glissades sur l'aile, rappelle un peu celui de l'hirondelle avant la pluie. Le dessous de leur corps est blanc, leur queue gris foncé, et leurs ailes portent un grand W sur le dessus. Elles zigzaguent très près de l'eau et y trempent souvent une patte, comme pour aider un virage. Rien à voir avec la minuscule hirondelle de mer noire et blanche qui ressemble à un papillon tant son vol est léger. Elle aussi prend souvent ses virages en poussant d'une patte sur l'eau.

Vito Dumas parle de son pigeon du Cap apprivoisé comme d'un oiseau noir orné de belles taches blanches. Sans cette description, je me sentirais parfois inquiet, car le vol des alouettes du Cap rappelle tout à fait celui du pigeon lorsqu'elles sont vues de face. Or, j'ai lu quelque part que les pigeons du Cap, lorsqu'ils apparaissent par grandes bandes, sont un signe certain de la proximité des glaces. Et le texte en question, destiné aux navigateurs, ne donnait aucune description de cet oiseau. Deux ou trois pigeons du Cap nous accompagnent depuis Bonne-Espérance. Ils correspondent bien à la description de Vito Dumas, avec leurs larges taches blanches dont les bords s'estompent sur le noir des ailes.

Les corneilles du Cap, de la taille d'une grosse mouette, ressemblent beaucoup à des corbeaux lorsqu'elles sont posées sur la mer. Leur plumage uni, marron très foncé, a des reflets presque rouge dans le soleil, mais paraît noir par temps couvert. Elles planent sans battre des ailes, un peu voutées, en groupe de huit à quinze, souvent de front. On dirait qu'elles ratissent la mer en équipe, prenant leurs virages harmonieux et souples presque ensemble. Le même groupe nous accompagne depuis longtemps. J'en reconnais une à qui il manque une plume au milieu de l'aile gauche.

Les plus beaux, ce sont les malamocks, genre d'albatros en moins grand, plus élancé, infiniment plus racé, d'environ deux mètres d'envergure. Tous ceux que je vois ont la même robe, ou presque : ventre blanc, cou blanc, queue blanche, dessus des ailes gris foncé, dessous des ailes gris perle le long du bord d'attaque et gris très clair ou presque blanc parfois sur le bord de fuite. Tous présentent un joli dessin autour de l'œil en forme d'amande très allongée, comme un maquillage de vamp.

Le malamock a des plumes qui sont des plumes, alors que l'albatros (plus de trois mètres d'envergure parfois) semble couvert d'un duvet laineux. Mais aucun albatros ne ressemble exactement à un autre, chacun possède sa robe personnelle et on ne peut pas confondre un albatros avec un autre albatros. Il y en a un que je cherche toujours des yeux quand je monte sur le pont, très grand, tout cendré par-dessous et presque noir dessus, avec une tache marron sous l'œil gauche. Par contre, il faudrait être excellent observateur pour différencier un malamock parmi vingt autres, même après un mois de fréquentation journalière.

Ces oiseaux des hautes latitudes ont un comportement diamétralement opposé à ceux des tropiques. Là-bas, c'est la gaieté, les cris et les plongeons. Je connais peu de spectacle comparable à celui d'une quarantaine de fous de Bassan dégringolant du ciel comme des roquettes sur un banc de sardines. Je trépignais et criais avec eux, sur le pont de *Marie-Thérèse II*, en les voyant travailler avec une telle joie de vivre, entre Cape Town et Sainte-Hélène. Souvent l'un d'eux se détachait du groupe et venait planer un moment tout près de l'artimon avant de repartir à la pêche. Les wide-awake et les paille-en-queue étaient amicaux, eux-aussi. Et même les frégates, assez distantes en général, s'intéressaient à *Marie-Thérèse II*.

Ici, albatros, malamocks, corneilles, pigeons du Cap, et aussi les minuscules hirondelles, planent indifférents. Pour eux, *Joshua* n'existe pas. Pourtant, il doit exister, puisque mon grand albatros cendré est souvent là, ainsi que ma corneille à qui il manque une plume. Mais ils semblent avant tout chercher quelque chose de très important, je ne sais quoi, dans le vent et les embruns.

Cependant, les alouettes du Cap sont parfois amicales et curieuses le temps d'une rencontre. Il leur arrive de venir, pour rien, faire l'inventaire du gréement par petits groupes de deux ou trois, et jouer avec les remous d'air sous le vent des voiles. Leurs glissades sont si vives qu'il m'est impossible de les tenir dans le viseur de ma Beaulieu.

Je donnerais beaucoup pour apprivoiser une alouette du Cap. Elles ne restent pas assez longtemps, et chaque bande rencontrée se cantonne à son secteur.

Bien qu'ayant presque atteint le 37e parallèle, le temps change continuellement, avec brutalité parfois. Il avait plu ou crachiné toute la nuit dernière, et j'avais récolté 25 litres d'eau, les voiles étant enfin rincées. Au lever du soleil, une bande claire, loin au vent, raye le plafond de nuages bas. Une heure plus tard, le ciel est bleu, avec de petits cumulus ronds et un vent de sud-ouest, présage de beau temps. Vers 11 heures, je commence pourtant à me demander si je trouverai le soleil à l'heure de la méridienne et je prends une hauteur par précaution car le ciel se couvre par l'ouest, très vite, avec des altocumulus épais et probablement des stratus. J'attrape quand même le soleil à travers le voile de stratus pendant le passage à la méridienne. Puis ça s'éclaircit. Mais un peu plus tard, l'horizon est barré vers le sud par une très grosse formation nuageuse, avec protubérances et pluie visible. J'avais largué les ris le matin, je les remets : un dans la grand-voile, un dans l'artimon. J'hésite un peu pour la trinquette. Non, pas de ris dans la trinquette. Puisqu'il faut que je reste sur le pont, je l'amènerai s'il y a des rafales, et la renverrai ensuite, ce sera plus simple.

Pas de rafales. Pourtant la mer grossit et déferle sans que le vent ait augmenté d'une manière très sensible. Puis le ciel crachine et le vent mollit à force 4, en virant au S.-S.-W. Je descends avaler un camembert en boîte avec des biscuits de l'armée et de la crème en boîte, car je n'ai pas encore déjeuné à 2 heures de l'après-midi. Quand je remonte sur le pont, dix minutes plus tard, je trouve cinq litres d'eau répartis dans les deux seaux suspendus aux bômes. Je la transvase dans le jerrican en remerciant le ciel et en maudissant ce temps instable, car le vent est tombé à force 3 et la mer, hachée, fait souffrir les voiles.

Je largue les ris à 15 heures, sous un ciel couvert d'un horizon à l'autre. Le loch marque quand même dix-huit milles parcourus depuis midi, ça fait six nœuds pour le moment. Mais les milles ne se gagnent pas facilement dans cette zone. Vent de S.-W. force 5 de nouveau à 15 h 30. Même ciel, même type de temps. Baromètre en baisse légère. Petite sieste.

Cent soixante milles sont marqués au point du lendemain. Grand beau temps de S.-W. vent force 5 à 6, mer très formée, très bleue, très belle. Les cumulus sont bien ronds, au lieu d'être aplatis comme ils le sont en général sous ces latitudes. Il a encore plu ou bruiné la nuit dernière, malgré ce vent de S.-W. habituellement sec, et je m'étais levé pour récupérer l'eau des seaux. Il y en a encore deux ce matin, presque pleins. Me voilà donc en possession de cinquante litres, en jerricans, que je transvase dans le tank. Cette quasi-absence de pluie depuis deux mois m'inquiétait, comme l'entêtement des voiles à transpirer leur sel.

Je me sens fatigué depuis une semaine. De plus, je souffre d'un tour de reins provoqué sans doute par l'affaiblissement de ma musculature, dû au manque d'exercice et à une certaine monotonie alimentaire. J'étais déjà à trois kilos de moins que mon poids normal, au départ de Plymouth. Il y a quelques jours, j'ai réussi à me peser pendant un calme plat[1] : encore un kilo perdu en trois mois.

---

1. Je me sers d'une balance de salle de bains qui m'a été utile pour peser tout ce qui est passé sur le quai avant le départ. Il est très difficile de se peser en mer, même par calme plat. On y arrive avec de la patience, en faisant de nombreuses moyennes entre les poids maxi et mini indiqués selon le roulis.

Il m'arrive de contempler longuement l'île Maurice sur la carte, pas très loin au nord. C'est la plus belle escale que je connaisse, avec Sainte-Hélène. Mais Sainte-Hélène est très loin, très loin, derrière le Horn, à l'autre bout du monde, et je n'ose pas y penser. Tandis que l'île Maurice est tout près, trop près, pleine du souvenir de mes amis mauriciens chez qui j'ai passé trois des plus belles années de ma vie. Je me sens très las parfois. Si je ne remonte pas le courant, *Joshua* n'arrivera pas au bout du long ruban d'écume qui doit finir à Plymouth. Mais il y a maintenant des moments de grand vide en moi, pendant lesquels je ne sais où il faut aller.

J'ai commencé une cure de Pentavit (vitamines B) et la poursuivrai pendant un mois, car ma fatigue provient peut-être d'une carence vitaminique. Mais il faudrait m'intéresser aussi davantage à la cuisine, aucune vitamine synthétique ne remplacera jamais un bon appétit. Et surtout, me remettre à la culture physique, comme autrefois. Et monter plus souvent respirer sur le pont, quel que soit le temps. Le vent et la mer guérissent de beaucoup de choses, quand on reste avec eux longtemps sur le pont.

Peut-être vaudrait-il mieux, aussi, que je me maintienne dans les parages du 36e parallèle pour y laisser repousser mes plumes sous un climat moins rude, avant de prendre le virage du cap Leeuwin et de la Tasmanie. Mais comme tout cela me semble loin et vain, quand j'y pense vraiment.

Prendre les ris, larguer les ris, prendre les ris, larguer les ris, vivre avec la mer, vivre avec les oiseaux, vivre avec le présent, ne jamais regarder au-delà d'aujourd'hui, savoir que tout s'arrange avec le temps…

La progression n'est pas rapide car le temps est très instable, et aussi parce que j'ai décidé de ne plus porter le maximum de toile entre le coucher du soleil et l'aube pour passer mes nuits sans inquiétude pendant une semaine : un jour c'était cent trente-six milles parcourus au point de midi, cent trente-quatre le lendemain, puis vingt-neuf à peine à cause d'un grand calme plein de soleil heureusement, quatre-vingt-huit milles, cent cinquante-neuf milles, cent trente et un milles, cent dix-neuf milles, cent soixante milles, cent soixante-sept milles... un vrai sillage en dents de scie.

Coup de vent de sud-est les 10 et 11 novembre. Il a fallu prendre la cape tribord amures et dériver vingt-quatre heures vers le nord afin de ne pas tomber trop sud. Puis cent quarante-cinq milles le lendemain sur le 36e parallèle, puis cent soixante-deux milles, puis cent quatre-vingt-trois sous un coup de vent de S.-S.-W. qui lève de très gros rouleaux. Ils m'obligent à les prendre presque de l'arrière, en perdant encore en latitude, pour éviter des avaries sérieuses. Puis cent quarante-six milles le 15 dans une mer terriblement hachée, cent cinquante milles le 16... et me voilà maintenant encalminé le 17 novembre par 34° 38' de latitude, avec quarante-cinq milles à peine marqués depuis la veille. Moi qui calculais mes coups pour éviter soigneusement l'erreur de Vito Dumas, je suis tombé en plein dans le même piège.

Mais le trait s'est encore allongé sur le globe du *Damien*, nous sommes presque à mi-chemin entre Bonne-Espérance et la Tasmanie. Le soleil est magnifique et je suis content de me reposer un peu aujourd'hui en regardant le calme pendant que la literie s'aère sur le pont.

Je descends mettre de l'ordre dans la cabine arrière où se trouvent pamplemousses, citrons, ail et oignons.

L'ail peut tenir encore cent ans ! Les citrons sont parfaitement conservés, eux aussi. Françoise les avait enveloppés, chacun dans une page du *Readers'Digest* qui fait juste la bonne dimension. Je mangerai aujourd'hui mon dernier pamplemousse. Sur la centaine embarquée voici trois mois, cinq ou six seulement s'étaient gâtés.

Les petits oignons violets du Maroc que Loïck m'avait donnés à Plymouth sont encore en très bon état : tout juste quelques germes, que je ne perds pas puisque je les mets habituellement dans mon riz. Par contre, inutile de trier encore une fois les gros oignons blancs. Ils sont pourris, bien pourris. Je balance le sac par-dessus bord.

Sept malamocks et un groupe de corneilles du Cap planaient à ce moment dans les parages. Plusieurs passent au-dessus du sac d'oignons, *sans le voir*, car leurs yeux étaient réglés sur la longueur d'onde qui leur permet de discerner ce qu'ils cherchent (quoi au juste, j'aimerais savoir...). Enfin, l'un d'eux s'aperçoit de la présence du sac d'oignons et fait un brusque crochet pour se poser à côté. C'est seulement à ce moment-là que les autres ont senti qu'il se passait quelque chose d'intéressant et ils sont venus se poser l'un après l'autre près du premier. Mais que peuvent-ils bien chercher au ras des lames ? Ça doit être très difficile à trouver, pour qu'ils soient passés dix fois de suite devant cette chose énorme sans voir !

Et toi, vieux frère, tu cherches quoi ?

Calme plat absolu, soleil partout, en haut et en bas. Prenant un seau d'eau pour la vaisselle, je m'aperçois que la mer est couverte de plancton.

Celui-ci est constitué d'animaux minuscules, plus petits qu'une tête d'épingle, qui courent en zigzag sur l'eau calme. En raclant la surface, le seau en récolte une bonne centaine, alors que vingt ou trente centimètres plus bas, il ne ramène que trois ou quatre grains vivants.

Il y a aussi comme un tapis de jolies méduses plates, de la taille d'une pièce d'un centime, que je ne connaissais pas, et quelques argonautes très beaux sous le soleil. Ils ressemblent à de petits ballons allongés, aux reflets bleus, surmontés par une crête translucide qui leur sert de voile pour naviguer au près... lorsque le vent est là.

Le calme devient un souffle presque transparent mais régulier. Le sillage se dessine sur la mer lisse. J'aurais aimé voir aujourd'hui les araignées de mer qui se sauvaient devant l'étrave de *Joshua* à la sortie du pot-au-noir. J'avais grillé en vain deux bobines pour tenter de filmer ces insectes dont le corps n'est pas plus gros que celui d'une mouche et les pattes très longues. Trop vives, impossible de les attraper dans l'objectif, le bateau les effrayait car il marchait à quatre nœuds. Aujourd'hui ce serait facile, elles resteraient tranquilles dans les reflets du soleil.

C'étaient les mêmes araignées d'eau que celles des ruisseaux d'Europe et d'Asie, et j'en avais rencontré des quantités avec *Marie-Thérèse*, en plein océan Indien, très loin à l'ouest de Sumatra. Au début, je n'arrivais pas à y croire. Pourtant c'étaient bien elles qui couraient sur la mer avec leurs longues pattes arquées. Comme elles ne plongent pas et qu'elles sont carnassières, il faut bien croire qu'il existe des vies invisibles à la surface de la mer. Comment faisaient-elles, si fragiles en apparence, quand la mer devenait mauvaise ? Elles se débrouillaient parfaitement puisqu'il y en avait des milliers autour de *Marie-Thérèse*.

C'était un jour de calme. La veille, nous étions à la cape.

Deux petites bêtes nagent le long du bord. Elles se poursuivent, s'attrapent, se lâchent, se rattrapent. Elles se battent. Je les prends dans le seau pour les regarder de tout près. On dirait deux cigales en miniature. Elles ne se battent pas, elles procréent. C'est formidable, cette vie qui s'accomplit si loin de tout et malgré tout.

J'essaie d'en trouver d'autres pendant que *Joshua* dérive sous les souffles légers. Mais il n'y avait que ces deux cigales, pas plus longues qu'une phalange de bébé, pour la mer entière. Et pourtant elles se sont retrouvées malgré les dangers de cette eau si grande.

Quand j'étais gosse, ma mère me disait que Dieu a peint le ciel en bleu parce que le bleu est la couleur de l'espérance. Il a dû peindre aussi la mer en bleu pour la même raison. J'ai l'impression de remonter très loin dans mon enfance d'Indochine, à l'époque où je chassais pieds nus avec mon lance-pierres. Ce n'était pas tant pour tuer les oiseaux que pour épier les murmures, les reflets, les craquements imperceptibles et les brusques silences de la forêt, pleins d'indices et de choses secrètes.

J'essuie ma Beaulieu, lentement, avec amitié. Peu à peu, elle est devenue autre chose qu'un simple outil. Il ne reste que vingt-sept bobines pour terminer ce voyage à peine commencé. Mais sera-t-il possible d'en rapporter les images où tout serait dit sans avoir besoin d'être expliqué.

La brise revient après la méridienne, du nord, force 3 à 4. Le baromètre ne s'est pas énervé depuis trois jours et *Joshua* court très vite sur une mer encore plate, vers le sud-est pour ne pas perdre le vent. J'ai ajouté une bonnette sous la bôme de grand-voile, une trinquette et un tourmentin supplémentaires sur l'avant, et une autre trinquette en voile d'étai sur l'artimon. Cent mètres carrés de toile en tout !

Je contemple mon bateau du sommet du grand mât. Sa force, sa beauté, ses voiles blanches en ordre dans un gréement en ordre. L'écume, le sillage, les onze dauphins venus de chaque côté du bout-dehors. Ce sont des dauphins noir et blanc, les plus beaux que je connaisse. Ils respirent à la volée, presque sans faire surface, sans s'écarter du cap, et tirent *Joshua* à près de 8 nœuds par des liens invisibles. Pas question de descendre chercher la Beaulieu, je perdrais tout et ce qu'ils me donnent est trop précieux, un objectif l'abîmerait. Ils s'en vont sans que je les aie touchés, mais les liens sont toujours là.

Mon grand albatros cendré, les malamocks et les corneilles du Cap ont repris leur quête de ce quelque chose qu'ils cherchent éternellement au ras des lames. Ils s'étaient presque tous posés pendant le calme, sans s'intéresser à *Joshua*. Je leur avais lancé quelques morceaux de la dorade pêchée dans l'alizé, et qui sèche depuis deux mois dans les haubans de l'artimon, au gré du temps, sans pourrir ni sentir mauvais. Ça ne les intéressait pas non plus. Deux corneilles avaient tout de même plongé la tête sous l'eau pour regarder le petit cube s'éloigner vers le fond.

Tous planent maintenant, heureux comme moi que le vent soit revenu. Leurs fines ailes immobiles frémissent aux extrémités comme si elles palpaient l'air, aussi sensibles que les doigts des aveugles. Les alouettes du Cap ne sont plus là depuis une bonne semaine. Peut-être suis-je monté trop nord pour elles.

Ma corneille à qui il manque une plume à l'aile gauche n'est pas là non plus. Mais ce n'est pas la première fois qu'elle disparaît et je sais qu'elle revient toujours.

9

Les jours et les nuits

Le vent n'est pas régulier en force, mais c'est maintenant une navigation reposante, avec un baromètre sage depuis des jours. Il y a des alternances de grand soleil et de crachin. Je passe mes journées à lire, à dormir, à manger. La bonne vie tranquille avec rien à faire. Et le réservoir continue à se remplir par petites doses.

Les programmes radio d'Australie sont de plus en plus clairs, la radio vietnamienne aussi. Mais après vingt ans hors de mon pays natal, je ne comprends presque plus rien à cette langue que je parlais couramment. C'est tout juste maintenant si je parviens à saisir un mot de temps en temps, une phrase simple. Pourtant je laisse la radio branchée pendant des heures sur Saigon, ça remue mes vieux souvenirs d'Indochine. Le speaker parlait aujourd'hui de Rach-Gia. J'écoutais de toutes mes oreilles... sans parvenir à retrouver les clés de ma langue natale. Mais je revoyais ma belle jonque et mes transports de riz dans le golfe de Siam. Mon riz était chargé à Rach-Gia, en Cochinchine, et de là, transporté à Kampot ou Réam au Cambodge, parfois jusqu'à Koh-Rong, pas loin de la frontière siamoise. Puis je revenais sur Rach-Gia, avec un chargement de bois ou de sucre de palme en jarres... mais surtout avec ma belle jonque, en louvoyant à travers l'archipel de Hong-Ray, aux îles toutes pleines de mes souvenirs d'enfance en compagnie des pêcheurs vietnamiens.

La police française me soupçonnait de trafic d'armes avec le Viêt-minh, par l'intermédiaire du Siam. Peut-être ai-je trafiqué à chaque occasion la crevette séchée de la région de Camau avec les commerçants chinois, mais jamais les armes. La police me menait la vie dure parfois, car elle comprenait mal, en cette époque troublée, que j'aimais le golfe de Siam, simplement, que j'aimais ma jonque, comme on aime à cet âge, que ma jonque était non seulement toute ma vie présente, mais que d'elle naîtrait tout le reste.

Le port de Rach-Gia, ses grosses jonques ventrues, venues déposer leur nuoc-mâm de Phu-Quoc, celles de Camau, fines et racées, sentant la crevette séchée, avec leurs voiles à antennes roulées jusqu'à la vergue, les jonques de Koh-Rong à fond plat, bourrées de poteries, avec un gouvernail latéral tenu sous le vent par un cerclage en écorce de bambou et qu'il fallait changer de bord à chaque virement.

Cette vie du port de Rach-Gia... c'était le plus riche de la côte, le plus coloré, avec celui de Kampot, au Cambodge. Mais pour des raisons obscures, les crevettes séchées de Rach-Gia n'avaient pas le droit de débarquer au Cambodge. Alors, on chargeait du riz, bien gentiment, et la concurrence était dure.

Ma jonque portait vingt tonnes de riz en temps normal, vingt-cinq tonnes par très beau temps, mais entre quinze et dix-sept seulement pendant la mousson de sud-ouest, car la mer était plus grosse, le vent venant alors du large à cette époque-là. Les sacs de crevettes séchées... c'était en plus, sans le crier sur tous les toits, ça ne pesait pas lourd mais permettait de mieux entretenir ma jonque. Elle était gréée à la manière chinoise, avec des mâts haubanés, comme presque toutes les jonques du golfe de Siam. Le petit mât avant portait une voile lattée de faible surface qu'un homme pouvait hisser seul, sans palan. Par contre, il fallait six personnes pour porter la grand-voile, dont chaque latte était formée d'un double bambou mâle. Pourtant, rien n'est plus simple qu'une voile chinoise dans le mauvais temps : un homme suffisait pour réduire cette énorme surface, quelles que soient la force du vent et l'allure. Il mollissait la drisse et la première latte venait se placer toute seule contre la bôme, comme un éventail qui se referme. Encore un ris ? l'éventail se refermait un peu plus pendant que le système d'écoutes multiples passant dans les poulies à l'extrémité de chaque latte se réglait de lui-même.

Cette grande et belle voile chinoise, qui faisait songer à l'aile d'une chauve-souris géante, n'avait pas que des qualités. Je la revois en train de battre de tout son poids au roulis, quand le vent tombait. C'était une grosse mangeuse de cordages à cause de l'usure et il lui fallait un jeu d'écoutes (50 à 60 m), toutes les trois semaines, un jeu de balancines par mois. Elle mangeait aussi un jeu de voiles en cinq mois pendant la saison sèche, en trois mois pendant la saison des pluies, parce que les voiles, là-bas, sont faites en feuilles de latanier tressées. Les commerçants chinois vendaient ce matériau très bon marché en laizes d'environ soixante centimètres de largeur, qu'il suffisait de coudre ensemble avec de la grosse ficelle de coco et les aiguilles courbes généralement utilisées pour coudre les sacs de jute en Europe. Une journée suffisait, avec tout l'équipage, pour coudre, ralinguer et gréer la grand-voile avec ses cinq doubles lattes, sa bôme, sa vergue et ses balancines. Puis on la laissait tremper une nuit le long du bord pour que le sel la protège de la pourriture. Et deux fois par jour, à l'aube et au coucher, les voiles étaient arrosées à l'aide d'un godet de bambou emmanché sur une longue perche flexible, permettant de projeter l'eau de mer jusqu'au sommet de la vergue. Mais il fallait quand même un nouveau jeu de voiles, trois mois plus tard en saison des pluies.

Tout ce qui flottait dans l'air de l'Asie à cette époque qui a été la plus riche, la plus déterminante de ma vie... Je la retrouve avec une netteté extraordinaire. Je sens l'odeur d'huile de bois dont elle était imprégnée, l'odeur du sucre en jarre des voyages de retour sur Rach-Gia, le petit bruit des poulies multiples, les crissements de lourdes lattes. De tout cela sont nés le *Snark*, mes deux *Marie-Thérèse*, puis *Joshua* et sa recherche d'une vérité que j'avais peut-être perdue mais qui renaît peu à peu dans le sillage.

Le vent n'est toujours pas régulier en force : cent soixante-quinze milles, cent quatre-vingts milles, puis cent cinq et cent vingt et un parce que la brise est tombée de nouveau. Encore cent quatre-vingts, cent cinquante-deux, cent cinquante et un, avec soixante litres d'eau de pluie récoltée dans les bruits simples de la mer.

Joshua marche étonnamment vite pour si peu de vent. La peinture de carène avait été passée au rouleau, car je n'avais pas trouvé de pistolet disponible et le pinceau était exclu à cause de l'épaisseur de cette peinture. Je m'étais inquiété de l'aspect « peau d'orange » que présente une surface peinte au rouleau, ces milliers d'irrégularité freineraient sûrement. Mais l'ingénieur chimiste chargé des peintures à l'arsenal de Toulon m'avait assuré que l'effet de lamination des filets d'eau sur la carène rendrait celle-ci parfaitement lisse en quelques semaines. Il ne s'était pas trompé. De plus, *Joshua* s'est beaucoup allégé en trois mois depuis le départ.

Le cap Leeuwin est maintenant à neuf cents milles dans l'E.-N.-E. Les oiseaux sont de plus en plus nombreux, toujours aussi indifférents semble-t-il. Les corneilles, pourtant, restent parfois dans le sillage pour récupérer les restes de ma cuisine.

Je contemple pensivement le réflecteur radar en tête de mât, qui est incliné de 45° sur tribord. Je le redresse. Hier, j'étais monté huiler le portage des drisses d'acier contre les réas des poulies, comme je le fais chaque semaine. Le réflecteur radar était droit. Même les deux knock-down de Bonne-Espérance ne l'avaient pas fait broncher. Il lui a fallu une sacrée châtaigne pour que son pivot se soit plié à 45e. C'est sans doute un albatros ou un malamock qui lui est rentré dedans sans le voir. En tout cas, ça ne peut pas être une étoile filante. Mais je ne trouve pas de plumes accrochées au réflecteur.

Je me demande quelle tête je ferais si je voyais un jour un grand trou dans la voile, comme ça, sans raison, après le petit déjeuner. Je me frotterais les yeux, bien sûr. Pourtant un grand trou dans la voile ne me surprendrait qu'à moitié depuis que j'ai vu un albatros éviter de justesse le bout-dehors, qu'il était sur le point de percuter à pleine vitesse. J'ai terminé *Avant que nature meure* de Jean Dorst. Toute la beauté de notre terre… tous les saccages que nous lui faisons subir. Dieu que je suis bien ici, pas pressé de rentrer.

Le vent faiblit, le baromètre est toujours haut. Nous sommes protégés par la bordure ouest de l'anticyclone australien. Il chasse les dépressions possibles vers le sud, mais risque en échange de nous offrir des calmes, peut-être même des brises contraires. La radio australienne parle fréquemment de vents faibles à modérés de secteur est, sur toute la côte sud du continent, avec de fréquents incendies de forêt causés par la sécheresse. Nous sommes encore loin et sur une latitude déjà beaucoup plus sud que celle du cap Leeuwin. Ce serait le moment de prendre le virage pour descendre au-delà du 40e parallèle.

Quelle tactique aura choisie Bill King dans l'océan Indien ? La route demi-tranquille, ou bien la route à l'arraché toujours au sud du 40e parallèle ? Et Loïck ? Au départ de Plymouth, nous envisagions tous deux la route demi-tranquille. Je pense que c'est aussi celle que prendra Nigel avec son trimaran, d'après ce qui ressortait de nos discussions. Je ne regrette pas ma route demi-tranquille, malgré la moyenne qui n'est pas très élevée. Elle est pleine de soleil en ce moment et les corneilles deviennent plus familières. Je les appelle chaque fois que je lave ma vaisselle sur le pont. Alors elles viennent regarder dans le sillage. Albatros et malamocks restent complètement indifférents. Le grand, cendré par-dessous, est toujours là.

Le vent diminue encore, puis il tombe. Calme plat. Les oiseaux sont très nombreux maintenant, tous posés autour du bateau, les corneilles assez près, presque amicales, les albatros et les malamocks plus loin, dédaigneux.

Je suppose que mes oiseaux ne trouveraient pas grand-chose à manger s'ils continuaient à planer et qu'ils préfèrent réserver leurs forces pour des temps meilleurs. Plusieurs corneilles dorment la tête sous l'aile, en plein soleil. Je n'avais jamais vu cela, et présume que la période de calme sera assez longue. Les oiseaux semblent savoir que le calme va durer.

Calme… Calme… Les corneilles sont plus près qu'hier. Je leur envoie de grosses miettes de biscuits. Elles viennent voir, sans se presser, mais ça ne leur plaît pas. Par contre, les morceaux de la dorade séchée provoquent quelques discussions. Elles y goûtent, apprécient, commencent à se disputer.

Peu à peu, elles s'approchent. Je hurle « kiou-kiou » à chaque morceau lancé. Ma voix ne les effraie pas. Elles reconnaissent bientôt ce cri de ralliement, s'approchent encore, et je les filme à bout portant lorsqu'elles plongent la tête ou disparaissent sous l'eau pour attraper un morceau de poisson sec. Quelques malamocks sont aussi de la fête, mais beaucoup moins vifs que les corneilles, et peut-être moins confiants.

Calme… Calme… À l'aube, une bonne soixantaine de corneilles sont posées dans les parages. Elles n'ont aucune réaction tout le temps que je nettoie ma casserole de porridge sur le pont mais cessent de se lisser les plumes, dressent la tête et s'approchent, dès qu'elles entendent mon cri de ralliement.

La dorade a été terminée hier. Aujourd'hui, je leur offre du fromage avec mon amitié. Elles préfèrent ça, de loin, à la dorade séchée. Et à force de patience, une corneille finit par venir manger dans ma main.

Elle s'y est décidée peu avant le coucher du soleil, avec une douceur extraordinaire, sans hâte, presque sans crainte. Elle tend le bec lentement, prend le morceau blanc dans mes doigts, le trempe dans la mer comme pour le diluer un peu, et l'avale sans me surveiller. Puis elle s'ébroue, tend de nouveau le bec pour le prochain morceau.

Les autres sont là, en demi-cercle, presque à toucher mais n'osent pas. Je leur envoie à elles aussi des morceaux de fromage qu'elles se disputent bruyamment. Ma corneille attend pour les prendre dans ma main. Je voudrais être cette corneille, juste une minute, pour connaître sa joie très simple devant un tel miracle. Ce serait peut-être la même joie toute simple que j'éprouve moi-même.

Je me lève très tôt pour attendre l'aube dans le calme toujours plat. Dès que les corneilles me voient, les plus intelligentes (du moins je le crois) se rapprochent à coups de palmes, tout en plongeant la tête sous l'eau pour voir si je n'aurais pas lancé du fromage ! À mes appels, tout le groupe se rapproche, et quand j'envoie le fromage coupé en petits morceaux, la fête des autres jours recommence.

La corneille que je nourrissais hier est contre le bord, bec tendu. Les autres jacassent, celle-là s'exprime réellement par des piaillements modulés, différents des cris de la bande. Peut-être me fait-elle des reproches parce que je donne aussi à manger aux autres... En tout cas elle s'exprime.

Par sa taille et son aspect, je pense que c'est la plus âgée de la bande. Elle se refuse à plonger, même peu profond. Les autres descendent à plus de quatre mètres pour attraper une boîte de fromage presque pleine échappée pendant la bagarre.

Comme elles se trouvent à la verticale du bateau, elles me montrent qu'elles volent sous l'eau, qu'elles volent vraiment, en godillant avec les ailes.

Je ne sais plus très bien depuis quand dure ce calme. J'écoute distraitement les bulletins météo d'Australie. Mais il suffit de regarder le baromètre, toujours haut, pour savoir ce que dira le speaker : anticyclone, beau temps, vents faibles ou calmes. Je ne suis pas pressé. J'espère que je ne serai jamais plus pressé dans la vie.

Il y a des éclaboussures jusque sur la Beaulieu, avec de vraies bagarres, genre mêlée de rugby. Il ne me reste que dix-neuf bobines. J'en grille encore une à bout portant. Je n'ai jamais vu des oiseaux aussi déchaînés ni aussi confiants. De plus, ces corneilles ont l'esprit sportif et ne se font pas de coups fourrés entre elles. C'est la plus vive qui gagne et quand elle a gagné on la laisse tranquille, c'est juste, alors que dans d'autres eaux, les frégates par exemple abrutissent les mouettes et les fous de Bassan jusqu'à leur faire vomir le poisson qu'ils ont pris, afin de s'en emparer, puis se font vomir entre elles. J'ai vu un poisson passer dans quatre estomacs différents, avant de trouver le bon. Mais ici, il n'y a pas de crocs-en-jambe.

Ma corneille revient manger dans ma main. Je la reconnais maintenant à des détails infimes de son comportement, sa manière de prendre le fromage en tournant légèrement la tête vers la gauche, la manière dont elle se place toujours un peu de trois quarts, la manière dont elle trempe le fromage dans l'eau avant de l'avaler, sa façon de s'ébrouer ensuite. Et toujours ces petits cris modulés que je reconnaîtrais les yeux fermés. Ce qui me surprend un peu, c'est que les autres n'osent toujours pas.

Cette corneille est sûrement un chef respecté ! Elle continue à refuser de plonger, laissant cela à la racaille bruyante et sympathique.

Calme… Calme… Il n'y a pas loin de cent corneilles autour de *Joshua* au petit matin. Ma provision de fromage peut encore tenir le choc, mais en fouillant la cale aux provisions je découvre un gros pot en matière plastique plein de beurre. C'est Françoise qui l'avait préparé en faisant fondre du beurre frais mélangé avec du sel. Je me dis : « Ce beurre est sûrement rance, je vais en donner aux corneilles, elles l'aimeraient peut-être » (en fait ce beurre est parfaitement conservé).

Les corneilles adorent le fromage, mais je ne m'attendais pas à ce qu'elles soient folles du beurre à ce point. À un moment, deux corneilles se jettent ensemble sur un gros morceau. Celle de gauche l'avale d'un coup au lieu de partager un peu. L'autre la bouscule avec tant de violence et de colère que la première corneille se retrouve sur le dos, battant des ailes dans l'eau, hurlant de terreur ou de rage. L'agresseur se tient sur son ventre pour l'empêcher de s'enfuir. Brusquement, elle profite du bec ouvert pour lui plonger la tête presque entière dans le gosier et récupérer une partie du beurre.

Malamocks et albatros restent un peu à l'écart. Ils commencent tout de même à se poser des questions, mais n'osent encore s'approcher.

Calme… Calme… Depuis quand ? Je ne sais plus et ça n'importe pas. Les oiseaux sont là, dès l'aube. Ils ont l'air de m'attendre. Tous les oiseaux de l'océan Indien ont l'air de m'attendre.

Je grille encore deux bobines avec la Beaulieu pour des scènes de corneilles complètement déchaînées. L'albatros géant est lui aussi filmé de tout près. Il éprouve des difficultés à décoller par ce calme et ne s'y décide qu'avec réticence, quand les cris des corneilles se battant pour le beurre lui chatouillent vraiment trop fort le palais. Alors, il décolle pesamment en courant sur l'eau, et amerrit sur ses palmes tendues vers l'avant comme deux petits aquaplanes. Dans sa rage d'arriver trop tard, il donne de grands coups de bec dans le tas des corneilles vociférantes qui chipent le beurre jusque sous le bec de ce gros lourdaud. Il parvient parfois à en saisir quelques miettes, ça le rend encore plus furieux. Il sait que c'est bon, il commence à reconnaître vaguement le cri de ralliement, mais il est toujours en retard d'une bonne mesure sur les corneilles.

Le vent ne reviendra jamais. Pourtant je me sens plus léger à chaque aube, heureux de vivre, heureux de sentir toute cette vie autour du bateau. Il fait beau, le soleil est là, les oiseaux sont là.

Chaque offrande est toujours accompagnée de mon cri de ralliement que je lance à pleins poumons. Mes corneilles peuvent l'entendre à plusieurs centaines de mètres. Cela se traduit par des démarrages instantanés, des éclaboussements sur toute la mer pendant qu'elles accourent.

Même lorsqu'elles sont près du bord, je ne baisse pas la voix. Il est curieux qu'un bruit aussi fort ne les effraie jamais, alors que ma voix est sans rapport aucun avec la douceur des bruits de la mer, même lorsqu'elle déferle en gros rouleaux dans ses plus mauvais jours.

Trois corneilles suivent le bateau à la nage (vitesse 1/2 nœud). N'ayant plus de beurre, je leur lance quelques morceaux de crème de gruyère. Elles emploient sans hésiter leur première technique : plonger la tête sous l'eau, repérer le morceau de fromage, puis essayer de s'en saisir avant les autres (la crème de gruyère coule). Elles ont une bonne mémoire puisque cela faisait deux jours que je les nourrissais au beurre, qui flotte. Or elles ont retrouvé immédiatement la technique de la crème de gruyère.

J'essaie autre chose d'aussi appétissant et ouvre une boîte de pâté de foie. Dès que j'envoie le cri de ralliement, toutes les corneilles qui suivaient le bateau dans le sillage (et qui s'étaient laissées distancer pendant que j'ouvrais la boîte dans la cabine) démarrent en courant sur l'eau et viennent se placer en paquets le long du bord.

Je découpe un morceau de pâté et le lance à quelques mètres devant le groupe. Toute la bande (une dizaine maintenant) se précipite là où est tombé le morceau. Et toutes les têtes plongent sous l'eau en regardant vite à droite et à gauche, vers le niveau où devait se trouver normalement le petit cube bien blanc (blanc, si c'était du fromage). Rien. Le pâté est rosâtre et il flotte. L'une d'elles l'aperçoit enfin, et l'avale. Ça semble bon.

Deuxième morceau. Toutes les têtes cherchent sous l'eau, sans arriver à comprendre ce mystère, à l'exception de la première corneille qui, sans une hésitation, saisit le morceau en surface. Elle avait déjà compris.

Troisième morceau : toutes les têtes plongent sauf celle de la première corneille qui avait trouvé par hasard le premier morceau, avait saisi sans hésiter le second morceau et prenait le troisième de la même manière et *faisait semblant de chercher sous l'eau pour donner le change*, car elle n'était pas près d'expliquer aux autres le mystère du fromage invisible. Bien entendu, les autres ont fini par comprendre avant la fin de la boîte de pâté.

Ma corneille apprivoisée est revenue. Elle a mangé 160 grammes de pâté en deux séances de moins d'une heure. Et je crois qu'elle pourrait en avaler encore une boîte de 80 grammes.

Comment cet oiseau, qui a ingurgité en peu de temps 160 grammes d'une nourriture riche, parvient-il à trouver dans cette mer où je ne vois absolument rien sa ration journalière habituelle, qui se monte probablement à plus de 200 grammes ? Et si une corneille pesant tout au plus un kilo et demi prélève plusieurs centaines de grammes de nourriture par jour, que penser des albatros, dont le poids ne doit pas être bien éloigné d'une dizaine de kilos ? Et je n'ai jamais vu l'un de ces oiseaux des hautes latitudes plonger le bec dans la mer. J'aimerais savoir de quoi ils se nourrissent et comment ils se nourrissent. Existe-t-il une variété de « plancton volant » ? Il y a bien des poissons volants sous les tropiques.

Une manière assez simple de répondre à cette question serait d'en attraper un (à l'aide d'un morceau de fromage sur un hameçon) et de lui ouvrir le ventre pour voir ce qu'il y a dedans ! Je plaisante bien sûr, car à moins d'être sur le point de mourir de faim, je considère maintenant comme un crime contre la nature de tuer un oiseau de mer. Mais je n'ai pas toujours été de cet avis, puisque j'ai mangé un bon nombre de mouettes et de cormorans dans ma vie, et même un pélican, et même des pingouins. Jamais en pleine mer cependant…

Il y a les jours, il y a les nuits, puis encore les jours et les nuits. La mer est plate jusqu'à l'horizon. Même la longue houle de sud-ouest s'est endormie.

Parfois un air léger prend le relais du calme pendant une heure ou deux. Tout ce qui m'entoure semble alors bâiller et s'étirer, *Joshua* reprend sa route, les oiseaux reprennent leur vol.

Puis le calme s'installe de nouveau et je n'ai même pas besoin d'amener le foc, il n'y a aucun roulis, il ne fatigue pas contre la draille de trinquette. D'ordinaire, les calmes sont mortels pour le marin et pour le bateau. Ici, non, car la mer n'est pas hargneuse et le soleil brille toute la journée. Tout prend l'air, tout se gorge de soleil, tout vit.

C'est merveilleux d'avoir du vent. C'est merveilleux aussi d'avoir du calme quand on ne sait plus depuis quand il dure. J'ai le sentiment de connaître mes oiseaux depuis toujours, d'être ici depuis toujours, sans que le temps ait passé. Il n'a pas passé. C'est comme un grand livre d'images qu'on peut feuilleter éternellement sans se lasser.

Le vent va revenir. Mes oiseaux l'ont senti à je ne sais quoi, qui devait flotter dans l'air. Je crois l'avoir senti hier soir, moi aussi, en regardant les étoiles. Elles scintillaient un peu plus que ces derniers temps. Le baromètre a très légèrement baissé, lui aussi. Mais il y aura une page inachevée. Ça ne fait rien. Le vent va revenir et me donnera d'autres pages pour remplacer celle que mes oiseaux n'ont pas terminée jusqu'au bout. C'était une nuit, il y a quelque temps de cela, pendant le grand calme.

J'étais dans ma couchette et suis monté border plat la grand-voile et l'artimon qui faisait un peu de bruit au très léger roulis. La lune, à son premier quartier, se trouvait à mi-ciel. Trois corneilles posées sur l'eau dormaient à quelques mètres de l'arrière. Elles n'ont pas changé de place pendant que je manœuvrais. Pourtant, je les avais réveillées. Deux d'entre elles se sont ébrouées, la troisième s'est lissé les plumes.

Je m'apprêtais à redescendre me coucher mais les voyant là, occupées à leur petite toilette, je me suis approché de l'arrière et leur ai parlé, comme ça, tout doucement. Alors elles sont venues, tout contre le bord. Pourtant, je n'avais pas prononcé le mot magique.

J'ai continué à leur parler, très doucement. Et elles levaient la tête vers moi, la tournant sur le côté, de droite et de gauche, avec de temps en temps un tout petit cri, à peine audible, pour me répondre, comme si elles essayaient, elles aussi, de me dire qu'elles m'aimaient bien. Peut-être ajoutaient-elles qu'elles aimaient le fromage, mais je pouvais sentir, d'une manière presque charnelle, qu'il y avait autre chose que des histoires de nourriture dans cette conversation à mi-voix, quelque chose de très émouvant : l'amitié qu'elles me rendaient. Je suis descendu chercher un morceau de fromage que j'ai coupé en petits cubes. Quand je suis remonté, elles avaient repris leur place à quelques mètres de l'arrière, comme tout à l'heure. Elles ne se sont pas rapprochées quand je suis revenu près de la barre en silence. Mais aussitôt que je leur ai parlé, doucement, sans « kiou-kiou », elles ont nagé vers moi, avec un léger sillage brillant dans le clair de lune. Je me suis allongé sur le pont pour qu'elles puissent prendre le fromage dans ma main.

Elles le prenaient, sans se disputer. Et j'avais l'impression, une impression presque charnelle encore, que ma main les attirait plus que le fromage.

J'ai eu envie de les caresser, tout au moins d'essayer. Mais je n'ai pas osé, c'était peut-être encore trop tôt. Je risquais, par un geste maladroit et prématuré, de briser quelque chose de très fragile. Il fallait attendre encore un peu. Ne rien brusquer, ne rien forcer. Attendre que les ondes de l'amitié, faites de vibrations invisibles, aient atteint leur maturité complète. On peut tout détruire en voulant aller plus vite que la nature.

Le vent est revenu. Les oiseaux ont repris leur vol, et planent entre le bleu du ciel et le bleu de la mer, comme avant le grand calme.

Les corneilles ne s'intéressent plus à la nourriture que je leur offre, mais elles répondent par un petit tressaillement. J'aime ce signe léger qu'elles font avec leur aile pour me dire qu'elles reconnaissent mon appel… « *Tu es notre copain… tu es notre copain… mais nous cherchons le jour la nuit toujours… laisse-nous faire notre boulot de corneilles… tu es notre copain… tu es notre copain… le jour la nuit toujours* ».

Navigation astronomique. Calcul de la position du bateau suite à un relevé de la hauteur du soleil au sextant (ou d'une étoile).
« Pour ce voyage, je n'ai fait que trois points d'étoile en tout [...], je me contentais donc d'une droite de soleil le matin et d'une méridienne à midi. »

10

La longue route

Le vent tient bon depuis une semaine. Malamocks et albatros sont toujours là, indifférents et amicaux ensemble. Le grand cendré par-dessous ne m'a jamais quitté plus d'un jour ou deux, depuis que nous nous sommes rencontrés dans les parages de Bonne-Espérance. Il m'aime bien, lui aussi.

Mais toutes les corneilles sont absentes, sauf une, que je verrai quelques jours encore. Puis elle disparaîtra à son tour. Le domaine des corneilles est sans doute plus à l'ouest, personne n'y peut rien.

Le cap Leeuwin est maintenant à quatre cent cinquante milles dans le nord, et *Joshua* vient de passer le 42e parallèle. Il ne devrait plus manquer de vent.

J'ai sorti la carte générale qui couvre l'Australie du Sud, du cap Leeuwin à la Tasmanie. Elle marque la dernière partie d'une longue étape. Je regarde l'Australie entière étalée sous mes yeux, avec ses plages, ses centaines de petites îles dans la grande baie du sud, le détroit de Bass encore loin devant l'étrave, les petits lacs salés au milieu de la terre.

J'ai sorti aussi les cartes de détail. La sagesse, la vraie sagesse, ce serait de les jeter toutes à la mer afin de ne plus oser approcher de la côte pour donner des nouvelles par un navire ou un pêcheur dans le dangereux détroit de Bass, entre l'Australie et la Tasmanie. Là, je serais sûr de rencontrer quelqu'un... mais il y aurait la fatigue d'une navigation dans les courants et les cailloux, sans parler de la brume possible, épuisante pour les nerfs. Je voudrais pourtant faire savoir à ma famille et à mes amis que tout va bien, leur raconter les oiseaux et les dauphins, les vents et les calmes. Je me souviens aussi du petit cargo noir. Et c'est toujours l'éternel combat entre la prudence et la grande vague qui nous relie aux autres.

Comme avant Bonne-Espérance, j'ai photographié mon journal de bord, page par page. Mais j'ai peur. Je ne sais même pas si le risque pris avec le cargo a servi à quelque chose. Peut-être n'a-t-il pas transmis les sacs en plastique au *Sunday Times*, par crainte de complications.

Cent quarante milles, cent dix milles seulement, cent vingt-trois milles et un peu de soleil aujourd'hui. Je mets la dernière main à deux petits voiliers construits pendant le long calme des oiseaux. Le plus grand est un catamaran d'environ 1,20 m fabriqué avec deux rondins de bourao, bois très léger que *Joshua* traîne depuis Tahiti dans le poste avant. Il est gréé en voile carrée, noire, visible de loin, avec un foc blanc sur lequel est écrit « message ». L'autre est un ketch de 60 cm découpé dans un morceau de klégécel pris en sandwich entre deux plaques de contre-plaqué. Sa carène n'est pas mal profilée du tout, il a un foc en tête de mât et il est muni d'une quille. Chacun porte une bouteille en plastique amarrée sur le pont avec des extraits du journal de bord et une lettre pour celui qui le trouvera, lui souhaitant une bonne année et le priant de faire suivre le courrier... La vie serait bien triste si l'on ne croyait pas de temps en temps au père Noël[1].

L'idéal aurait été de quitter Plymouth avec une cargaison de petits bateaux en plastique. Loïck et moi aurions alors pu en envoyer une flottille au passage de Bonne-Espérance, de l'Australie et de la Nouvelle-Zélande, avec des pellicules du journal de bord. Largués à une demi-journée d'intervalle, bâbord amures et barre amarrée, cela aurait fait plusieurs coups au but, sans prendre le risque de fleureter avec la terre.

Cent soixante-neuf milles et un halo autour du soleil[2], cent quatre-vingts milles et un grand arc-en-ciel après la pluie, cent cinquante-quatre milles et beaucoup de cirrus... mais pas de coup de vent encore.

Depuis bientôt une semaine, la ligne tracée par le barographe est parcourue de crochets et de petits frémissements comme si les dieux de l'océan Indien retenaient leur colère. Il y en a qui disent : « On va le matraquer. » D'autres essaient de les retenir : « Mais laissez donc tranquille ce petit bateau rouge et blanc, vous voyez bien qu'il n'a pas une tête à vous bouffer vos icebergs. » Et ça discute ferme

---

1. *Note de l'éditeur*. Ces deux maquettes porteuses de message ont été recueillies plus d'un an après leur mise à l'eau, l'une sur une plage de Tasmanie, l'autre en Nouvelle-Zélande. Le courrier que portaient ces bateaux est parvenu aux destinataires, parfaitement lisible.

2. Un halo autour du soleil ou de la lune indique la présence de cirrostratus annonciateurs d'une perturbation. Le halo fait toujours 22°, et ne doit pas être confondu avec la « couronne », beaucoup plus petite, qui n'annonce rien de mauvais. Les cirrus aussi annoncent la proximité d'une perturbation.

entre les dieux, là-haut, à coups de cirrus, de halo et d'arc-en-ciel.

J'écoute les bruits de l'eau qui court sur la carène, je sens la houle principale de S.-W. régulière malgré les frémissements du barographe, et tous mes sens essaient de détecter une houle secondaire de N.-W. qui expliquerait pourquoi le ciel est si nerveux.

Avec les pêcheurs du golfe de Siam pendant mon enfance d'Indochine, le taïcong me disait par exemple « garde la houle à deux doigts sur le travers de l'arrière et tu devras toujours sentir la brise derrière l'oreille gauche en regardant vers l'avant. Et quand la lune sera à une grande main plus une petite main sur l'horizon, ou cette étoile à un bras de l'autre côté pour le cas où un nuage cacherait la lune, alors la mer deviendra plus phosphorescente et plus calme, nous serons sous le vent de l'île pour mouiller les premières lignes. »

Il n'y avait pas de compas sur les jonques du golfe de Siam et je ne voulais pas qu'on l'utilise pendant mes croisières école de Méditerranée. Au lieu de prendre le cap 110 de Porquerolles à Calvi, mes équipiers devaient barrer en gardant la houle de mistral très légèrement sur tribord de l'arrière. La nuit, c'était l'étoile Polaire à une petite main sur l'arrière du travers bâbord. Et s'il n'y avait ni houle précise ni étoile, il fallait se débrouiller avec ce qu'on avait. Je le voulais ainsi, car se concentrer sur une aiguille aimantée empêche de participer à l'univers réel, visible et invisible, où se meut un voilier.

Au début, ils ne comprenaient pas mon obstination à écarter le compas, ce dieu de l'Occident. Mais en échange, ils commençaient à entendre parler le ciel et la mer avec le bateau. Et lorsque la terre bleutée naissait à l'horizon, comme la voyaient les anciens navigateurs, toute nimbée de mystère, quelques-uns parmi eux sentaient que nos techniques rigoureuses doivent laisser une porte ouverte aux dieux que le monde moderne essaie à toute force de bannir.

Le vent, la mer, le halo, l'arc-en-ciel, les cirrus en moustache de chat dans les clapotis et les murmures de l'eau pleins de choses inquiètes et d'espoirs aussi. Et j'essaie de percevoir la houle secondaire de nord-ouest pendant que le sillage s'allonge toujours plus loin vers l'est.

Dans un petit port indonésien, j'avais suivi la préparation d'une jonque chinoise qui devait porter une cargaison à Jakarta, en traversant l'archipel des Mille Iles semé de récifs et de cailloux. Le taïcong était resté encore trois jours après le chargement, accroupi sans un mot, sans un geste, à contempler le ciel et la mer, en communion avec les forces immatérielles. Puis la jonque avait levé l'ancre par jolie brise de travers, sans carte et sans boussole. Je sentais qu'elle était protégée par les dieux de l'Asie et par le gros œil gravé de chaque côté de son étrave.

Bientôt quatre mois que nous avons quitté Plymouth. Je savais que mon voyage irait loin, mais je ne pouvais pas savoir qu'il irait peut-être plus loin, parmi les jalons impalpables de la mer et du temps. Déjà quatre mois de ciel et d'étoiles avec des vents frais, des calmes, des coups de vent suivis de calmes, des calmes suivis de brises légères, puis d'autres calmes et des vents frais. Et maintenant j'écoute une menace de coup de vent dans les cirrus et les bruits de la mer.

J'étais bien trop jeune à l'époque de ma jonque du golfe de Siam pour en être le taïcong. L'équipage ne lui adressait jamais la parole, car un taïcong a besoin de toute sa paix pour communiquer avec les dieux et lire sur leur visage. À l'heure du repas, l'équipage se groupait autour du chaudron de riz fumant, à l'avant si le temps était beau, au milieu du pont quand il y avait de la mer. Mais toujours loin du taïcong, sans parler haut, afin de ne pas le gêner dans sa communion. Le petit mousse lui présentait son bol de riz, des deux mains, respectueusement, à l'arrière sans un mot. Puis il rejoignait les autres, glissant comme une ombre sur ses pieds nus.

La moyenne a nettement remonté, le sillage s'est bien allongé, le cap Leeuwin est maintenant loin derrière, la Tasmanie pas très loin devant. À la cadence de ces derniers jours, nous y serons dans moins d'une semaine. Et il n'y aura peut-être pas de coup de vent parce que les cirrus commencent à redescendre et que les étoiles scintillent assez peu ce soir, pour me dire que le vent n'est plus en colère, là-haut.

Lorsque les vents sont forts dans la haute atmosphère, ils provoquent d'importantes différences de densité entre les couches d'air qui n'ont pas la même température. Alors les étoiles scintillent plus que d'ordinaire à cause de la réfraction accrue qui dévie la lumière. Et lorsque les vents d'altitude atteignent une grande violence, cela indique presque toujours l'approche d'une perturbation, ou tout au moins un temps perturbé.

Une nuit de grand beau temps, un taïcong pêcheur m'avait dit pourquoi les étoiles annoncent le vent lorsqu'elles scintillent fort.

C'est parce qu'il y a du vent là-haut, il souffle sur les petites flammes des étoiles, exactement comme sur les bougies. Alors, les étoiles s'agitent. Mais le vent a beau souffler de toutes ses forces, il n'arrive pas à les éteindre et il se fâche et descend sur la mer pour se venger de n'avoir pu éteindre aucune étoile, même les plus basses. Là, elles ne pourraient plus résister au vent, qui peut souffler très fort quand il se met vraiment en colère. Mais il y a un dieu près de l'horizon, pour protéger les étoiles basses.

S'il n'y avait pas le dieu de l'horizon, le vent les ferait disparaître l'une après l'autre. Ensuite il attendrait que les étoiles hautes se rapprochent de la terre pour les faire disparaître à leur tour. Et les hommes ne pourraient plus vivre parce qu'il n'y aurait plus d'étoiles.

Longtemps après, j'ai su que les étoiles basses scintillent toujours plus que les étoiles hautes parce que la lumière provenant des étoiles proches de l'horizon traverse des couches d'air beaucoup plus importantes, d'où une réfraction accrue.

Je crois que la science permettra peut-être aux hommes d'atteindre les étoiles avec leurs fusées. Je crois surtout au vieil Orient qui me permet d'y aller quand je veux avec une bougie et du vent. Et je peindrai un gros œil noir et blanc sur l'étrave de *Joshua* quand il aura terminé sa route après avoir retrouvé son chemin parmi les dieux de mon Asie natale.

La Tasmanie est à peine à deux cents milles dans l'Est-Nord-Est, le ciel se couvre de nuages bas, ceux qui donnent parfois du crachin avec pas trop de vent. Je lâche mes deux petits bateaux porteurs de bouteilles... et ils partent vers le sud, où il n'y a personne. Mais je sais qu'ils mettront le cap au nord, vers la terre, quand le moment sera venu.

La mer est assez calme, je les suis longtemps des yeux. J'imagine la surprise de celui qui en verra un, de loin, sur une plage d'Australie. Puis son étonnement en approchant et en voyant que c'est peut-être comme dans les contes de fées. Et ensuite l'émotion qui commencerait à lui serrer la gorge lorsqu'il sentirait que le petit bateau revient peut-être des bordures de l'au-delà.

Un peu de pluie tombe dans un grain léger. Le vent est tiède, il vient des sables d'Australie. Si la visibilité ne s'améliore pas, il faudra renoncer à donner des nouvelles à Hobart. Le sud de la Tasmanie est vraiment trop plein d'embûches avec ses cailloux qui débordent la côte assez loin. Le détroit de Bass, par le nord, est encore plus dangereux par mauvaise visibilité, avec des rochers partout. De plus, nous sommes en période de nouvelle lune, les courants de marée sont forts, la nuit très noire.

Depuis quand les miens sont-ils sans nouvelles ? Le petit cargo noir a-t-il transmis le colis de Bonne-Espérance ? Je n'en sais rien et ne sais rien de mes camarades. Pourtant je suis joyeux, tout seul sur mon bateau depuis quatre mois.

Seul avec les nuages et les vagues, le soleil et les étoiles, les jalons de la mer qui sont partout et nulle part, un peu comme cette mouette solitaire à qui je donnais une boîte de pâté ce matin.

Était-ce vraiment ce matin ou hier matin ? Je ne me souviens déjà plus très bien et j'écoute le bruit de l'eau sur la carène. C'était un matin parce qu'elle se posait sur l'arrière du travers et ses plumes prenaient alors des reflets ocres dans le soleil levant.

Comme les trois mouettes que j'ai failli caresser, une nuit. C'était quand ? Deux semaines ? Deux mois ? Je n'en sais plus rien. Je sais seulement qu'elles me tiennent chaud et qu'elles me tiendront chaud longtemps.

Quatre mois que je suis parti, cela pourrait être une semaine comme un an, il me semble que ce serait la même chose, le temps a changé de dimension. Dehors il crachine sur une mer très calme pour cette zone, avec un petit force 3 régulier qui tire *Joshua* à six nœuds. Il fait bon dans ma cabine, au chaud, pleine de la fumée de ma cigarette.

La pluie crépite imperceptiblement sur le pont, avec une note plus claire sur la mince coupole du poste de pilotage, le roulis est à peine sensible, on se croirait presque au mouillage dans un atoll tant tout est calme autour. Tout ce que l'océan Indien m'a donné, la fatigue du début, les coups de vent pas trop méchants, les calmes, les deux cigales de mer qui s'étaient retrouvées, les oiseaux qui cherchaient, les dauphins noir et blanc et les oiseaux encore et beaucoup de joies depuis que ma fatigue est dépassée.

Ce soir je n'ai pas sommeil, je respire la paix qui m'entoure, l'eau descend par les voiles qui la relient au ciel, elle remplit les sceaux, je peux l'entendre d'ici quand la bôme se relève un peu en libérant d'un coup toute l'eau prise dans le pli du premier ris que je n'ai pas largué. Le jerrican est presque plein, je vais le transvaser bientôt dans le tank. J'ai pourtant bien assez d'eau pour atteindre le pot-au-noir de l'Atlantique, mais je la verse dans le tank et ne m'arrêterai que lorsqu'il sera plein.

Je revois la petite île déserte de Barrington aux Galápagos, que nous avions failli quitter parce que la pluie ne venait pas. Beaucoup de liens nous attachaient déjà aux phoques et aux oiseaux de Barrington, mais il ne nous restait qu'un demi-jerrican en réserve et nous devions partir le lendemain, Françoise et moi. Alors le ciel s'est couvert d'énormes cumulus et le premier orage de la saison des pluies est tombé pendant la nuit. Nous regardions l'eau couler du taud comme un miracle et remplir le réservoir pour maintenir le lien avec l'île.

La lampe à pétrole luit tendrement dans la cabine, comme une étoile lointaine et toute proche ensemble. Elle donne à mon eau son poids exact, rend à toute chose sa vraie valeur.

Et c'est bien plus que le miracle de ma liberté, c'est autre chose, quelque chose que j'ai senti plusieurs fois dans mon ventre.

J'écoute la mer, j'écoute le vent, j'écoute les voiles qui parlent avec la pluie et les étoiles dans les bruits de la mer et je n'ai pas sommeil. Je pense à Williams Willis, tout seul sur son radeau de balsa pendant des mois et des mois dans le Pacifique, avec la mer à lui tout seul au milieu de l'univers.

Et parfois, il entendait le « Chant », par toutes les fibres de son être. Je l'entends aussi depuis quelque temps. Et c'est peut-être ça, la longue route. Mais je ne pourrai pas le dire ni le laisser sentir au passage de la Tasmanie, la terre est trop loin en regard des questions que me posent les étoiles. Je ne pourrai leur donner que mon premier journal de bord, avec des oiseaux, du vent, de la mer, des points journaliers et des petits problèmes de la vie quotidienne. Le vrai journal est écrit dans la mer et dans le ciel, on ne peut pas le photographier pour le donner aux autres. Il est né peu à peu de tout ce qui nous entoure depuis des mois, les bruits de l'eau sur la carène, les bruits du vent qui glisse sur les voiles, les silences pleins de choses secrètes entre mon bateau et moi, comme lorsque j'écoutais parler la forêt quand j'étais gosse.

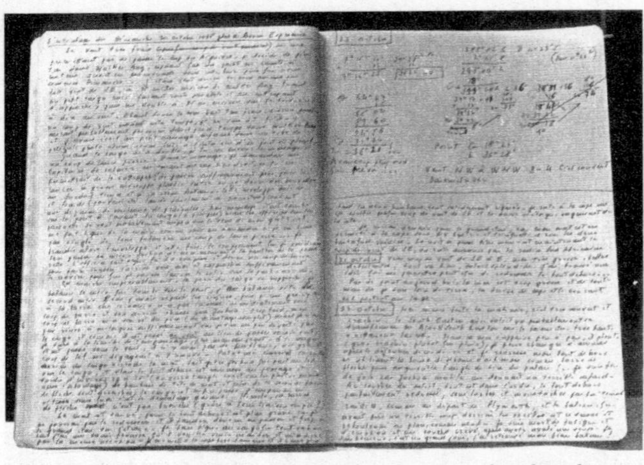

« Le vrai journal de bord est écrit dans la mer et dans le ciel...
Il est né peu à peu de tout ce qui nous entoure depuis des mois... »

11

La règle du jeu

Joshua se présente une semaine avant Noël devant l'entrée du chenal d'Entrecasteaux, en Tasmanie, et longe le phare du cap Bruny qui est en communication avec le Lloyd's. Mes pavillons M.I.K. flottent bien clairs sur leur drisse.

Ce n'est plus le noir de tout à l'heure. Ce n'est pas encore l'aube non plus. Le ciel est plein de grains. Je n'ai pas fermé l'œil depuis hier, la nuit a été dure. Je mets en panne, barre dessous et trinquette à contre, en espérant qu'un pêcheur passera à proximité. Mais je n'y crois pas. Je suis trop fatigué pour croire à quoi que ce soit en ce moment.

Mes yeux se brouillent quand j'étudie pour la dixième fois la carte de détail. J'y cherche une petite anse pas trop profonde, bien profonde aussi. Cette anse idéale, je l'ai repérée dix fois de suite sur la carte, et dix fois de suite j'ai oublié où elle est exactement. Ce n'est pas pour me reposer que je veux y aller, c'est pour y mouiller un bidon en plastique. Il est prêt, avec sa longue ligne en Nylon munie d'un morceau de chaîne et d'un poids pour lui servir d'ancre en attendant que quelqu'un le trouve. Dessus j'ai écrit « message ».

Dedans, j'ai mis une lettre destinée à celui qui le trouvera, lui demandant de remettre le tout au commodore du Yacht Club de Hobart. Une autre lettre au commodore du club le prie d'avoir la gentillesse de poster les enveloppes et le colis de pellicules contenues dans ce bidon.

Café... café... C'est l'aube maintenant. *Joshua* dérive lentement. J'ai les yeux moins rouges que tout à l'heure, mon cerveau commence à tourner plus librement.

C'est presque toujours avec l'aube que les choses s'arrangent. Si on peut tenir jusqu'à l'aube, on tiendra en principe jusqu'au bout. J'empanne pour prendre l'autre amure et attendre encore un peu. J'ai entendu deux fois le « pom-pom » d'un pêcheur. Mais les deux bateaux étaient passés trop loin pour pouvoir leur remettre le bidon. J'ai déjà fait 99 % de l'effort pour arriver jusqu'ici, ce serait trop bête de repartir comme ça, en larguant le bidon au hasard dans la petite anse, il ne serait peut-être pas trouvé avant Noël. Peut-être même jamais, si la ligne se coupait sous un rocher ou dans l'hélice d'un pêcheur, la nuit.

Je descends me préparer une moque d'Ovomaltine et manger des biscuits avec du beurre en boîte et de la marmelade d'orange. Puis je m'allonge sur la couchette. La minuterie est réglée à un quart d'heure. Je me sens nettement mieux. Il n'y a plus de grains. *Joshua* est à peine gîté.

Le soleil est apparu entre les nuages, à trois doigts sur l'horizon. Les cumulus de beau temps ont remplacé les stratus. Un pêcheur passe à un demi-mille entre le soleil et *Joshua*. Je le prends dans le viseur de mon miroir destiné aux naufragés. Et en moins de dix secondes le miracle se dessine. Le pêcheur a changé de cap. Il se dirige vers moi. C'est maintenant à lui de jouer.

J'empanne une seconde fois pour prendre l'autre amure, et ne pas risquer d'avoir à manœuvrer avant que ce soit fini. Toute ma fatigue a disparu, mon cerveau tourne à pleine vitesse. Les 99 % d'effort sont déjà loin dans le sillage.

La nuit dernière, alors que je cherchais dans les jumelles un gros rocher en forme de tour, placé par le bon Dieu à vingt milles de la côte, sans parvenir à le trouver dans les grains de pluie et la purée de pois, il s'en était fallu de peu que j'abandonne mon projet de donner des nouvelles contre tant de risques et de fatigue. Mais il y avait une lueur inquiétante, semblable au halo d'une agglomération, carrément au large, là où on ne pouvait trouver que de l'eau jusqu'à la terre Adélie. Pas de lune, des grains, de la pluie, un ciel noir. Cette lueur au large m'avait terriblement inquiété. Ce n'était pas un bateau, pas une ville surgie de la mer, non plus. Je ne pouvais pas croire qu'il s'agissait de la phosphorescence provoquée par la longue houle d'ouest brisant sur le récif que je cherchais à découvrir sur ma gauche, alors que cette lueur se trouvait à l'opposé. Si je n'ai pas repris le large, c'est qu'elle me barrait la route. J'avais mis en panne à plusieurs reprises, entre les grains, pour essayer d'entendre le signal d'un danger, dans tout ce noir.

D'habitude la nuit n'est pas du noir pour moi. J'ai toujours aimé la nuit, il y a des tas de choses dedans qui parlent, qui chantent ou qui racontent. Mais là, j'avais eu peur. Une peur sourde qu'on ne peut définir et qui venait de ce que la nuit ne parlait plus. Je sentais le piège, quelque part dans le noir, mais aucune onde de la nuit ne me disait s'il se trouvait vraiment sur ma gauche, comme je le pensais… ou bien à droite, ou bien devant l'étrave.

Enfin, j'avais accroché dans les jumelles la silhouette du gros rocher. Et toute la nuit s'était mise à chanter malgré le ciel bouché, les grains, la fatigue. Parce qu'il n'y avait plus la peur. Le gros rocher que j'avais entrevu avec netteté, à un ou deux milles (46 mètres de haut), me disait que l'autre récif à fleur d'eau, vraiment meurtrier, était largement paré sur ma gauche. Et la nuit annonçait alors que tout était clair maintenant jusqu'au phare du cap Bruny dont la lueur se voyait parfois entre les grains de pluie. Mais je m'étais juré de ne jamais plus essayer de rassurer les miens, même pour la moitié de ce prix. Pourtant je n'avais pris aucun vrai risque et ma navigation avait été parfaite, en me faisant passer à trois ou quatre milles du récif à fleur d'eau.

Tout cela est déjà bien loin, le noir, la fatigue, les serments. Le pêcheur est arrivé à une trentaine de mètres. Il bat arrière pour casser l'aire à distance de sécurité. Puis il bouchonne une minute pour comparer sa dérive à celle de *Joshua*. Un marin, il sait jouer.

Le petit bateau blanc s'approche sur le bon bord, je lui lance le bidon que l'un des trois hommes attrape avec souplesse, on bavarde quelques minutes... et en route, c'est réglé. Le patron m'a promis de remettre le tout au commodore du club, en main propre, dans trois jours, à son retour de pêche. Personne n'a pu me donner des nouvelles des copains. Quelqu'un aurait entendu parler d'un Anglais passé en Nouvelle-Zélande sans avoir fait escale entre-temps. Quand ? Les pêcheurs ne savent pas au juste. Ils pensent se souvenir que la radio en a parlé le mois dernier. C'est vague. Je ne pense pas qu'il s'agisse de Bill King. Peut-être Knox-

Johnston. Des trois qui sont partis vers le mois de juin, seul Knox-Johnston a un bateau qui soit un bateau. Les deux autres s'étaient embarqués sur de petits engins en plastique, nettement trop fragiles pour un aussi long voyage sous les hautes latitudes. J'avais appris l'abandon de l'un d'eux, bien avant Bonne-Espérance, vers le début du mois d'août.

Je resterai quelques jours à l'écoute des émissions australiennes. Peut-être parleront-ils du passage de *Joshua* dans leurs eaux. Ils en profiteront alors pour donner des nouvelles d'ensemble et dire où sont les autres. Mais je ne me fais pas trop d'illusions… nous sommes seuls, face à l'infini.

Le ciel est très, très beau, la brise tiède passe sur les voiles comme une caresse venue de l'ouest, avec toutes les promesses de l'ouest et de l'est ensemble. La mer est verte sous le soleil, d'un vert que je n'ai jamais vu, sauf dans les parages du Horn. Le sillage est vert, l'écume est verte, tout est vert, aussi vert que l'herbe.

La Tasmanie est à peine à dix milles dans le sillage vert, et c'est déjà comme si elle n'avait jamais existé. Cela m'a fait pourtant plaisir de rencontrer ces chics pêcheurs qui ont pris sur leur temps pour me rendre service. Mais de là à parler de merveilleuses retrouvailles avec l'humanité, non. Nous avons bavardé amicalement, avec un réel plaisir, et nous nous sommes quittés, chacun pour son boulot, sans regret, avec la même simplicité. Ils ont fait ce qu'ils devaient faire en se chargeant de mon colis, j'ai fait ce que je devais faire en le leur apportant.

J'ai retrouvé ma couchette avec une joie énorme. J'ai l'impression d'entendre encore ce grillon que j'écoutais lorsque *Joshua* passait tout près du phare avant de prendre le large, ce matin. Il y avait le grillon bien clair et l'odeur des arbres avec celle de la terre mouillée. Je m'étire sous la couverture en fredonnant une chanson dont j'ai oublié l'air et les paroles, sauf une petite bribe « *... et disparaît dans le soleil sans régler sa consommation...* » J'ai payé la mienne, et en même temps je ne l'ai pas payée, et c'est formidable d'être libre à ce point. Je me sens heureux, léger, détaché de tout et maître de tout à la fois, comme lorsque toutes les dettes sont effacées d'un coup d'éponge et qu'on peut vivre alors sa vie.

Au point du lendemain, la Tasmanie est à soixante-treize milles sur l'arrière. Et le sillage est bleu, car la mer est redevenue bleue. Le vent n'est pas bien régulier, mais j'ai récupéré toute ma fatigue. Ce n'était qu'une fatigue de surface, pas la fatigue profonde que j'avais connue après Bonne-Espérance, et qui me faisait contempler l'île Maurice. C'est la Nouvelle-Zélande que je regarde maintenant sur le petit globe du *Damien*. Et mon regard glisse parfois en direction du Horn. Et je sens que ça va, que tout va. Je crois que tout ira en ce qui concerne *Joshua* et moi. Le reste dépendra des dieux.

Encore cent cinq milles avec des vents irréguliers, puis cent soixante-quatre, cent quarante-sept, cent cinquante-trois. Il y a maintenant des grains dans l'air et des ris dans les voiles. *Joshua* fonce à 8 nœuds pendant les surventes, à 7,3 nœuds le reste du temps.

Des heures à contempler l'eau qui court le long du bord, par les hublots sous le vent, hypnose de la vitesse pendant les pointes. Je comprends que des gens se passionnent pour les multicoques, ce doit être extraordinaire de foncer à 15 ou 18 nœuds, avec des pointes à plus de 20 nœuds. Mais cinq multicoques se sont perdus l'an dernier dans les eaux australiennes, avec tous les équipages. Et quinze hommes ne sont jamais revenus. Et Piver, le père des multicoques, s'est perdu lui aussi cet été avec son trimaran.

Où est Nigel ? Si tout s'est bien passé, il est peut-être dans l'océan Indien. Et ensuite ? Ça me flanquerait un sacré coup si j'apprenais un jour que Nigel ne reviendrait plus. Où est-il ? Où sont Bill King et Loïck ?

Le pêcheur de Hobart a forcément remis ma lettre et mon colis au commodore du Yacht Club, et j'écoute assidûment l'Australie et la B.B.C. Le *Sunday Times* a été forcément averti, en priorité. La B.B.C. aussi. Rien pourtant, pas un mot, pas une allusion.

Peut-être la B.B.C. est-elle simplement contre l'esprit de régate pour un tel voyage. Peut-être est-ce pour cela que je ne l'ai jamais entendu en parler. Pourtant elle était là, au départ de Plymouth, avec micros, caméras et tout le tralala. Alors, quoi ? Quatre copains partent à la même époque pour faire le tour du monde sans escale, et on les laisse sans nouvelles les uns des autres.

C'est bientôt Noël, je sens que je n'aurai aucune nouvelle d'eux, que je n'en aurai jamais. J'ai un peu le bourdon. Et j'en veux à la presse. Je suis peut-être injuste, puisque j'avais accepté la règle du jeu au départ : tour du monde en solitaire.

Je n'ai besoin de rien. J'aimerais seulement avoir un peu de leurs nouvelles de temps en temps.

J'étudie les cartes de détail de Nouvelle-Zélande. La côte sud, qui est sur ma route, n'est pas sympathique du tout, avec ses dangereux récifs qui la débordent très loin parfois. La carte anglaise, qui couvre l'ensemble de la zone, signale des dépôts de vivres et de vêtements dans plusieurs de ces îles désertes, et même des baleinières en certains points. Cette carte précise aussi que ces îles sont visitées une fois l'an par un bateau du gouvernement. Je pense que c'est pour les naufragés éventuels.

Par contre, je cherche en vain les *Instructions nautiques* relatives à cette zone... et je dois bientôt me rendre à l'évidence : pendant ma chasse aux poids sur les quais de Plymouth j'ai débarqué ce volume, en le confondant avec un autre ! Encore heureux que j'aie les cartes de détail...

Je suis bien content d'avoir réussi à donner de mes nouvelles en Tasmanie, car ce serait une erreur de ne pas passer très au large de la côte sud. J'attendrai d'avoir doublé la Nouvelle-Zélande pour boire la seconde bouteille de Knocker. À ce moment-là, je serai vraiment au-delà du dernier cap avant le Horn. Si *Joshua* continue à ce train, je réveillonnerai au champagne et ça fera coup double !

12

Noël et le rat

J'étais trop optimiste... coup de vent modéré de S.-E. plein debout, dans un ciel bleu. Il faut prendre la cape. Moi qui espérais tellement passer Noël de l'autre côté de la Nouvelle-Zélande...

Le vent diminue avant la nuit, et je remets en route, au près dans une grosse houle. Je m'en veux d'avoir suivi un cap direct depuis la Tasmanie, au lieu d'obliquer dès le début vers le sud, en prévision d'une période éventuelle de vents d'est.

Le vent diminue encore. *Joshua* se traîne dans la nuit. J'écoute la B.B.C. Toujours pas de nouvelles.

À l'aube le vent est presque tombé. La mer commence à s'apaiser. Une boule noire me regarde avec de grands yeux, plonge, reparaît. C'est un petit phoque, le premier que je vois depuis les Galápagos.

Il fait le tour du bateau, s'en va, revient en bondissant au ras de la mer, avec une souplesse infinie. Je ne pense pas qu'il existe habitant des mers aussi gracieux que le phoque. Celui-ci est sûrement tout jeune, il ne témoigne aucune méfiance.

Et maintenant c'est Noël. Calme plat. La mer est presque plate, elle aussi, avec du grand soleil.

Le petit phoque (ou son frère) revient jouer près du bateau, mais sans faire de bonds comme hier. De temps en temps, il sort ses palmes postérieures et les maintient au-dessus de l'eau en les agitant lentement, comme pour me dire bonjour-bonjour. Si l'eau n'était pas si froide, j'irais moi aussi lui dire bonjour. Aux Galápagos, les enfants phoques se frottaient presque contre nous tant ils étaient curieux et amicaux. Leurs parents n'aimaient pas ça et nous chassaient parfois de l'eau. Mais je ne sais pas si celui-là est un tout jeune ou s'il fait partie d'une petite race. Il mesure à peine 1,20 m.

Bain de soleil intégral sur le 46ᵉ parallèle sud ! Les voiles battent un peu, l'air est tiède, presque chaud, avec un souffle léger du nord. Au fond, je suis bien ici. J'espérais quand même me trouver pour Noël à l'est de la Nouvelle-Zélande. J'avais même tiré des plans pour tenter, si le temps était très beau, de réveillonner tout près de Dunedin ou de Molineux, en compagnie d'un yacht néo-zélandais qui se serait trouvé par hasard dans les parages. J'aurais appelé le gars avec mon haut-parleur à piles :

— Ohé du bateau ! tu viens casser la croûte chez moi ? J'ai du champagne pour le réveillon ! Et du vin en pagaille !

— Champagne ? *French champagne* ? *French wine* ?...

— Mets en panne à cent yards et rapplique en youyou !

— O.K. !... j'amène aussi mon gin, des fois que ton champagne et ton French wine ne feraient pas le poids !

Et voilà... on se raconte des petites histoires quand on est seul en mer. Quelquefois elles se réalisent.

L'air est d'une extraordinaire transparence, le sillage à peine visible sur la mer lisse. Plusieurs fois *Joshua* passe à travers des formations de grandes algues bizarres.

Ce ne sont pas des algues, mais les palmes des phoques qui dorment en groupe au soleil. Leurs palmes antérieures, croisées sur la poitrine, ressemblent à des algues. Les gros plongent aussitôt réveillés, et reparaissent beaucoup plus loin. Les petits viennent jouer chaque fois mais les mères inquiètes les regroupent pour les emmener.

Ces phoques qui dorment couchés sur le dos seront mon cadeau de Noël, les petits surtout, bien plus jolis que des trains électriques. Si les parents les laissaient faire, je me demande s'ils n'essaieraient pas de monter à bord... on passerait le réveillon ensemble.

Je profite de ce beau soleil, et aussi de Noël, pour déballer le jambon fumé d'York préparé avec un soin particulier par Marsh Baxter, pour Loïck et pour moi, sur la recommandation de nos amis Jim et Elizabeth Cooper. Je l'avais conservé dans la cale, sous son emballage d'origine, le réservant pour les hautes latitudes où il ne risquerait pas d'attraper un coup de chaud.

Il est impeccable, sans trace de moisissure après quatre mois en atmosphère humide. Voilà que je me mets à saliver comme un chien à qui on montre un os dont il a très envie. Mon organisme avait sûrement besoin de jambon depuis longtemps... j'avale sur le tas un morceau de lard presque aussi gros que le poing, ça me fond dans la bouche.

Pour midi je me prépare un repas somptueux, avec une boîte d'un kilo de cœurs de laitues, bien rincés à l'eau de mer. Je la verse dans une casserole où ont mijoté un morceau de lard, trois oignons coupés en rondelles, trois gousses d'ail, une petite boîte de purée de tomate et deux morceaux de sucre. C'est Jean Gau qui m'a expliqué qu'on doit toujours mettre un peu de sucre pour neutraliser l'acidité de la tomate.

Enfin, j'ajoute un quart de camembert en boîte, découpé en tout petits cubes sur le dessus des cœurs de laitues, avec un gros morceau de beurre.

... Ça embaume jusqu'au fond de la cabine pendant que ça mijote tout doux sur la plaque d'amiante. Faire mijoter longtemps, longtemps, à cause du fromage. Ça aussi c'est un secret, c'est avec Yves Jonville sur *Ophélie* que je l'ai appris. Un soir, Yves m'avait dit de rester dîner à bord. Alors sa femme Babette a fait mijoter du fromage dans une casserole pendant très longtemps. C'était à la fois le hors-d'œuvre, le plat de résistance et le dessert. On trempait du pain avec une fourchette, directement dans la casserole, et on buvait du vin en même temps. Et s'il y avait eu un Mauricien ce soir-là, il aurait dit que c'était une jouissance de canard-Manille tellement c'était bon, parce que le canard-Manille tombe sur le dos quand il a fini et reste là sans pouvoir bouger.

Terre en vue !... Je n'en reviens pas. Les montagnes de la Nouvelle-Zélande se découpent, très nettes sur l'horizon, à cinquante milles. Je suis stupéfait d'une telle visibilité, mais c'est bien ça, le sextant confirme ma position.

Joshua se traîne à moins d'un nœud sur la mer plate et passe à une vingtaine de mètres d'une famille de phoques endormis, sans les réveiller. Ils sont déjà sur l'arrière quand l'un d'eux donne l'alarme. Je le voyais s'agiter dans son sommeil et remuer ses palmes au lieu de les garder croisées sur sa poitrine. On aurait dit qu'il rêvait. Je me demande pourquoi les phoques sont si craintifs dans cette région, alors que ceux des Galápagos nous traitaient d'égal à égal. C'est peut-être parce que les phoques des Galápagos sont des otaries... leur peau n'a pas de valeur marchande.

Le soleil se couche. Le peu de brise qu'il y avait aujourd'hui tombe complètement. Il y a une grande paix tout autour. Je passerai le réveillon bien tranquille, en compagnie des étoiles.

Calme... calme... Ce soir j'ai le cafard. Je pense aux amis, je pense à ma famille. J'ai tout ce qu'il me faut ici, tout le calme, toutes les étoiles, toute la paix. Mais je n'ai pas la chaleur des hommes. Au dîner, j'ai ajouté une boîte de corned-beef dans ce qui reste du rata de midi pour le rendre mangeable. Et j'ai débouché la bouteille de champagne. Je ne devais pas y toucher avant d'avoir laissé dans le sillage les derniers dangers de la Nouvelle-Zélande. Mais bien que n'étant pas tout à fait de l'autre côté du second cap, c'est Noël, c'est presque le calme plat, les cailloux sont à cinquante milles et je ne me dirige pas vers eux. Et surtout, j'ai le cafard, c'est pourquoi j'ai débouché la seconde bouteille de Knocker, celle du cap Leeuwin.

C'est bon, le champagne, ça fait un peu roter mais ça chasse le cafard. Ça fait remonter les souvenirs, en même temps que descend le niveau de la bouteille. J'ai vraiment du vague à l'âme. Je rêve d'un coin de verdure avec un bel arbre touffu, sous lequel je passerais quelques instants en compagnie de ma famille et de mes copains, ce soir.

J'inviterais aussi tous les chiens et les chats du voisinage à venir partager le réveillon. Et même les rats. Parce que pour moi, Noël, c'est la grande trêve avec le monde entier.

L'ombre du rat passe devant mes yeux. Il me regarde gravement. Je l'ai revu plusieurs fois depuis cette vieille histoire. Mais ces histoires ne vieillissent jamais. Elles peuvent seulement changer parfois de forme.

C'était la veille du départ Tahiti-Alicante. Il faisait nuit. Un rat s'était laissé tomber sur une assiette de la cuisine, en passant par le hublot ouvert. J'avais réussi à le coincer contre le plancher à l'aide d'un livre, avant qu'il n'ait eu le temps de se cacher dans les fonds.

Nous n'avions pas de bâton sous la main pour frapper. Françoise m'a passé le lance-pierres. Je maintenais le rat plaqué contre le plancher, en appuyant du pied sur le livre. Mais j'ai tiré un peu haut par crainte de me blesser, et le rat n'a pas été touché.

Quand j'ai bandé mon lance-pierres pour le second coup, le rat m'a regardé. Il savait que j'allais le tuer. Mais ses yeux disaient aussi que j'avais encore le choix.

C'était un gros rat, très beau, assez jeune sans doute, avec un poil marron luisant de santé. Un bel animal, bien sain, bien vivant, plein d'espérance, plein de vie.

J'ai eu envie de le prendre par la queue et de le renvoyer à ses cocotiers en lui disant : « *Ça va pour cette fois mais ne reviens plus jamais.* » Et il ne serait jamais plus revenu, car c'était un rat de cocotiers, pas un rat d'égouts. Mais je crois que l'homme porte dans son cœur la haine du rat. J'ai tiré à bout portant et l'ai tué d'une pierre dans la tête.

S'il n'y avait pas eu ce regard, avant, un rat de plus ou de moins n'aurait pas eu d'importance. Mais il y avait eu ce regard, qui me plaçait en face de moi-même.

Bientôt minuit. La bouteille du cap Leeuwin est presque vide. Je crois que j'ai mon compte. L'ombre du rat est devenue amicale, son regard ne porte plus l'immense question à laquelle je n'avais pas donné sa seule réponse. J'ai coupé la radio depuis hier. Ils commençaient à m'énerver sérieusement avec leur Enfant Jésus. On s'en sert comme d'un paravent pour continuer à faire tranquillement toutes nos saloperies de petits minables avec des signes de croix dans tous les sens pour faire semblant de se regarder en face. Comment avons-nous pu perdre à ce point le sens du divin, le sens de la vie ? Je relisais Steinbeck, *Terre des hommes, Avant que nature meure, Les Racines du ciel,* ces derniers temps. Je fermais parfois les yeux après une ligne, un paragraphe, une page, quand cela avait éveillé en moi une résonance particulière. J'ai maintenant l'impression que ceux qui ont écrit ces livres ne s'exprimaient pas seulement avec des mots et des idées, mais avec des vibrations. Et ces vibrations vont bien au-delà de nos pauvres petits mots inventés par les hommes.

« Au début était le *Verbe.* » Je n'ai pas lu la Bible. C'était écrit trop petit. Et il paraît que « Dieu » est traduit de travers, le texte hébreu dit « les dieux ». Mais ça n'a aucune importance puisqu'il y a le *Verbe*. Et le *Verbe* passe bien au-delà de tout, aucune traduction ne peut le déranger. Je me demande si le *Verbe* ne serait pas une vibration.

Une vibration d'une telle intensité que d'elle est né l'univers. Je ne sais pas si j'ai lu ça quelque part, il y a longtemps, à une époque où toutes ces choses ne trouvaient en moi aucun écho, ou si je l'ai senti de moi-même en cette nuit de Noël. Je pense que c'est plutôt un écho très lointain et j'ai l'impression, aussi, que ces livres que je relis depuis le départ n'ont pas été écrits seulement par Jean Dorst, Romain Gary, Saint-Exupéry, Steinbeck, c'est-à-dire par *des* hommes, mais par *les* hommes. Et que ces œuvres sont notre œuvre à tous et notre héritage ensemble.

La bouteille du cap Leeuwin est vide. Ce coup-là j'ai mon compte pour de bon, d'autant que j'avais bu deux moques de vin en plus. J'aurais voulu partager tout ça avec le gars du yacht néo-zélandais. Il avait peut-être besoin d'une chaleur, lui aussi, à Noël. Du reste, il faudrait que ce soit tous les jours Noël, comme ça les gens finiraient par se mettre ensemble pour porter l'héritage. Allez... va dormir !... tu n'arrives même plus à lire l'heure, les aiguilles se mélangent.

13

Le Temps des Tout Commencements

Je me sens un peu groggy ce matin. Pas trop pourtant. C'est bon, le calme. Le ciel s'est couvert. En tout cas, on ne me reprendra pas ma nuit de Noël. Le vent est revenu, à peine sensible. Encore des phoques. Bonjour-bonjour. *Joshua* glisse sur la mer plate, à 4 nœuds, cap au sud, pour arrondir le plus loin possible l'île Stewart qui se trouve à cent milles dans le sud-est. La pointe S.-O. de la Nouvelle-Zélande est à quarante milles dans l'est, c'est le point de midi qui l'a mise à sa place exacte sur la carte, malgré le ciel couvert.

Puis le vent tombe. Puis il revient peu après, de l'ouest cette fois, dès le début de la nuit, tout doux mais de l'ouest. On entend le frou-frou régulier de l'eau coupée par l'étrave, sur une seule note parce qu'il n'y a aucun tangage. Je dors, je veille, je me rendors, je remonte sur le pont pour écouter la nuit. Toute la nuit j'entendrai le frou-frou régulier de l'eau coupée par l'étrave, dans la grande paix de la mer et de la nuit.

Cent milles sont marqués au point du lendemain. L'île Stewart, au sud de la Nouvelle-Zélande, est maintenant à trente-deux milles dans l'est-nord-est et le dangereux récif isolé de South Trap à quarante-quatre milles à peine, plein est.

Ensuite tout sera clair, ce sera le Pacifique pour moi tout seul, avec seulement la mer et le vent jusqu'au Horn. Mais pour le moment, il n'y a pas de Horn. Il n'y a que l'île Stewart bordée de récifs loin au large, et South Trap à fleur d'eau, tous deux dans la boucaille.

De temps en temps, le disque pâle du soleil se distingue à travers les nuages, et j'ai pu faire un point impeccable à midi. L'air était sec la nuit dernière, il n'y avait pas eu de rosée sur le pont, les nuages étaient des stratus ou autre chose de la même famille, sans coups fourrés à l'intérieur. Seulement un peu de mauvaise visibilité, rien de grave.

Le plafond de nuages s'amincit, et qu'est-ce que je vois ?... l'île Stewart à la bonne place, petits mamelons bleutés, flottant sur l'horizon bâbord. Je me sens tout remué de sentir le Pacifique si près. Mais le vent mollit, force 1 à 2. Je continue vers le sud-est pour passer loin, à cause des courants de marée qui risqueraient de me porter sur les récifs à fleur d'eau de South Trap, placés à vingt milles de l'île Stewart. Je la contemple longuement. C'est la dernière balise visible avant le Pacifique. Puis elle disparaît de nouveau dans la boucaille, reparaît encore pendant quelques minutes pour se cacher derrière un stratus. Compas de relèvement.

Brusquement je m'aperçois que je meurs de faim. C'est toujours comme ça aux atterrissages. Je mets quatre oignons à revenir avec un gros morceau de lard, une moque de riz, une tête d'ail, et referme la Cocotte-Minute.

Le vent passe au sud-ouest force 4, baromètre stable 761 m/m, vitesse presque 7 nœuds. La voile d'étai est en l'air depuis l'aube, avec en plus une trinquette supplémentaire de 8 m^2, ce qui donne 18 m^2 de mieux. Hue ! *Joshua*... à la cravache ! tâche de laisser South Trap dans le sillage avant la nuit. Vitesse 7,2 nœuds. L'étrave ronronne de plaisir. Une délicieuse odeur de risotto méthode Florence Herbulot vient me tenir compagnie jusqu'à l'étai de trinquette... il faut éteindre le réchaud sans quoi ça va cramer. Vive la vie, avec ce bon paquet de vent dans les voiles quand la côte n'est pas loin !

Le ciel se dégage tandis que le vent fraîchit à force 5, de l'ouest. C'est le vrai beau temps qui revient ! *Joshua* fonce à 7,7 nœuds.

Café, cigarette. Je monte sur le pont pour regarder, je redescends me rouler une autre cigarette et rêver en écoutant l'eau gronder sur la carène, je remonte l'écouter sur le pont, devant, derrière, partout, je règle une écoute qui est déjà réglée, j'étarque encore la trinquette qui est parfaitement étarquée depuis tout à l'heure, mais il faut quand même l'étarquer encore, c'est ainsi. Et la Cocotte-Minute est en train de refroidir, je m'en fous, je n'ai pas le temps de m'en occuper. Quand *Joshua* aura franchi la longitude de South Trap (ce qui veut dire « Piège du Sud »), alors oui, je pourrai dormir avec des milliers de milles d'eau libre devant l'étrave. Mais South Trap est encore à vingt-trois milles dans le nord-est.

J'ai mangé un peu, quand même.

Je rêvasse, assis en tailleur devant la table à cartes, buvant du café, ou fumant, ou jetant un coup d'œil sur la carte, ou sortant la tête par le panneau pour regarder dehors, sur l'avant, puis sur le loch. Pas nerveux, non. Je fais simplement ce qu'il faut, pour conduire *Joshua* le plus vite possible par le chemin le plus court et le plus sûr à la fois, qui lui fera parer le dernier tas de cailloux placé sur sa route à l'entrée du Pacifique.

Le ciel, en très peu de temps, s'est de nouveau couvert d'un horizon à l'autre. Mais le vent tient bon, la mer reste calme ou tout au moins très peu agitée. Elle n'a pas eu le temps de reformer ses lames, après le grand repos des deux jours précédents. Fait assez curieux, pour une latitude aussi élevée (presque 48° sud) la grande houle très longue, très haute, qui vient d'habitude du sud-ouest ou de l'ouest, n'est pas présente aujourd'hui. On se croirait presque en Méditerranée, sous un début de mistral, mais avec un ciel couvert à la place.

J'entends des sifflements familiers. Je sors vite, comme toujours lorsque les dauphins sont là. Mais cette fois, je ne crois pas en avoir jamais vu autant. L'eau est blanche de leurs éclaboussements, sillonnée en tous sens par le couteau de leur dorsale. Ils ne sont pas loin d'une centaine.

J'aimerais prendre un bout de film, mais le temps est trop sombre, les images seraient mauvaises, et il ne me reste pas assez de pellicule pour risquer d'en gâcher. Une heure plus tôt, ils m'auraient donné les plus belles images du voyage, avec tout le soleil autour.

Une ligne serrée de vingt-cinq dauphins nageant de front passe de l'arrière à l'avant du bateau, sur tribord, en trois respirations, puis tout le groupe vire sur la droite et fonce à 90°, toutes les dorsales coupant l'eau ensemble dans une même respiration à la volée.

Plus de dix fois ils répètent la même chose. Même si le soleil revenait, je ne pourrais plus m'arracher à toute cette joie, toute cette vie, pour redescendre chercher la Beaulieu. Jamais je n'avais vu un ballet aussi parfaitement orchestré. Et c'est toujours sur la droite qu'ils foncent à 90° pendant une trentaine de mètres en faisant blanchir la mer. Ils obéissent à un commandement précis. C'est sûr. Mais je ne sais pas s'il s'agit toujours du même groupe de vingt à vingt-cinq, il y a trop de dauphins pour pouvoir les reconnaître. Ils ont l'air nerveux. Je ne comprends pas. Les autres aussi ont l'air nerveux, et nagent en zigzag avec beaucoup d'éclaboussures, en frappant souvent l'eau de leur queue, au lieu de jouer avec l'étrave comme ils font d'ordinaire. La mer entière siffle de leurs cris.

Encore un passage de l'arrière à l'avant, avec ce même virage brutal et souple sur la droite. À quoi jouent-ils aujourd'hui ? Je n'ai jamais vu ça... Pourquoi sont-ils nerveux ? Parce qu'ils sont nerveux, ça j'en suis sûr. Et ça aussi, je ne l'avais jamais vu.

Quelque chose me tire, quelque chose me pousse, je regarde le compas... *Joshua* court vent arrière à 7 nœuds, en plein sur l'île Stewart cachée dans les stratus. Le vent d'ouest, bien établi, a tourné au sud sans que je m'en sois rendu compte. Le changement de cap n'a pas été détecté à cause de la mer très peu agitée, sans houle, dans laquelle *Joshua* ne bute pas du tout, ne roule pas non plus. D'habitude, *Joshua* me prévient des changements de cap sans que j'aie besoin de regarder le compas si le ciel est bouché. Mais là, il ne pouvait pas m'avertir.

J'amène la voile d'étai, puis borde les écoutes et règle la girouette pour l'allure du près. Nous sommes sûrement à plus de quinze milles des cailloux affleurants qui débordent l'île Stewart. Mais depuis quand *Joshua* courait-il vers la côte cachée dans les stratus ? Était-ce juste avant le dernier passage des dauphins avec virage à 90° sur la droite... ou bien avant leur arrivée, avant même leurs premières manifestations ?

Je descends enfiler mon ciré car il crachine, plus les embruns puisque nous sommes au près. Le vent a un peu diminué, mais il n'est pas tombé malgré le crachin. Je me sèche bien les mains et me roule une cigarette, au sec dans la cabine. Je songe aux dauphins, dont les sifflements s'entendent toujours. J'essaie de détecter un changement d'intensité dans leurs sifflements.

Je ne suis pas sûr qu'il y ait une différence. Ce serait extraordinaire s'il y en avait une. Mais mon oreille n'est pas assez sensible, ma mémoire auditive peut me tromper. Si j'étais aveugle, je pourrais répondre à coup sûr. Les aveugles se souviennent exactement de tous les sons. Je ne sais plus. C'est si facile de se tromper, et de croire alors à n'importe quoi. Et de raconter ensuite n'importe quoi.

Je remonte sur le pont, après avoir tiré quelques bouffées seulement de ma cigarette. Ils sont aussi nombreux que tout à l'heure. Mais maintenant ils jouent avec *Joshua*, en éventail sur l'avant, en file sur les côtés, avec les mouvements très souples et très gais que j'ai toujours connus aux dauphins.

Et c'est là que je connaîtrai la chose fantastique : un grand dauphin noir et blanc bondit à trois ou quatre mètres de hauteur dans un formidable saut périlleux, avec deux tonneaux complets. Et il retombe à plat, la queue vers l'avant.

Trois fois de suite il répète son double tonneau, dans lequel éclate une joie énorme. On dirait qu'il crie, pour moi et pour tous les autres dauphins : « *L'homme a compris que nous lui disions d'aller à droite !... Tu as compris... tu as compris !... Continue comme ça, tout est clair devant l'étrave* !... »

Debout avec mon ciré, mon capuchon, mes bottes et mes gants de cuir, je tiens d'une main un hauban du grand mât, au vent. Presque tous mes dauphins nagent maintenant sur le bord au vent, eux aussi. Cela me surprend encore un peu.

Parfois ils se tournent sur le côté. Leur œil gauche se distingue alors nettement. Je crois qu'ils me regardent. Ils doivent très bien me voir, grâce au ciré jaune qui se détache dans le blanc des voiles au-dessus de la coque rouge.

Mes dauphins nagent depuis plus de deux heures autour de *Joshua*. Les dauphins que j'ai rencontrés ont rarement joué plus d'une quinzaine de minutes avant de continuer leur chemin. Ceux-là resteront plus de deux heures, au complet.

Quand ils sont partis, tous ensemble, deux d'entre eux sont restés près de moi jusqu'au crépuscule, cinq heures pleines au total. Ils nagent avec l'air de s'ennuyer un peu, l'un à droite, l'autre à gauche.

Pendant trois heures ils nagent, comme ça, chacun sur son bord, sans jouer, en réglant leur vitesse sur celle de *Joshua,* à deux ou trois mètres du bateau. Jamais je n'avais vu ça. Jamais je n'ai été accompagné si longtemps par des dauphins. Je suis sûr qu'ils avaient reçu l'ordre de rester près de moi jusqu'à ce que *Joshua* soit absolument hors de danger.

Je ne les regarde pas tout le temps, parce que je suis un peu épuisé par cette journée, cette tension énorme qu'on ne sent pas sur le moment, quand on doit mettre toutes ses tripes pour passer dans un nouvel océan.

Je descends m'étendre un peu, je remonte, je relève l'indication du loch. Mes deux dauphins sont toujours là, à la même place. Je descends porter la dernière distance parcourue sur la carte, je me recouche un moment. Quand je reviens sur le pont et grimpe au mât pour la dixième fois afin de voir plus loin, mes deux dauphins sont encore là, semblables à deux fées dans la lumière qui baisse. Alors je redescends m'allonger un moment.

C'est la première fois qu'il y a une telle paix en moi, car cette paix est devenue une certitude, une chose qu'on ne peut pas expliquer, comme la foi. Je sais que je réussirai, et je trouve ça absolument naturel, cette certitude absolue où il n'y a ni crainte, ni orgueil, ni étonnement. Toute la mer chante, simplement, sur un octave que je ne connaissais pas encore, et cela me remplit de ce qui est à la fois la question et la réponse.

À un moment, pourtant, je suis tenté de remettre le cap sur les récifs, pour voir ce que diraient mes dauphins. Quelque chose me retient. Quand j'étais petit garçon, ma mère me racontait des contes de fées. Et une fois, un pêcheur très pauvre avait pris un gros poisson aux couleurs d'arc-en-ciel. Et le beau poisson l'avait supplié de lui laisser la vie. Alors le pêcheur lui a rendu sa vie, et le poisson magique lui a dit de faire un vœu chaque fois qu'il aurait besoin de quelque chose. Le pêcheur a demandé au poisson que sa chaumière ne fasse plus d'eau par le toit, et qu'il ait à manger un peu moins rarement, si c'était possible. Et quand il est rentré dans sa chaumière, elle avait un toit neuf, le couvert était mis, et la soupière était pleine de soupe de lentilles avec des croûtons dessus. Et le pauvre pêcheur n'avait jamais été aussi heureux en mangeant sa soupe de lentilles bien chaude avec les croûtons qui nageaient dessus, dans sa chaumière qui ne faisait plus d'eau par le toit. Et en plus le lit était fait, avec une paillasse bien sèche et une couverture toute neuve, épaisse comme ça. Mais le pêcheur a demandé d'autres choses ensuite, et encore d'autres choses, et toujours d'autres choses. Et plus il avait de choses, plus il en voulait. Pourtant, même quand il a eu un palais avec des tas de serviteurs et tout plein de carrosses dans la cour, il était beaucoup moins heureux que lorsqu'il mangeait sa soupe de lentilles avec les croûtons dessus, dans sa chaumière qui ne faisait pas d'eau par le toit, et qu'il s'endormait ensuite sur sa paillasse bien sèche dans les tout premiers temps de son amitié avec le poisson magique aux couleurs d'arc-en-ciel. Alors il a demandé à être le Roi. Là, le poisson magique s'est fâché pour de vrai, il lui a retiré son amitié et rendu sa chaumière avec le toit qui faisait de l'eau et la paillasse humide et rien dans la soupière.

Des choses merveilleuses remuent dans ma tête et dans mon cœur, comme quand ça va déborder. Ce serait facile de choquer les écoutes et de partir vent arrière quelques minutes vers les récifs invisibles, pour voir ce que feraient mes dauphins.

Ce serait facile... mais la mer est encore toute pleine de leurs sifflements amicaux, je n'ose pas risquer d'abîmer ce qu'ils m'ont déjà donné. Et je sens que j'ai raison, parce qu'il ne faut jamais jouer à la légère avec les contes de fées. Ils m'ont appris à comprendre beaucoup de choses et à les respecter. C'est grâce aux contes de Kipling que je sais comment Pau Amna le grand crabe a inventé les marées au temps des Tout Commencements, et pourquoi tous les crabes de maintenant ont des pinces (c'est grâce aux ciseaux d'or de la petite fille) et comment l'éléphant a eu sa trompe à force de poser des questions, et comment le léopard a eu ses taches, et comment je passerai peut-être le Horn grâce à mes dauphins et aux contes de fées, qui m'ont aidé à retrouver le Temps des Tout Commencements où toutes choses sont simples.

Et quand j'ai porté sur la carte le dernier point estimé, qui me place enfin au-delà du récif à fleur d'eau, je suis vite remonté sur le pont. Mes deux dauphins n'étaient plus là.

Il fait nuit. Le ciel s'est dégagé, le vent est revenu à l'ouest. La lune, à son premier quartier, semble suspendue derrière la voile d'artimon et fait briller la mer dans le sillage. Le récif est paré, mes dauphins sont loin, la route est libre jusqu'au Horn.

Libre à droite, libre à gauche, libre partout.

III

14

Frère aîné

L'océan Indien s'était montré clément, avec beaucoup de calmes et de chaud soleil. La mer de Tasmanie aussi. Et voilà que le Pacifique semble prendre le même chemin, avec des traites journalières de cent vingt à cent cinquante milles.

Pas un ris n'a été pris depuis longtemps. Pas un coup de vent n'a frappé depuis une éternité. Hier, le vent soufflait à force 5, puis il est descendu à 4, puis à 3… et maintenant c'est tout juste du 2. Mais il vient de la bonne direction, c'est l'essentiel.

Quatre-vingts milles, vingt milles… soixante-trois milles, cinquante-cinq milles, puis cent trente et cent quarante milles. À un moment, le vent était passé au secteur est, faiblard. Il est revenu à l'ouest, Dieu merci. Soleil, soleil !

Avec ce bel été et toute cette chaleur du ciel qui va peut-être encore très loin vers le sud, j'espère qu'il n'y aura pas d'icebergs sur ma route.

Cet inconnu me tourmentait un peu, et j'avais écrit à une quinzaine d'anciens cap-horniers pour leur demander de me faire bénéficier de leur expérience personnelle concernant les glaces dérivantes : « *En dehors de la détection à vue, quels étaient les signes annonçant la proximité d'un iceberg*

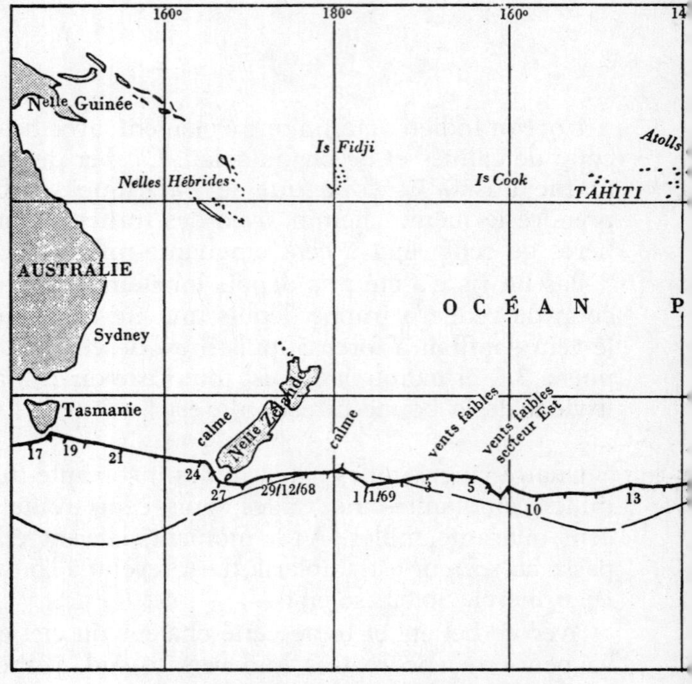

Du 17 décembre 1968 au 8 février 1969

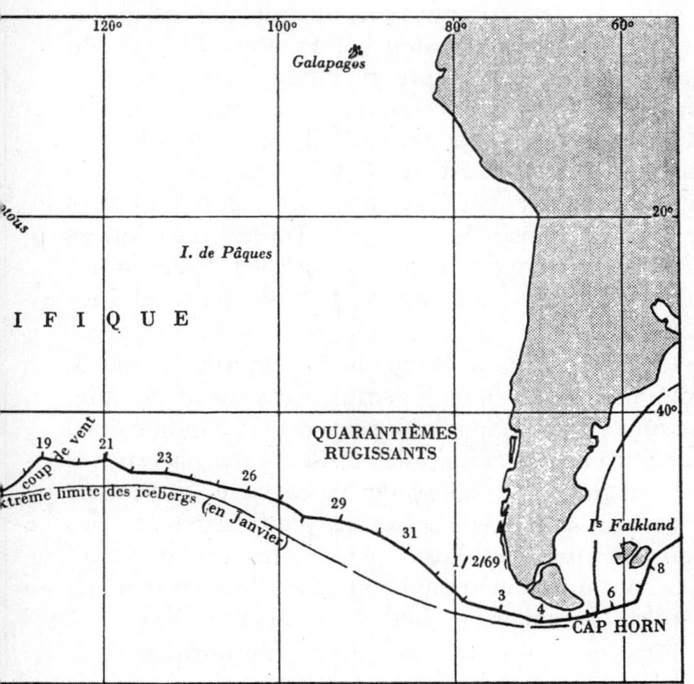

120°
100°
80°
60°
Galapagos
20°
I. de Pâques
IFIQUE
40°
QUARANTIÈMES
RUGISSANTS
19
21
23
26
29
31
coup de vent
xtrême limite des icebergs (en Janvier)
1/2/69
3
4
6
8
Is Falkland
CAP HORN

sous le vent de votre navire ? » Les *Instructions nautiques* sont un peu vagues à ce sujet depuis l'ère du radar, et je n'avais pas eu le temps d'aller fouiller à Paris dans les archives de la vieille Marine.

Je demandais aussi quelles étaient les zones réputées les plus dangereuses pour un voyage d'ouest en est, compte tenu du fait que les glaces éventuelles se trouvaient alors sous le vent du navire et que la houle ne changeait donc pas d'aspect, et s'ils avaient souvent rencontré des glaces dans les parages des Falkland, après le passage du Horn. C'est surtout là que les icebergs sont à craindre, car ils remontent parfois loin vers le nord à cause du courant. Toutes mes lettres avaient été envoyées au hasard, en prenant les adresses de chacun dans la liste de l'Amicale des cap-horniers.

Le commandant François Le Bourdais, que je connaissais personnellement, m'avait tout de suite rassuré. Il revenait d'une réunion de cap-horniers, et aucun de ses camarades présents n'avait rencontré de glaces au cours de sa carrière. Lui-même n'en avait jamais vu. Certes, les glaces existent, elles peuvent être mortelles… mais on ne les rencontre pas couramment, même sous les latitudes très élevées où passaient les anciens grands voiliers.

Réponse identique des quinze cap-horniers auxquels j'avais écrit : Ils n'avaient pas trouvé de glaces, sauf trois d'entre eux, dont Georges Aubin, auteur de *L'Empreinte de la voile*[1], mon livre de mer préféré avec celui de Slocum. Georges Aubin avait vu des icebergs à l'est des Falkland, mais pas au nord.

---

1. *L'Empreinte de la voile*, éd. Flammarion.

Les deux autres réponses affirmatives venaient des commandants Francisque Le Goff (sept passages du Horn) et Pierre Stéphan (onze passages) qui n'avaient rencontré qu'une seule fois des glaces au cours de leur longue carrière sous les hautes latitudes.

Racontant l'un de ses voyages au Chili, Francisque Le Goff m'écrivait :

« ... *Ayant mis une vingtaine de jours avant de pouvoir doubler le Horn et nous trouver suffisamment ouest pour faire route au nord, nous avons rencontré de nombreuses banquises et champs de glaçons. Contrairement aux glaces du Banc de Terre-Neuve, qui ne se voient pas la nuit, celles du cap Horn se voyaient très bien. Pourquoi cette différence de visibilité ? Je suppose que ces glaces étaient composées d'eau de mer à forte salinité, tandis que celles de Terre-Neuve doivent provenir des glaciers du Groenland et sont constituées par de l'eau douce.*

« ... *Après avoir bien bourlingué, et nous trouvant assez ouest, nous faisions route sous les perroquets volants quand nous rentrâmes dans un banc de brume. Aussitôt, nous fûmes entourés d'une nuée de petits glaçons. La veille fut aussitôt doublée, et quelques minutes après la vigie du gaillard d'avant signala des icebergs droit devant. Le capitaine ordonna la manœuvre nécessaire et nous longeâmes à environ un mille deux vraies îles flottantes reliées par une mer de glace...*

« ... *Que faut-il en conclure, sinon qu'à proximité des banquises il y a des quantités de petits glaçons. Glaçons qui ne sont pas toujours un signe avant-coureur de leur proximité, car les banquises dérivant plus vite laissent souvent derrière elles des champs de glaçons...* »

Je relis mes quinze lettres, lentement. J'ai le temps, ici. Beaucoup sont belles. Toutes sont encourageantes.

« ... *Ayant presque perdu la vue et voyant à peine ce que j'écris, je vous demande toute votre indulgence pour ce que peut avoir de décousu ce que vous lirez, car je vais vous répondre au fil de mes souvenirs, bien précis malgré mes quatre-vingt-huit ans, mais je ne peux pas me relire...* »

Et les souvenirs de ce vieux cap-hornier sont pleins de mer et de vent. Il y a huit pages de ces choses dans la lettre du commandant Pierre Stéphan, avec toutes les routes du Sud et onze cap Horn dans son sillage.

> « ... *Un peu à l'est du Horn, plusieurs navires ont été entourés de glaces flottantes détachées du pack plus au sud. C'est ainsi que le beau trois-mâts* Hantot, *de 3 500 tonnes de port en lourd, parti de Nouvelle-Calédonie quinze jours avant moi, alors capitaine du quatre-mâts* Président Félix-Faure, *de 3 800 tonnes, a dû être pris dans les glaces après son passage du Horn. En tout cas on ne l'a jamais revu...*
>
> « ... *Le seul iceberg aperçu par moi dans l'Atlantique Sud était échoué sur le Banc des Falkland, au sud de ces îles. Nous l'avons aperçu au lever du jour. Le temps était très maniable et j'ai donné la route pour passer à deux ou trois milles de cet énorme iceberg, ce qui nous a permis d'en connaître les dimensions au sextant : quatre-vingts mètres de haut, et huit cent cinquante à neuf cents mètres de long. Il était magnifique, d'une masse énorme, et nous aurions pu aussi bien nous fracasser contre lui s'il y avait eu de la brume. Nous n'avons pas senti de différence de température en passant sous le vent de cet iceberg. Il est vrai que nous en étions à deux milles de distance...* »

Je remets toutes mes lettres de cap-horniers dans la même grosse enveloppe fourrée. Elles ne m'apportent pas grand-chose du point de vue pratique, pourtant elles me donnent beaucoup. Et moi... je ne leur ai même pas répondu, en cette époque nerveuse et agitée de mes préparatifs. Je ne les ai pas remerciés, pourtant leurs lettres sont là, avec leurs souhaits et leurs encouragements très simples de vieux marins qui savent que certains bateaux passent toujours, et d'autres pas. Où sont Bill King, Nigel, Loïck ? Je n'écoute même plus la B.B.C., ça ne sert à rien. Knox-Johnston est peut-être de l'autre côté du Horn, si c'est bien de lui que les pêcheurs de Hobart m'ont parlé. Bonne chance à tous, s'il est vrai qu'on n'est pas tout à fait seuls dans ce jeu-là.

La Croix du Sud est haut dans le ciel, beaucoup plus haut que prévu au départ, car le temps reste beau et je maintiens *Joshua* bas en latitude, aux environs du 48e parallèle, presque sur le pointillé rouge de la limite des glaces indiquée sur la carte.

Dans une année moyenne, j'aurais tout de suite fait du nord-est après la Nouvelle-Zélande, pour rejoindre le 40e parallèle et rester loin des coups de gros mauvais temps habituels sous les hautes latitudes, même en été. Puis j'aurais longé le 40e parallèle le plus longtemps possible avant de prendre le virage du Horn. Mais là, je crois que nous bénéficions d'une année exceptionnelle. Il est vrai que l'été austral bat son plein... mais le temps est tout de même surprenant pour une latitude aussi haute, avec ce ciel tout bleu en général, et cette mer relativement calme à part la longue houle habituelle de sud-ouest qui ressemble depuis si longtemps à la respiration paisible de l'univers.

Presque toutes les étoiles sont visibles à un moment ou à un autre de la nuit, jusque très bas sur l'horizon, malgré la pleine lune. Des nuages, souvent, mais bien ronds, pas gros, avec très peu de cirrus tout là-haut dans le ciel. Et il n'y a pas eu un seul halo solaire depuis les approches du cap Leeuwin, voilà des semaines et des semaines.

La lune se lève chaque nuit plus tard, elle change chaque nuit de forme, de plus en plus petite. Je comprends que les peuples d'Asie préfèrent mesurer le temps avec la lune, qui change, s'en va et puis revient. Elle aide à mieux sentir je ne sais quoi exactement, mais je crois que tous ceux qui vont sur la mer préfèrent la lune au soleil.

Cent trente milles, cent quarante-six milles, cent quarante-huit milles, cent quarante-trois milles, cent quarante-neuf milles, cent quarante-huit milles. Rien de fracassant, mais toujours pas de ris dans les voiles, toujours mes nuits franches avec quelques petits tours de pont sans ciré, toujours pas de grimaces dans le ciel ni de cirrus en moustaches de chat, et la ligne tracée sur le globe du *Damien* s'allonge régulièrement. Elle est déjà presque au milieu du Pacifique, pourtant la mer ne gronde pas encore, le capot de cabine reste presque toujours ouvert, tout est bien sec à l'intérieur, les embruns rares sur le pont.

Trois ans plus tôt, sur la même route mais beaucoup plus au nord, le capot était fermé en permanence à partir du 40e parallèle, avec un bon joint découpé dans une serviette-éponge pour empêcher l'eau glacée de passer sous pression. Et il était exceptionnel que Françoise ou moi sortions manœuvrer ou simplement prendre l'air sur le pont sans nous amarrer. Quant à prendre un bain de soleil, nous n'y rêvions même pas, à cette époque de Tahiti-Alicante.

Pour le voyage actuel, je n'ai pas encore senti le besoin de m'amarrer depuis Bonne-Espérance, sauf de temps en temps pour prendre un ris de nuit à la trinquette au début de l'océan Indien. Et mon corps est gavé de soleil, bronzé comme sous l'alizé.

Le fond sonore de Tahiti-Alicante avait été le grondement continuel de la mer pendant toute la traversée du Pacifique. Un grondement puissant ou tout juste perceptible selon le temps. Mais il y avait toujours eu ce grondement autour de nous, jusqu'après le Horn, où l'immense houle d'ouest se voit barrée par la Terre de Feu. Alors, nous avions été surpris de ne plus entendre ce bruit de fond, qui ressemblait à celui d'une plage de galets roulés par la mer.

C'est vraiment une année favorable, une de ces années qu'on ne doit pas rencontrer souvent sur cette route du Sud. Je revois les doubles chaussettes de laine par-dessus lesquelles nous enfilions un sac en plastique maintenu, serré aux chevilles par un élastique, afin de ne pas mouiller nos précieuses chaussettes en marchant sur le plancher toujours moite de la cabine. Les gants de laine à l'intérieur, les moufles, les gants de cuir pour manœuvrer sur le pont, les gerçures aux doigts, les bottes indispensables, le menu linge que nous faisions sécher tous les jours au-dessus du réchaud. Même les couvertures étaient plus ou moins trempées et incrustées de sel.

Maintenant... la température est de 24° à midi dans la cabine non chauffée, de 13° à l'aube. Ma provision de sacs en plastique est intacte, je suis presque toujours pieds nus pour manœuvrer sur le pont, souvent même entièrement nu pendant la méridienne. Et tout le linge est sec, comme au départ.

Par contre, ce beau temps qui dure depuis plus de deux mois a sûrement provoqué une débâcle précoce des glaces dans le grand Sud, et je ne serais pas surpris d'apprendre que les icebergs sont remontés au-delà de leur limite habituelle cette année. De toute manière, je n'en sais rigoureusement rien, et je pense encore dans le vide selon ma vieille habitude, comme souvent lorsque tout va pour le mieux et qu'il suffit de continuer à respirer paisiblement en remerciant le ciel de ses dons. Du reste, il est fort possible que la débâcle de la banquise, qui libère alors les icebergs, soit liée à des secousses sismiques et à de gros coups de vent, plutôt qu'au soleil. Ça y est… me voilà reparti à penser dans tous les sens ! Mais ce n'est pas avec angoisse, au contraire. Je me sens joyeux, comme protégé par quelque chose qui flotte dans l'air autour de moi et que j'appelle « Frère Aîné », comme on appelle ses amis en Asie. Je lui parle souvent, il ne répond pas. Je crois pourtant que nous sommes du même avis, mais il doit avoir beaucoup à faire pour écarter les dépressions. Ou bien estime-t-il que je dois trouver tout seul, dans ma solitude si grande meublée de tant de choses ? Mes cheveux ont beaucoup poussé, ils me couvrent la nuque presque jusqu'aux épaules. Ma barbe aussi est devenue longue au point que je dois la couper autour des lèvres chaque semaine pour pouvoir manger mon porridge le matin sans me tartiner la figure. Mon dernier savonnage complet remonte à un grain de pluie du pot-au-noir, cela fait des mois… pourtant il n'y a pas le moindre bouton sur ma peau.

Il paraît qu'un peuple guerrier de je ne sais quelle époque passait par les armes tout homme de son armée pris à se laver, parce que cela lui faisait perdre sa virilité. Et un beau jour le général a été surpris dans le Gange où il faisait trempette. En conseil de guerre, il s'en est tiré *in extremis* en assurant qu'il avait perdu l'anneau de sa fiancée, et qu'un brahmane lui avait dit que l'anneau était tombé à l'endroit où il cherchait. Enfin... le maréchal a passé l'éponge pour cette fois, peut-être parce qu'il tenait beaucoup à ce chef, peut-être aussi parce que la prochaine grande bataille n'aurait pas lieu avant quelque temps, ce qui laisserait au général assez de recul pour retrouver sa virilité.

J'aimerais prendre un bain dans le Gange... pas pour me laver, je n'en ai pas besoin, non, juste comme ça.

Joshua est à mi-chemin du Horn. La moyenne se maintient. Cela fait cinq jours à la file que je fais mes exercices de yoga entièrement nu dans le cockpit, avant la méridienne. Je sens le soleil rentrer en moi et me donner sa force. Quand il n'y a pas de soleil, ou en fin d'après-midi, je garde un pull et un pantalon de laine. L'air que je respire me donne alors sa force.

Un tel équilibre physique et nerveux après cinq mois de mer me surprend malgré moi, quand je contemple la boucle déjà si longue tracée sur le petit globe. Certes, je savais au départ que c'était possible. Tout est possible... c'est une question d'attitude en face des choses, une question d'adaptation instinctive. Mais je n'aurais jamais cru pouvoir atteindre cette plénitude du corps et de l'esprit au bout de cinq mois en circuit fermé, avec un ulcère d'estomac que je traîne depuis dix ans.

Je ne parviens pas à vérifier mon poids car la houle d'ouest, bien présente malgré le beau temps, fausse complètement la lecture de la balance. Il est pourtant probable que j'ai gagné encore un petit kilo depuis la Tasmanie. Je me suis rarement senti en aussi bonne santé. Mon ulcère ne me fait plus souffrir depuis le milieu de l'océan Indien, mon appétit est excellent.

Si beaucoup d'équipages se voyaient décimés par la maladie et le scorbut pendant les longs voyages d'exploration des siècles passés, d'autres revenaient à peu près intacts (ceux du capitaine Cook en particulier) malgré des mois et des mois de mer dans des conditions souvent extrêmement dures. Cook avait trouvé une parade à l'avitaminose en obligeant ses hommes à consommer chaque jour une sorte de « bière » fabriquée à bord avec des aiguilles de pin macérées.

Avant le départ, j'avais fait une longue visite à Jean Rivolier, médecin-chef des Expéditions polaires françaises (Missions Paul-Émile Victor)[1]. Son expérience pratique est réelle grâce à ses expéditions arctiques et antarctiques ainsi qu'en haute montagne. J'avais noté l'essentiel de nos entretiens.

« *Pour une navigation au long cours du genre de celle que j'envisageais, les besoins de l'organisme se situent autour de 3 000 calories par jour au maximum. Certaines personnes mangent plus que d'autres. Il ne faut pas contrarier sa nature ni ses habitudes.*

« *Il est indispensable que la nourriture soit équilibrée en glucides, protides et lipides. Les glucides (sucre, céréales, pommes de terre, riz) sont les plus*

1. Le docteur Rivolier est aussi l'auteur de *Médecine et montagne*, éd. Arthaud (épuisé).

utiles pour le rendement énergétique. Les protides (viandes, œufs, poissons, certains féculents tels que le soja) permettent une meilleure récupération après l'amaigrissement. Les lipides (graisses, huiles végétales, beurre) facilitent la lutte contre le froid et donnent aussi de l'énergie.

« *Se méfier de la déshydratation qui peut passer inaperçue, et dont les conséquences sont graves. Quelques gorgées d'eau de mer, en plus, apportent aussi des sels minéraux.*

« *Il n'existe aucun risque d'avitaminose à consommer exclusivement des conserves en boîte, à condition de manger de tout. L'analyse de certaines conserves de légumes et de fruits indique souvent un taux vitaminique supérieur à celui des mêmes produits consommés frais dans des conditions citadines (lorsque ces légumes frais sont restés trop longtemps sur un étalage par exemple). Les grands drames du passé étaient liés à une consommation exclusive ou presque de produits secs ou salés, sans variété.*

« *Il est inutile de consommer des vitamines additionnelles synthétiques, mais il ne faut pas s'en priver si cela doit apporter la paix de l'esprit. En tout cas, le surdosage vitaminique, qui consiste à prendre des vitamines synthétiques comme médicaments, à doses supérieures au régime équilibré, n'apporte pas, chez l'homme, un meilleur rendement en ce qui concerne l'adaptation au froid, à la chaleur, à l'altitude ou à l'effort.* »

Jean Rivolier m'avait donc rassuré : il suffirait d'être assez raisonnable pour me cuisiner des repas appétissants et variés, sans jamais me laisser glisser sur la pente dangereuse de l'anarchie alimentaire, qui consisterait par exemple à manger trop souvent la même chose, préparée de la même manière, ou pas préparée du tout.

J'ai des tas de conserves de toutes sortes, de quoi tenir un an s'il le fallait, en cas de démâtage ou pour rester indépendant et paré à toute éventualité si un pépin m'obligeait à gagner un atoll perdu sans autres ressources que les cocos du bon Dieu et les oursins du récif (le poisson est trop souvent empoisonné dans les atolls). J'ai vraiment tout ce qu'il me faut à bord… sauf du talent pour la cuisine. Il y manque toujours quelque chose, ou bien il y a quelque chose en trop, mais quoi, je ne sais jamais. On est doué ou on ne l'est pas. Moi, je ne le suis pas, et la cuisine me fait un peu penser à la belle musique : je suis capable de l'apprécier, de m'en régaler, mais pas de la faire.

Cela fait à peine cinq mois que je suis en mer. Les vingt-huit hommes de l'*Endurance* y étaient depuis onze mois déjà lorsque le bateau, écrasé par les glaces de la mer de Weddell, a dû être abandonné. Et pendant dix autres mois, ces hommes ont continué à pied sur la banquise en remorquant deux baleinières, à travers les blocs de glace[1]. Tous sont revenus intacts, sauf un pied gelé, vingt et un mois après avoir levé l'ancre.

À part quelques hommes exceptionnels dans cette équipe, les autres faisaient sans doute partie de la bonne moyenne. Mais les limites de la résistance humaine se trouvent bien au-delà de ce qu'on pense à première vue. J'ai pu voir, en Asie, ce que savent encaisser des coolies travaillant du matin au soir avec seulement un peu de riz, de poisson sec et de bouillon où flottent quelques herbes.

---

1. *Les Rescapés de l'*Endurance, Alfred Lansing, éd. Laffont, 1966.

Le baromètre commence à baisser. Le ciel est couvert de cirrus en forme de vagues. Il y a beaucoup de vent là-haut, et la ligne du barographe est parcourue de crochets. Après deux mois de beau temps, ça devait quand même arriver un jour ou l'autre, malgré la protection des dieux. La mer ne gronde pas encore, mais elle rappelle déjà la ligne du barographe, pleine de frissons nerveux.

Toutes les dispositions sont prises sur le pont : tourmentin de 5 m^2, un ris dans la trinquette, deux ris dans la grand-voile, artimon au bas ris. J'ai remplacé la girouette normale par une autre plus petite de moitié, et modifié le cap vers l'E.-N.-E. (presque nord-est) pour m'éloigner à la fois du chemin de cette dépression et de la limite des glaces.

Peut-être y aura-t-il plusieurs jours et plusieurs nuits à la barre intérieure si ce coup de vent frappe pour de bon. À deux reprises j'avais dû rester au poste de manœuvre pendant soixante-douze heures, la première fois sur *Marie-Thérèse* dans le détroit de Malacca pour veiller la côte et les récifs, la seconde fois sur *Marie-Thérèse II* au passage de Bonne-Espérance. Là, j'avais barré en m'endormant *profondément* dans les creux et en me réveillant juste avant chaque lame pour lui présenter l'arrière.

Lors du gros coup de vent prolongé de Tahiti-Alicante, c'était très fatigant, car je n'avais pas trouvé tout de suite le bon rythme et j'avais atteint trop tôt le bord de l'épuisement.

Maintenant, je suis probablement beaucoup mieux paré pour faire face à une fatigue prolongée, grâce au yoga que je pratique chaque jour depuis le dangereux passage à vide du début de l'océan Indien. J'étais alors sur le point d'abandonner et de faire route sur l'île Maurice. Je souffrais de mon ulcère. Ça n'allait plus du tout, au moral comme au physique.

Un an avant le départ, un ami m'avait envoyé *Yoga pour tous*, de Desmond Dunne, avec une lettre où il essayait de m'expliquer que j'étais nerveux et fatigué par le rythme de l'Europe. Cette discipline du yoga, qu'il pratiquait depuis deux ans, lui avait rendu son équilibre ainsi qu'à sa femme. Tout ce qu'il me disait était vrai, je le savais. Je le savais même depuis longtemps…

Lorsque je l'ai feuilleté, pour la première fois, dans l'océan Indien, j'en ai vu se dégager toutes les valeurs de mon Asie natale, toute la sagesse du vieil Orient, et j'y ai retrouvé quelques-uns de ces petits exercices que je faisais d'instinct, depuis toujours, quand j'étais fatigué. Mon ulcère a cessé de me faire souffrir. Et je n'ai plus eu de lumbago. Mais surtout, j'ai trouvé quelque chose en plus. Une sorte d'état de grâce, indéfinissable. Les uns le possèdent peut-être de naissance ou d'instinct. D'autres peuvent le rencontrer un jour sur la route de leur vie, on ne saura jamais, et cela n'a pas d'importance. L'essentiel, c'est que ça existe, et avec ça, les choses reprennent leur place naturelle, leur équilibre dans l'univers intérieur.

Il n'y a plus de lune. Elle reviendra dans quelques jours, comme un sourire, timide d'abord, puis de plus en plus grande.

Le baromètre baisse mais la vie coule à son rythme normal, même quand il y a menace de coup de vent. Elle va durer encore combien de temps, cette paix que j'ai trouvée en mer ?

C'est toute la vie que je contemple, le soleil, les nuages, la mer, le temps qui passe et reste là. C'est aussi, parfois, cet autre monde devenu étranger, que j'ai quitté depuis des siècles. Ce monde moderne artificiel où l'homme a été transformé en machine à gagner de l'argent pour assouvir de faux besoins, de fausses joies.

La mer est devenue blanche d'écume avec le coup de vent. J'ai amené la grand-voile, ensuite l'artimon. *Joshua* court dans la nuit sous la trinquette à un ris et le tourmentin, surfant de loin en loin sur la pente des vagues. La petite girouette s'occupe de tout, corrige les embardées, profite de la paix des creux pour reprendre le bon cap.

Assis sur la chaise du poste de pilotage intérieur, je regarde l'eau phosphorescente à travers les hublots de la coupole qui me protège des déferlantes et m'en rapproche. Je suis presque arrivé au tournant de ma route. Je sais, depuis l'océan Indien, que je ne veux plus rentrer là-bas.

Le grondement de la mer est bien atténué, de l'intérieur, et elle me dit des tas de choses. Les choses présentes, les choses passées, les choses futures. Tout est là, dans la mer, et je crois que la joie est la plus haute expression de la pensée. Mais je sais que le vrai tournant sera après le Horn.

Si je tiens toujours, si *Joshua* tient toujours, alors on essaiera de continuer. Repasser Bonne-Espérance… repasser Leeuwin et la Tasmanie et la Nouvelle-Zélande… traverser encore tout l'Océan Indien, tout le Pacifique… mouiller l'ancre aux Galápagos pour y faire tranquillement le bilan.

Maintenant aussi, je pourrais aller aux Galápagos, il suffirait de mettre un peu de barre à droite, vers le nord, c'est tout près, je pourrais y être dans quelques semaines. Mais c'est trop tôt pour les Galápagos, je n'ai pas encore vraiment trouvé mon Gange, je me le reprocherais toute ma vie, ce serait comme si je n'avais même pas essayé. Je me souviens d'un petit temple que j'ai trouvé dans la forêt… non, je ne me souviens de rien, il ne faut plus me souvenir de rien.

Et jusqu'au Horn, ne pas regarder autre chose que mon bateau, petite planète rouge et blanche faite d'espace, d'air pur, d'étoiles, de nuages et de liberté dans son sens le plus profond, le plus naturel. Et oublier totalement la Terre, ses villes impitoyables, ses foules sans regard et sa soif d'un rythme d'existence dénué de sens. Là-bas… si un marchand pouvait éteindre les étoiles pour que ses panneaux publicitaires se voient mieux dans la nuit, peut-être le ferait-il. Oublier tout ça.

Ne vivre qu'avec la mer et mon bateau, pour la mer et pour mon bateau.

« Le coup de vent passe. Pas grave.
Vingt heures à force 8, avec du 9 dans les rafales… »

15

Joshua contre Joshua

Le coup de vent passe. Pas grave. Vingt heures à force 8, avec du 9 dans les rafales et la girouette cassée de nuit par une déferlante. Vite remplacée par une autre, toute prête.

En général, un coup de vent du secteur ouest sous les hautes latitudes australes est lié à une dépression où le vent souffle d'abord fort du N.-W. avant de passer à l'W. puis au S.-W. Alors, la grosse mer hachée levée par la première phase du coup de vent croise et chevauche la houle d'W. constante, devenue très grosse sous la poussée du vent d'ouest. Cela provoque des déferlements parfois dangereux qui frappent sur le travers de l'arrière et obligent de modifier le cap vers le sud de l'est lorsque la mer se fâche vraiment.

Elle se fâche, mais pas trop. Je n'ai même pas besoin de barrer. La mer est devenue rapidement très grosse, *Joshua* part au surf, mais je le sens d'accord. Il s'est encore allégé au fil des mois, entre les vivres et le pétrole en moins. L'avant soulage très bien, il peut surfer sans danger de sancir... du moins avec cette mer.

Le temps reste maussade. Le vent diminue en passant au S.-W. Puis le ciel se dégage en moins d'une demi-heure.

Soleil… grand soleil !

Je profite du seau d'eau douce récolté par la grand-voile pour rincer quatre paires de chaussettes. Je les mets à sécher haut dans les haubans de l'artimon après les avoir enfilées en chapelet sur une petite ligne, comme on enfile des poissons par les ouïes. Ça fait peut-être éclater quelques mailles, mais c'est plus sûr que les pinces à linge et je préfère des chaussettes avec des mailles éclatées à des chaussettes emportées par le vent ! J'en use beaucoup en ce moment. J'ai beau ne jamais oublier la rondelle de chambre à air qui sert à maintenir le pantalon de ciré plaqué aux bottes pour empêcher l'eau de passer, elle passe souvent. J'ai beau me jurer chaque fois de remettre la paire de chaussettes mouillées quand j'ai besoin d'aller manœuvrer sur le pont… je garde aux pieds les chaussettes sèches enfilées dans la cabine, et elles se mouillent une fois sur trois quand je reste dehors plus que nécessaire.

Il commence à faire froid. La mer est glacée. Elle l'était sûrement avant, mais comme elle ne montait pas sur le pont, je ne me rendais pas compte à quel point elle est froide ici. Quand elle entre dans les bottes, ça me fait dresser les poils sur la peau pendant quelques secondes.

Ce premier coup de vent du Pacifique semble avoir marqué comme une sorte de frontière entre « avant » et « après ». Cela sent vraiment les hautes latitudes, où la mer est toujours un peu en colère, même quand tout va bien.

Le ciel se couvre de nouveau. Cirrus en forme de vagues. Cirrus en moustaches de chat. Cirrostratus invisibles, décelables seulement par le halo solaire. Ligne du barographe parcourue de frissons.

Quatre albatros et trois malamocks. Et le loch tourne, tourne, tourne.

Cent cinquante-deux milles, cent soixante-six, cent cinquante-huit, cent quarante-sept, cent soixante-deux, cent soixante-neuf milles.

L'étrave gronde jour et nuit. Grondement inquiet, grondement tranquille, grondement joyeux, tout dépend de petites choses, un rayon de soleil perçant parfois les nuages, la ligne du barographe, la houle du nord-ouest, la longue houle d'ouest.

Joshua abat régulièrement ses dix degrés de longitude tous les trois jours, plus de mille milles par semaine. Et deux bateaux qui sont le même font la course l'un contre l'autre, sur la carte où j'avais pointé, trois ans plus tôt, les positions journalières de Tahiti-Alicante. Le sillage actuel est presque droit, rapide, net, sur la carte et sur le globe du *Damien* où j'appuie fort au stylo à bille, bien au sud, sur la route la plus courte qui reste raisonnable tout en étant possible, loin du trait timide au crayon de Tahiti-Alicante, nettement plus au nord, nettement plus lent, un peu irrégulier, comme tenaillé par une forme de peur. Maintenant aussi, j'ai un peu peur. Mais ce n'est pas la même chose.

Cela fait, me semble-t-il, des jours et des jours que le panneau est bouclé, le ciel presque toujours gris. Il me faut parfois plus d'une heure de station sur le pont pour parvenir à saisir un soleil tout pâle dans le sextant, entre deux bancs de stratus. Il pleut souvent et la mer gronde sans interruption. Des lames croisées fréquentes giflent dur, sans prévenir. Alors des torrents d'eau solide dévalent le pont sous le vent et emporteraient n'importe quoi. Il faudrait une tenue de scaphandrier lourd pour que les chaussettes ne se mouillent plus. Trois paires pendent au-dessus du réchaud.

Plus question de manœuvrer sans harnais, cela pourrait être mortel un jour ou l'autre. Mais je n'ai pas encore réussi à m'habituer tout à fait au harnais, je m'y sens comme empêtré, pas maître de mes mouvements. Pour être sûr de ne pas l'oublier, je le fourre dans la poche-poitrine du ciré, aussitôt celui-ci décapelé dans la cabine après une manœuvre. Ainsi, je l'ai toujours sous la main puisque je ne monte plus sans ciré.

Lorsque je vais simplement prendre l'air dans le cockpit pour me remplir les poumons et bavarder avec la mer, je laisse le harnais dans la poche, car je tiens alors la poignée du panneau de cabine, les yeux et les oreilles partout à la fois pour surveiller les déferlantes erratiques, paré à ouvrir le capot et sauter à l'abri en une seconde et demie. C'est le temps maximum dont j'ai besoin pour ouvrir le capot, enjamber le panneau, m'asseoir vite sur la chaise du poste de pilotage intérieur et claquer le capot au-dessus de ma tête en tirant bien pour que le joint de Néoprène plaque sur toute sa surface de jonction. Avec le harnais, je me sentirais moins mobile. Et puis, je ne sais pas… je crois qu'il y a quelque chose d'autre, d'important, qui est la participation intime avec les choses qui m'entourent. Le harnais me relierait seulement à un taquet d'acier, pas au reste. Il est marqué « Annie » à l'encre de Chine. Il faisait partie de l'armement de *Captain Browne* quand Loïck a acheté ce bateau aux Van de Wiele. Loïck a gardé le harnais de Louis et m'a donné celui d'Annie. J'ai retiré les bretelles trop courtes pour moi, et qui m'auraient gêné de toute manière. Sans bretelles c'est moins technique, mais plus vite capelé et décapelé. Et puis… je me sens moins prisonnier, sans bretelles.

La descente vers le Horn est amorcée depuis une semaine, un peu hésitante d'abord pour laisser passer un second coup de vent.

Pluie, grêle, grosses déferlantes, coups de surf parfois impressionnants. Pas de casse, pas d'émotions trop fortes à part la beauté de *Joshua* courant au bas ris dans la lumière du ciel et de la mer lorsque le vent est passé au S.-W. après sa rotation.

Pas de casse… mais j'ai bien peur que ma Beaulieu ne soit morte. Elle a pris un gros paquet d'embruns pendant que je filmais les déferlantes, et de l'eau est entrée par le trou latéral qui sert à brancher la prise de commande à distance. J'aurais dû fermer ce trou avec du chatterton.

Sans trop y croire, j'introduis une allumette entourée d'un morceau de coton dans la prise de commande à distance, pour absorber l'eau salée. Je recommence cinq ou six fois, jusqu'à ce que le coton revienne sec. Puis je continue avec du coton légèrement mouillé d'eau douce pour dissoudre le sel qui serait resté, puis encore du coton passé au-dessus de la flamme pour qu'il soit bien chaud et sèche tout.

J'essaie le déclencheur. Miracle… ça marche ! Elle commence à ressusciter en toussant un peu d'abord. Je rembobine le film à petits coups : il est sauvé. C'est une chance. J'espère que j'y verrai la déferlante qui a fait le coup. Je retire la bobine pour pouvoir chauffer doucement la caméra au-dessus du Primus, et la bourre de papier journal chaud et sec.

Maintenant je fais chauffer dans une casserole les sachets de silica-gel qui servent à absorber l'humidité. Je chauffe encore des journaux, je remets les objectifs que j'avais dévissés pendant l'opération Primus, j'enveloppe la Beaulieu dans ses journaux chauds avec les sachets de silica après avoir vérifié qu'elle tourne vraiment rond. Ça m'aurait flanqué un sacré coup si elle m'avait laissé tomber. Elle m'a aidé à voir des choses que je n'aurais pas vues aussi nettement sans elle pendant ce voyage.

Le baromètre se stabilise, mais ça souffle 6 à 7. Puis le vent diminue jusqu'à force 3 et retourne au nord-ouest force 4 avec crachin le lendemain. Je n'aime pas les vents de nord-ouest, c'est presque toujours par là que commencent les ennuis.

Encore un seau d'eau sous la bôme de grand-voile. La quantité récupérée jusqu'à maintenant dans le Pacifique est de 72 litres, les trois quarts de ma consommation en trente-cinq jours (2,5 litres par jour). J'avais récolté un peu plus que mes besoins dans l'océan Indien, avec 150 litres pour une traversée de cinquante-six jours pendant laquelle j'avais consommé environ 130 litres.

L'un dans l'autre, je suis donc paré, le niveau du réservoir est presque identique à ce qu'il était au départ (400 litres). Je crois qu'un bateau assez grand pour emporter suffisamment de vivres et de matériel de rechange pourrait tourner plusieurs fois autour du globe, en comptant sur l'eau du ciel seulement.

J'utilise mon seau d'eau de ce matin pour laver le torchon de la cuisine. C'est une faute. Ce torchon pas lavé depuis le pot-au-noir de l'Atlantique m'aidait à prévoir les variations atmosphériques maintenant que je ne suis plus sujet aux lumbagos et que mon dos me laisse en paix pendant les changements subtils du degré hygrométrique.

Quand le torchon de la cuisine se tenait bien raide, c'est que l'air était sec et je pouvais m'attendre à une certaine persistance des vents de sud-ouest avec beau temps relatif et ciel assez bleu à part les cirrus. Quand il se tenait moins raide par vents de sud-ouest, c'était presque toujours le signe d'une rotation prochaine à l'ouest, l'air devenant déjà moins sec. Et quand je voyais mon torchon tout flasque et poisseux comme s'il avait essuyé tous les péchés du monde, il fallait m'attendre à la venue des vents de secteur nord, chargés d'humidité.

Mais ça ne fait rien, ma combinaison fourrée au petit oiseau qui chante et au poisson qui fait des bulles me prévient un peu de la même manière. Elle ne vaut pourtant pas le torchon du temps de sa splendeur.

Il sèche en fouettant gaiement avec six pinces à linge, le plus haut possible dans les haubans de l'artimon.

Quatre journées paisibles avec cent trente, cent onze, cent quarante-sept et cent quarante-deux milles, presque sans éclaboussures sur le pont. Le ciel se dégage complètement vers 10 heures, et je m'offre le luxe d'un bain de soleil intégral pendant la méridienne, par 49° de latitude, à un millier de milles du Horn.

L'air est sec, je pends deux couvertures dans les haubans de l'artimon, je secoue les taies d'oreiller très fort sur le pont, le panneau est ouvert en grand pour la première fois depuis longtemps. Tout rentre sec, comme au jour du départ !

Il y a quand même beaucoup de cirrus et cirro-cumulus, le ciel en est couvert de nouveau, le soleil chauffe timidement. Mais la mer est belle, sans embruns ni moutons, le vent tombe à force 3 seulement. Tous ces nuages élevés coupent le vent de surface à angle droit, et ils viennent de la gauche quand on fait face au vent. C'est le signe d'une dépression qui s'approche par l'ouest ou le sud-ouest, d'autant qu'il y avait un halo de 22° autour du soleil à midi. Mais le baromètre ne dit rien, sa ligne est régulière, pas un frisson. Il est même deux millimètres plus haut que la normale et je ne parviens pas à déceler la houle caractéristique de N.-W.

Ciel bouché, crachin, vent d'ouest-sud-ouest frais à fort malgré le crachin. J'attrape le soleil par miracle à travers le voile de stratus bas, après être resté deux heures sur le pont à me geler les pieds pendant ce jeu de cache-cache.

Tahiti-Alicante continue de prendre entre vingt et quarante milles par jour dans la vue. Il ne nous a battus que deux fois en trois semaines sur des traites de vingt-quatre heures. Mais l'énorme avantage est encore pour Tahiti-Alicante... il a déjà passé le Horn sans se faire étendre.

Je passe de longs moments sur le pont, le jour et la nuit. Dans la cabine, je contemple souvent le petit globe du *Damien*. Les Galápagos sont à trois mille milles dans le nord. Tout près. Ça fera encore un sacré bout de chemin par l'est. Ne faut pas trop regarder vers l'est...

Je ne suis ni gai ni triste. Ni vraiment tendu, ni vraiment décontracté. C'est peut-être comme quand un homme regarde les étoiles en se posant des questions auxquelles il n'est pas assez mûr pour répondre. Alors un jour il est gai, un jour il est vaguement triste sans savoir pourquoi. Ça ressemble un peu à l'horizon, on a beau voir distinctement le ciel et la mer s'unir sur la même ligne, on a beau aller toujours vers lui, il est à la même distance, tout proche et inaccessible. Pourtant, on sait au fond de soi que seul compte le chemin parcouru.

La Tasmanie est à plus de cinq mille milles dans le sillage, le Horn à neuf cents milles sur l'avant. *Joshua* se trouve maintenant à peine un peu au sud de la route qu'il traçait voilà trois ans. Nous avions le même type de temps. Inquiets comme Chuchundra le rat musqué qui rase les murs sans oser courir au milieu des chambres, nous nous étions tenus le plus longtemps possible au nord de la route avant de prendre le virage, pour longer une zone où les coups de vent étaient moins fréquents. Moins violents aussi que plus au sud. Car nous venions de ramasser une terrible raclée sur le 43e parallèle. Une de ces raclées dont on garde le souvenir jusqu'à la fin de ses jours. L'expérience ne pèse pas grand-chose devant un *vrai* coup de vent des hautes latitudes sud, où la mer peut devenir monstrueuse, avec des déferlantes difficiles à imaginer. J'avais cru pendant longtemps qu'elles pouvaient frapper à des vitesses de quinze à vingt-cinq nœuds. En fait, les déferlantes du plus gros coup de vent jamais encaissé par *Joshua* trois ans plus tôt dans le Pacifique Sud ne dépassaient pas quinze nœuds au grand maximum, et leur vitesse de frappe se situait à l'entour de dix à onze nœuds, puisque le bateau courait devant. J'avais pu connaître cette vitesse des déferlantes avec une assez bonne exactitude en chronométrant le temps qu'elles mettaient pour passer de l'étambot à l'étrave. Et une déferlante qui frappe à dix ou onze nœuds de vitesse relative, c'est très supportable pour un bateau correct si on la reçoit sur l'arrière... à condition de ne pas courir le risque de sancir.

Pendant le même coup de vent, j'avais vu ce que les marins anglais appellent une « lame pyramidale », provoquée par le chevauchement de plusieurs grosses lames se coupant juste ensemble sous différentes incidences pour former alors une lame colossale. Elle s'est écroulée comme une avalanche, son bruit a couvert pendant de longues secondes le fond sonore entier de la mer et du bateau. On aurait cru entendre le roulement d'un orage dans le lointain. Pourtant, elle avait déferlé à deux cents ou trois cents mètres, et la mer grondait fort partout autour. Mais on n'entendait plus la mer ni le bateau, seulement le roulement d'orage sous la gigantesque avalanche. Je regardais, j'écoutais, les yeux agrandis et le souffle coupé, tous les poils dressés sur la peau.

Depuis deux semaines que la mer gronde, j'utilise toujours pour les manœuvres le câble d'acier 5 mm tendu à plat pont de l'avant à l'arrière sur chaque bord. Bill King m'en avait donné l'idée. Il est tenu d'employer ce système de sécurité, son bateau n'ayant ni filières ni haubans où se tenir. Puis je l'avais vu sur *Corsen*, de Jean-Michel Barrault, quelques semaines avant le départ, et nous nous étions dépêchés, Loïck et moi, d'équiper nos bateaux de la même façon. C'est tellement pratique que j'aurais du mal à m'en passer maintenant : il suffit d'y crocher le mousqueton du harnais, et on circule ensuite librement sans avoir besoin de changer le point fixe, il coulisse le long du câble. Le second mousqueton est tenu à la main, paré à crocher dans un hauban ou ailleurs. C'est sûr, presque à 100 %, il faudrait une déferlante terrible pour vous arracher du pont, d'autant qu'on a les deux mains libres pour attraper n'importe quoi au passage. Mais ça n'empêche pas de barboter de temps en temps sur le pont avec les bottes pleines d'eau glacée, sans parler de celle qui entre par le col et les manches du ciré.

Le vent passe à l'ouest-nord-ouest et une grosse houle vient du nord-ouest. Le baromètre continue de baisser. Ça souffle force 6 avec parfois du 7. Il ne manque donc aucun indice, je ramasserai la voile d'étai puis mettrai probablement un ris de plus dans l'artimon et dans la grand-voile avant le crépuscule. Ensuite, je passerai la nuit en demi-veille et en demi-sommeil comme un chat qui attend le moment d'agir mais ne bouge pas un poil avant l'instant précis. Le vent, le calme, le brouillard, le soleil, c'est la même chose, ça vit, ça frémit, c'est une seule présence où tout se mêle et se confond dans une grande lumière qui est la vie. Plénitude animale du corps et de l'esprit.

Parfois il y a aussi l'angoisse. Mais tout au fond de cette angoisse, la joie intérieure de la mer. Alors, ça balaie tout le reste.

Le coup de vent est pour bientôt, c'est presque sûr. Pourtant ça ne m'inquiète pas... presque pas.

Cent soixante-seize milles... et pas de coup de vent ! Je me sens léger. Mais je regrette presque de n'être pas équipé pour bavarder avec les radios amateurs, ils m'auraient donné des nouvelles des copains, on aurait communiqué grâce à eux.

Le 50e parallèle est crevé depuis hier, et nous sommes bien sous les hautes latitudes où le temps change si vite, en bon comme en mauvais.

Hier, avant le coucher du soleil, le vent forcissait à 7 bon poids et j'avais retiré la voile d'étai, pris un ris de plus à la grand-voile, un autre à l'artimon, comme prévu. Deux heures plus tard, le ciel se dégageait partiellement, la grosse houle de nord-ouest diminuait de hauteur, et je savais déjà qu'il n'y aurait pas de coup de vent. Un peu de pluie était tombée vers 11 heures du soir au passage d'un gros cumulonimbus et j'avais transvasé dans la bouilloire un litre et demi d'eau, douce recueillie par la grand-voile. Cela m'avait fait une impression étrange, cette eau de pluie transférée directement des voiles dans la bouilloire en prévision du petit déjeuner. Et je m'étais fait un café tout de suite, savouré avec une cigarette. Le baromètre ne baissait plus, le vent ne dépassait pas force 6, la lune presque pleine éclairait toute la mer sur l'arrière lorsqu'elle sortait entre les masses de cumulus, il n'y avait plus de cirrus là-haut, les étoiles scintillaient normalement. J'ai largué un ris à la grand-voile et un ris à l'artimon. Le vent s'apprêtait à passer à l'ouest, puis au sud-ouest. Il forcirait un peu en même temps que le baromètre remonterait. Mais peut-être forcirait-il beaucoup au moment de sa rotation. Finalement j'ai préféré remettre le second ris à la grand-voile et le second ris à l'artimon vers 1 heure du matin, pour pouvoir dormir d'un sommeil tranquille jusqu'à l'aube. Puis je me suis fait chauffer un second café que j'ai dégusté à petites lampées, assis sur la chaise du poste de pilotage intérieur, en observant la grande bande claire qui s'approchait par l'ouest. Les étoiles apparaissaient de plus en plus nombreuses, envahissaient le ciel sur le travers de l'arrière. La rotation à l'ouest. Pas fort. Je suis monté border un peu les écoutes et *Joshua* partait au surf sur le versant de la houle de nord-ouest devenue amicale, ronde, régulière.

Ensuite, je me suis lové dans ma couchette, bien au chaud, bien au sec, après avoir regardé encore la boucle sur le globe. Elle est tout près du Horn : encore cinq ou six jours si tout se passe comme il faut. Mais je me défends de voir plus loin que le Horn. Je pense seulement que ma combinaison fourrée sera moins poisseuse demain aux genoux, et cette pensée me remplit de paix.

L'aube est correcte. Je suis toujours debout avant l'aube. Sous les hautes latitudes, c'est l'aube qui dit ce que sera le temps. Lorsque le soleil se lève rouge, c'est un mauvais présage. Il faut qu'ici l'aube soit un peu laiteuse. C'est le contraire de l'alizé, où un soleil rouge au levant annonce une belle journée, plus belle que d'habitude.

Aujourd'hui l'aube est simplement correcte. C'est déjà beaucoup, et je largue tous les ris, y compris celui de la trinquette.

Cent soixante-neuf milles au point de midi, sans fatigue exagérée, en restant toujours bien en deçà de mon effort limite. Et Tahiti-Alicante a encore pris quarante milles dans la vue. Cette différence d'efficacité provient en grande partie du jeu de petites voiles maniables bourrées de bandes de ris que j'ai offert à mon bateau pour ce voyage, et aussi aux winches qui n'existaient pas à bord autrefois.

Trois ans plus tôt, *Joshua* n'aurait pas marqué plus de cent vingt à cent trente milles en vingt-quatre heures dans ces conditions d'instabilité météorologique. Nous aurions rentré le tourmentin avant la nuit, l'ancien tourmentin mesurant 8 m^2, beaucoup trop en cas de vrai coup de vent. Nous aurions très probablement amené aussi la grand-voile hier soir, les 18 m^2 de surface au bas ris de l'ancienne grand-voile pouvant poser de sérieux problèmes pour l'affalage et le ferlage si le temps s'était brusquement gâté. Et *Joshua* aurait trottiné à petite vitesse toute la nuit.

Pour les mêmes raisons, j'hésitais souvent à larguer un ris dans la grand-voile, me disant que s'il fallait le reprendre un peu plus tard, ce serait une manœuvre difficile. Et ça faisait encore des milles en moins. L'étarquage de la voilure après une prise de ris ou après en avoir largué un était pénible également. Il fallait tout faire à la main et terminer au palan, sans oublier les gants pour ne pas envenimer les gerçures. Deux tours sur le winch, maintenant, et hop !... la voile est étarquée raide, sans se faire supplier.

Et voilà... encore cent soixante-douze milles au lieu de cent quarante à cent quarante-cinq que nous aurions marqués il y a trois ans. Et je n'ai presque pas de gerçures aux doigts. Je les soigne d'avance en les frottant deux fois par jour avec un bâton de Dermophil indien après m'être bien rincé les mains à l'eau douce.

Ma santé générale est toujours très bonne. Je dors, je veille, je me nourris, je lis, je me rendors, je me réveille aussi dispos, je me tiens souvent de petites conversations à mi-voix :

— Qu'est-ce qu'on fait ?... On en largue un à la grand-voile ?

— On sera obligé de le reprendre avant la méridienne...

— C'est facile, allez, amène-toi, fainéant, et qu'on largue ce ris, on se traîne !

Grains force 8 et grêle. Il faut aider la barre pour ne pas trop embarder, et passer vent arrière parfois, ça soulage la voilure. Force 5 seulement entre les grains, ça va.

Les nuages sont pleins de haubans dans le soleil couchant. Les haubans dans les nuages, c'est mauvais signe, mais ça fait aussi partie des choses de la mer et c'est beau à regarder.

Tout se tasse en début de nuit, les cumulus diminuent de taille, les grains ne dépassent plus force 6, l'horizon se dégage à l'ouest et les étoiles sortent dans la nuit qui commence.

Je renvoie la voile d'étai sous le clair de lune. Elle est pleine ce soir, elle le sera encore au passage du Horn, dans moins de quarante-huit heures à cette cadence.

Je n'ai pas sommeil, je reste longtemps dans le cockpit, le Horn est si près, la mer est si belle, elle respire vraiment. Un rayon de la pleine lune ricoche sur le dos d'un nuage très loin dans le sud et se transforme en un mince faisceau de lumière vaguement phosphorescente qui monte droit au ciel. Je reste sidéré. Comment la lune a-t-elle réussi un aussi joli coup ?...

Le faisceau s'élargit, devient très phosphorescent. On dirait un énorme projecteur qui cherche dans les étoiles. J'ai vu trois fois dans ma vie le rayon vert au-dessus du soleil couchant, cette langue d'émeraude qui part comme un flash, mais jamais je n'aurais cru possible cet autre miracle de la lune jouant avec un nuage.

Brusquement, j'ai un peu froid partout. Ce n'est pas la lune qui joue avec un nuage, c'est quelque chose d'exceptionnel que je ne connais pas. Sans doute l'arche du cap Horn, cette chose terrifiante dont parle

Slocum, et qui annonce ici un gros coup de vent. La mer me semble menaçante, les étoiles brillent d'un éclat très dur, la lune est devenue glaciale.

Un second faisceau s'élève à côté du premier. Puis un troisième. Bientôt il y en a une dizaine, comme un gros bouquet de lumière surnaturelle dans le sud. Et je comprends maintenant que ce n'est pas l'arche maudite. C'est une aurore australe, la première de ma vie, peut-être le plus grand cadeau que m'aura donné ce voyage.

Elle s'embellit de nouveaux rameaux, s'élargit, monte comme une gerbe. L'un des faisceaux, devenu presque aussi large que la main, s'élève à plus de soixante degrés jusqu'à la Croix du Sud dont les quatre étoiles luisent au second plan. D'autres rayons de lumière fluorescente se rapetissent, hésitent sur le point de disparaître, puis repartent au ciel avec des mouvements de balayage extrêmement ralentis qui font penser aux longs piquants de certains oursins bleutés lorsqu'on approche la main. Maintenant, presque tous les faisceaux ont du rose et du bleu au sommet, toute la gerbe vit comme le feu, avec la force et la douceur du feu, au-dessus du blanc réfléchi par la banquise, très loin dans le sud.

Les stratus reviennent dans la nuit. Ils cachent d'abord la lune, puis les étoiles, au-dessus du bateau, puis mon aurore. Je l'aurai contemplée pendant presque une heure, et c'est ce que j'ai vu de plus beau dans ma vie.

L'aube n'est pas fameuse. Ciel bouché, crachin, brouillard. Pourtant, Frère Aîné s'est rudement bien débrouillé, en faisant descendre l'anticyclone loin vers le sud, car le baromètre est plus haut que la normale. J'espère qu'il se cramponnera au même chiffre pendant deux jours encore. Baromètre... petit génie à la fois malfaisant et plein de gentillesse selon son humeur. J'ai toujours un peu envie de le battre quand il descend et de lui faire des baisers quand il monte.

Cent vingt-huit milles de moyenne journalière pour le Pacifique, contre cent quinze milles trois ans plus tôt... mais pour le moment, c'est encore Tahiti-Alicante qui est devant. Et Chuchundra court le plus vite possible.

16

Une nuit…

La nuit est enveloppée dans une ouate laiteuse. La pleine lune transparaît de temps en temps lorsque les bancs de brouillard deviennent plus fluides sous les stratus. Toute la mer luit de plaques verdâtres phosphorescentes. Elle gronde peu. C'est parce que le brouillard étouffe les bruits. Peut-être aussi parce que le Horn est très près maintenant et que les trains de houles secondaires ne sont plus les mêmes que ceux du grand large.

D'un côté il y a la Terre de Feu, à distance de sécurité mais suffisamment proche déjà pour qu'aucune houle majeure ne vienne de là. De l'autre, la terre de Graham avec ses banquises, à cinq cents milles dans le sud-sud-est, très loin à mon échelle, tout près à celle du globe. Et devant, l'île Horn avec d'autres îles à côté, qui barrent la route aux houles pouvant venir de l'est.

C'est sans doute la raison pour laquelle la mer gronde peu malgré le vent et la hauteur surprenante des lames dans ces parages du Horn. Il y a aussi que le vent vient du nord-ouest, presque du nord-nord-ouest.

Ce n'est pas un coup de vent au sens réel du mot, car le baromètre est presque sage, bien qu'en baisse légère. Le vent souffle pourtant force 7 bon poids et *Joshua* court sous l'artimon au bas ris, la grand-voile à deux ris, la trinquette à un ris et le tourmentin de 5 m^2. Il va très vite en zigzaguant un peu trop dans la grosse mer. Mais c'est dur de se résoudre à réduire la toile tant qu'il n'y a pas menace réelle et qu'on a envie de se retrouver le plus vite possible de l'autre côté.

J'avais réussi de justesse un point impeccable dans la matinée. Le soleil n'avait pas voulu se montrer pendant des heures, puis il a eu un moment d'inattention au passage d'un stratus moins épais, et j'ai pu envoyer sa sale gueule toute pâle sur l'horizon. Même coup de chance pour la seconde droite, à peine deux heures plus tard. Deux heures entre deux droites ce n'est pas l'idéal, mais j'étais bien content car il pleuvait pour la méridienne, et depuis, le soleil ne s'est plus montré.

J'espère le voir un petit moment demain matin, pour n'être pas obligé de passer à tâtons entre Diego Ramirez et le Horn. Trop au nord, c'est la Terre de Feu, trop au sud les risques d'icebergs.

L'étrave gronde dans la nuit cotonneuse. Il faut s'en approcher pour bien l'entendre. Par contre, on l'entend partout dans la cabine. Ça marche très fort.

Le soleil s'est couché à 20 heures d'après les éphémérides. Je ne l'ai pas vu à cause du temps bouché. Mais la lune est là, au-dessus des stratus ; elle éclaire la nuit. De plus il fait jour encore sur la banquise, loin dans le sud. Si le ciel n'était pas couvert, je verrais tout l'horizon blanc à droite grâce aux rayons du soleil réfléchis par la glace. Naviguer dans les chenaux libres de la banquise… J'aurais quand même peur d'aller si loin au pays de la blancheur.

Juste après la Nouvelle-Zélande, quand le temps était si beau, je regardais souvent vers là-bas. Faire un crochet, voir, sentir et repartir bien vite avant qu'il soit trop tard, en emportant ce rêve blanc piqué d'icebergs bleutés au fond de moi pour toujours.

Voilà des heures que je suis au pied du mât, paré à amener la grand-voile, les deux mousquetons du harnais crochés en deux points différents. *Joshua* court à l'extrême limite du trop et du pas assez, sur cette mer très haute tapissée de longues plaques d'écume blafarde. Et toujours cette nuit laiteuse qui amortit les bruits.

Le vent monte à force 8. Je suis rudement content d'avoir envoyé le tourmentin à la place du foc ce matin. Entreprendre maintenant ce changement de voiles m'ennuierait pour des tas de raisons. J'ai envie d'être tranquille et je le suis.

Très peu d'eau sur le pont, à part les embruns. Mes pieds sont au chaud, confortables dans leurs chaussettes de laine au fond des bottes. Ce sont les mêmes bottes qui m'ont servi pour Tahiti-Alicante. Des bottes de paysan dont j'avais entaillé au couteau les grosses semelles épaisses pour les rendre antidérapantes. Elles sont devenues excellentes après ce travail de patience qui m'avait demandé une journée entière, et comme elles sont en caoutchouc, sans toile, elles peuvent sécher à l'intérieur et mes pieds sont au chaud. Je les préfère de loin à mes vraies bottes de mer qui restent toujours moites à cause de l'entoilage.

J'enlève un gant de temps en temps et le remets lorsque les doigts commencent à s'engourdir de froid. Puis je retire ma cagoule de laine et la remets quand les oreilles me brûlent. Ce soir plus que jamais j'éprouve le besoin viscéral de laisser une partie de mon corps en contact direct avec l'extérieur pour pressentir et tâter les choses qui vivent tout au fond de la nuit. Les yeux, les oreilles, les mains. Et même la nuque. Si je pouvais être pieds nus… mais ce n'est pas possible.

Je cherche une odeur, celle des glaciers et des algues de la Terre de Feu. Je respire la nuit jusqu'au fond de mes fibres, et je sens comme des présences amies qui cherchent cette odeur avec moi. Mais les algues et les glaciers sont bien trop loin, plus de cent milles sur la gauche.

La température est un peu basse pour un vent de nord-ouest, en cette saison. Je pense qu'il souffle en ce moment du nord sur les canaux de Patagonie, en se refroidissant au contact de la terre glacée. Et c'est sans doute au large qu'il est dévié à gauche par la ceinture des vents d'ouest, pour devenir vent de nord-ouest froid contre toute raison apparente. Ça expliquerait ce coup de vent qui n'en est pas un vrai, puisque le baromètre n'est pas trop bas. Ça expliquerait cette mer assez régulière malgré la hauteur exceptionnelle des lames. Elles déferlent en grandes plaques, mais pas trop hautes, pas en lourdes cascades comme elles feraient dans un vrai coup de vent. C'est pourquoi il y a si peu d'eau sur le pont, à part les embruns glacés qui secouent ma torpeur.

Une houle aussi haute annonce peut-être un coup de vent du secteur ouest pour demain ou pour après-demain. Et il faut courir très vite, essayer de rester à cheval sur la limite. Si c'est après-demain, je serai protégé par le Horn qui brisera la houle car *Joshua* fera déjà cap sur les Falkland en Atlantique. Mais si c'est pour demain, dans les parages des fonds de cent mètres où l'énorme houle peut se relever comme elle fait en bordure de nos plages, alors j'espère qu'il y aura au moins un peu de soleil avant Diego Ramirez, pour viser juste, pas trop loin et pas trop près. En attendant... à la cravache.

La partie basse de la trinquette est pleine de perles vivantes. Elles remontent presque au tiers de la voile, puis s'écoulent le long du boudin formé par le ris. C'est l'écume phosphorescente soulevée par l'étrave et pulvérisée dans la chaîne de moustache. En plein jour avec le soleil du bon côté, il y aurait un grand arc-en-ciel horizontal étalé à quinze mètres sous le vent de l'étrave. Ce ne serait pas plus beau que ces milliers d'astres verts qui brillent dans le demi-jour de la nuit australe. Le bout-dehors aussi en est tout plein, plus brillantes que celles de la trinquette parce que le bout-dehors peint en noir se détache net sur le fond clair de la nuit.

Çà et là, de grosses lueurs de la taille d'un ballon apparaissent dans la mer comme des vers luisants géants d'un éclat très vif. J'ai vu les mêmes dans l'alizé, souvent, et les ai suivies des yeux pendant plus de trente secondes parfois, avant qu'elles s'éteignent.

Au début, j'y voyais les yeux d'animaux étranges surgis des profondeurs. J'en avais harponné, du pont de ma seconde *Marie-Thérèse*, déçu et soulagé à la fois de ne pas remonter un calmar géant grinçant du bec au bout de mon harpon.

Bientôt minuit. Je n'ai pas sommeil. J'attends, au pied du grand mât. Je le sens frémir sous ma main pendant les surventes. Ça peut encore aller...

Je suis presque sûr que le vent diminuera car il est passé au nord-nord-ouest, preuve absolue qu'il ne s'agit pas d'une dépression. Je sais pourtant qu'il n'y a pas de preuve absolue sous les hautes latitudes. La preuve vient après, quand on est passé. Et ce n'est toujours pas une preuve.

Je me décide quand même à prendre le dernier ris à la grand-voile. Elle est minuscule maintenant avec son grand chiffre « 2 » tout près de la bôme. Je me sens mieux, mes pieds sont plus au chaud qu'il y a dix minutes.

Le mât ne frémit plus, sauf lorsque la trinquette tire dans une rafale. Pas question de lui mettre son deuxième ris, à celle-là. Le deuxième ris dans la trinquette, c'est seulement pour quand ça souffle à mort.

L'éclaircie que j'attendais sans trop oser y croire par crainte du mauvais œil. L'éclaircie des hautes latitudes ! Elle vient comme une grande lumière. Le ciel se dégage au vent, toute sa clarté recouvre le bateau et pousse dans le sud-est les derniers bancs de stratus avec la brume qui était dessous.

En quelques minutes, les étoiles ont repris le ciel. Il y a beaucoup de vent là-haut, elles scintillent très fort. Mais les cirrus sont peu nombreux devant la lune toute ronde. J'espère qu'elle sera là au passage du Horn, demain en début de nuit si tout va bien. Elle est basse, bien qu'ayant tout juste passé sa hauteur méridienne, car sa déclinaison est au nord tandis que nous sommes par 56° de latitude. Jamais je n'ai vu la Croix du Sud aussi haute, ni aussi brillante. Les deux petites nébuleuses qui se trouvent dans le prolongement de sa branche la plus longue, juste à l'aplomb du Pôle, me font penser à deux îles phosphorescentes. Pourtant le ciel ressemble à l'aube. À gauche la pleine lune, à droite le reflet de la banquise dans le ciel du Sud, et tout autour le tapis argenté de la mer qui déferle longuement.

Les boules de feu que je voyais tout à l'heure dans les lames se distinguent jusqu'à plus de cent mètres, maintenant que le brouillard est parti. Ce sont des agglomérats de plancton, non pas des yeux de calmars géants, j'ai lu cette explication quelque part. Mais je ne saurai sans doute jamais pourquoi elles lancent une telle clarté, pour s'éteindre si brusquement sans raison apparente. J'aimerais que *Joshua* en percute une dans un coup de surf. Cela ferait un formidable feu d'artifice dans la trinquette à cette vitesse.

Minuit passé. Le vent ne mollit pas. Les lames sont hautes, très hautes. La présence de la lune accentue probablement cette impression de hauteur, en laissant dans l'ombre leur face d'attaque qui reste sombre en regard de tout le blanc qui les entoure. Je devrais amener le reste de la grand-voile, et peut-être aussi la trinquette. *Joshua* marcherait encore très bien, et se maintiendrait en deçà de la bordure du trop. Mais les coups de surf sont là, stupéfiants parfois, et le loch a déjà marqué quarante-neuf milles en six heures. La vitesse limite de carène est dépassée. Et puis je ne sais pas... réduire la toile en ce moment, non. Quelque chose serait rompu. Le Horn est trop près pour permettre de réduire la toile tant que les choses vont encore, même si ça ne va plus tout à fait.

Des surventes force 9 durent quelques secondes à chaque lame, pendant le dernier tiers du versant d'attaque. Alors tout devient blanc autour, le bateau lofe d'une dizaine de degrés pendant la rafale et je serre plus fort la drisse de grand-voile. Ce dernier tiers du versant d'attaque provoque toujours cette rafale qui refuse d'une dizaine de degrés, remplit les voiles à bloc, et déclenche le coup de surf. J'ai une terrible envie d'aller sur le balcon du bout-dehors… Je n'ose pas dépasser la trinquette. Elle marque l'extrême limite de la sagesse. L'eau, dans un coup de surf, ce n'est plus de l'eau, c'est de la roche.

Les tourbillons d'écume levés par l'étrave volent quelques secondes sous le vent de la coque. Ça fait un brouillard léger suspendu aux remous d'air de la trinquette, du côté de sa face gonflée. Le tourbillon poursuit sa route et le bateau essaie de le rattraper. Il y arrive parfois pendant les descentes en surf. Jeu dangereux, terriblement exaltant dans ce monde un peu irréel. Ivresse de la vitesse… mais c'est bien plus encore.

Les oreilles me brûlent. Je remets ma cagoule, rabats le capuchon du ciré par-dessus, et le bruit de la mer devient un grondement lointain, comme quand on l'écoute dans un coquillage.

J'écoute, je sens, je cherche à travers l'invisible. Une chaleur délicieuse descend le long de ma jambe. J'en suis vaguement surpris, c'est déjà loin, ça m'a évité toutes les complications de fermeture Éclair et boutons de pantalon, qui auraient pu m'empêcher de percevoir quelque chose d'essentiel.

J'essaie de sentir la glace et le varech qui vivent dans le flou du lointain. Je sais bien que c'est impossible à une telle distance, mais j'ai besoin de chercher leur odeur pour voir plus loin que l'odeur.

Un tourbillon d'écume passe au ras de l'eau, le long du bord au vent. Conique au début, il prend la forme d'une petite vague au moment où un remous de l'étrave le dévie sur la droite. La nuit est si claire que je la vois changer encore de forme. *Joshua* court après dans un coup de surf qui l'a fait beaucoup embarder sur la droite, à la poursuite du petit fantôme. Embarder à l'abattée... pas au lof comme il aurait dû.

Une rafale. *Joshua* lofe avec plus de gîte cette fois. Le bout-dehors plonge pendant le coup de surf en diagonale et l'eau solide gronde sur le pont. Je tiens dur l'étai de trinquette. Bottes pleines. La petite girouette est toujours là, elle a sûrement trempé dans la mer pendant le coup de gîte mais n'a pas cassé. Je lui envoie un baiser.

Une lame approche, assez haute, toute claire au sommet, noire en bas... et vroouuu... la quille ne dévie presque pas pendant les vingt à vingt-cinq mètres. Une grande gerbe s'élève de chaque côté de l'étrave, monte très haut, remplie de tourbillons que le vent rabat dans la trinquette et même un peu dans le tourmentin.

J'écoute. Un coup de surf mal emmanché dans la nuit claire... et mon bel oiseau des caps poursuivrait sa route en compagnie des fantômes de l'écume et des beaux voiliers qui passaient là autrefois, guidé par une mouette ou un dauphin. Je ne sais pas encore ce que je préférerais, une mouette ou un dauphin ?

Joshua fonce vers le Horn sous l'éclat des étoiles et la tendresse un peu lointaine de la lune. Les perles coulent de la trinquette, on voudrait les prendre dans la main, ce sont de vraies pierres précieuses qu'on garde dans les yeux seulement et le sillage serpente très loin derrière jusqu'en haut de la pente des lames comme une langue de feu.

Les voiles au bas ris se découpent dans le ciel clair de leur plus haute latitude, avec la lune qui fait briller la mer sur le travers de l'arrière. Le reflet blanc des glaces dans le Sud. Les larges plaques verdâtres de l'écume sur l'eau. Les lames pointues semblables à des dents qui masquent l'horizon, le grondement sourd de l'étrave qui lutte et joue avec la mer.

Toute la mer est blanche, tout le ciel est blanc. Je ne sais plus très bien où j'en suis, si ce n'est que nous courons depuis longtemps au-delà des frontières du trop. Mais jamais je n'ai senti mon bateau aussi fort, jamais il ne m'avait donné autant.

Je n'ai pas quitté mon ciré depuis hier matin, mon pull est mouillé au col et aux manches, mon pantalon trempé dedans et je n'ai avalé que deux boîtes de sardines pour dîner. Et je n'éprouve aucune fatigue, aucune lassitude, comme lorsqu'après un long effort en natation, l'esprit commence à flotter au-dessus du corps. Mille mètres, mille cinq cents, deux mille, deux mille cinq cents… ensuite on perd le compte des bassins, on évolue en bordure d'une chose diaphane où la chair et ce qu'il y a dedans se rapprochent pour effleurer ensemble une autre dimension. Et il ne reste alors ni air ni eau ni effort ni fatigue.

Les souvenirs de mon enfance reviennent en vagues chaudes, je les chasse doucement, ce n'est pas le moment. Ils reviennent, s'en vont gentiment quand je leur dis de me laisser seul ce soir avec le Horn, reviennent encore me caresser avec une tendresse infinie… les longues courses pieds nus dans la forêt d'Indochine avec mes frères pour le miel sauvage… les piqûres d'abeilles… les chasses au lance-pierres… la mer du golfe de Siam avec nos fines pirogues... c'est étrange, ce ciel de l'Indochine et celui du Horn, si près, à se toucher.

Le balcon du bout-dehors tout entier disparaît sous les embruns dans un coup de surf fantastique où la lune réussit un arc-en-ciel tout pâle à gauche de l'étrave pendant une fraction de seconde. *Joshua* a rebondi, un peu comme un dériveur léger, et on aurait dit que la carène avait touché quelque chose de dur à cause du son qu'elle a rendu. Je rabats mon capuchon, retire ma cagoule et la bourre dans la poche ventrale du ciré.

L'air est glacé. J'écoute. Je sens de toutes mes forces avec une lucidité effrayante qu'il faut réduire la toile, ralentir, ne plus surfer. Et en même temps il y a cette chose que je perçois en moi, cette chose qui chante, et que je voudrais entendre encore, plus loin encore, la grande onde lumineuse où l'on nagerait l'éternité. Revenir au pied du mât... revenir absolument... ne plus jouer avec les fantômes de l'écume et les mouettes et les dauphins... revenir vite au pied du mât pour amener la grand-voile et tenir ferme mon bateau et ma raison.

« La mer grossit encore. J'amène l'artimon pour limiter les coups de surf. »

17

Un jour… une nuit…

Le vent diminue, la vitesse aussi. J'ai l'impression de sortir d'un rêve. Je regrette un peu d'avoir amené la grand-voile. On oublie vite…

Il se peut que les lames déferlent bientôt de façon dangereuse, comme souvent lorsqu'une forte brise s'apaise après avoir levé une grosse mer. À Bonne-Espérance, elle s'arrondissait aussitôt que le vent baissait d'un cran. Ici, je ne sais pas encore. Ce sera peut-être la même chose. Peut-être le contraire. Ici, trois ans plus tôt, elle s'apaisait dès que le vent diminuait. Mais il faudrait passer dix fois le Horn pour savoir exactement… et encore.

Je descends tapoter le baromètre et suis surpris qu'il ait nettement baissé pendant ce coup de vent qui n'en était pas un vrai, puisque sa direction n'a pas varié après l'éclaircie : toujours entre nord-ouest et nord-nord-ouest. Curieux, cette baisse de 10 mm.

Je remonte flairer la nuit, après avoir allumé le réchaud pour le café. Le vent est tombé à force 6. Ce ne sont plus des dents qui se profilent sur le ciel, mais de belles dunes argentées. La grand-voile me regarde, ferlée serré, bien proprement. L'envoie ?… l'envoie pas ?… Finalement, je largue un ris à l'artimon. C'est la solution simple et sage.

Coup d'œil sur le loch. Je tiens la torche électrique dans la bouche pour garder les mains libres. La vitesse est passée de 6 nœuds à 6,6 nœuds grâce au ris largué dans l'artimon. Ça va. Pas trop lent, pas trop rapide non plus. En cas de grosse déferlante provoquée par je ne sais quoi, la grand-voile restera à l'abri et ne pourra pas causer d'avaries dans le gréement. Je la renverrai dans deux heures s'il n'y a pas de coup fourré entre-temps.

Plus de dauphins, plus de mouettes, plus de fantômes. J'ai repris complètement la situation en main. Pas question de circuler sans harnais, il suffirait d'un coup vicieux, et flac !... comme une balle dans la tête, plus personne sur le pont.

Je descends me faire un café. Je le bois lentement, les deux mains serrant la moque chaude. Bon Dieu que c'est bon. Je ne savais pas que mes mains avaient tellement froid. Et elles sont toutes boursouflées pour avoir macéré si longtemps dans l'humidité à l'intérieur des gants.

Pas moyen de rester en place. Je remonte voir. On peut quand même circuler sans harnais, la nuit est si claire qu'il faudrait être le dernier des abrutis pour se laisser surprendre... *Fais pas l'idiot, garde le harnais*... Bon, d'accord, je le garde. Mais avec un seul mousqueton, et uniquement quand je reste sans bouger dans le cockpit, pas quand je me promène entre le bout-dehors et l'artimon.

Encore un coup d'œil au loch avant de pointer la position estimée sur la carte et de dormir un peu. On a rudement bien marché depuis hier midi, presque 8 nœuds de moyenne sans parler du courant favorable qui devrait faire son petit nœud gentil-

gentil. L'île Horn est à cent trente milles à tout casser, et il est presque 2 heures du matin. On tâchera de renvoyer bientôt la grand-voile pour que cette belle moyenne ne tombe pas à plat. Et si tout se passe bien, le Horn sera sur l'étrave au coucher du soleil. Je descends dormir un moment.

Le clair de la nuit et des étoiles est passé. Le jour se lève. Je n'ai pas vu l'aube. Je me dépêche d'envoyer la grand-voile et de larguer les ris, sauf celui de la trinquette qui est difficile à prendre quand ça cogne. Il y a de la joie et du soleil plein le ciel. Je n'ai pas vu l'aube, mais je sais que la journée sera belle.

Toute la mer est bleue. Elle devrait être verte d'après les *Instructions nautiques*, à cause d'un certain plancton qui donne aux eaux du Horn une couleur vert bouteille. Mais elle est bleue et c'est ainsi.

Le soleil monte. Le vent augmente, et la grand-voile se retrouve au bas ris. Le vent augmente encore en reculant progressivement du nord-ouest à l'ouest-sud-ouest. Il faut amener la grand-voile et mettre l'artimon au bas ris, lui aussi.

Le baromètre n'a pas baissé davantage depuis le coup de vent de la nuit passée, et il n'est pas bien bas pour la région. Il y a un soleil extraordinaire. Mais le point de midi m'apporte une déception, avec cent soixante et onze milles à peine marqués dans les dernières vingt-quatre heures. Je m'attendais à vingt milles de mieux.

Diego Ramirez est encore à quarante-sept milles. Le Horn ne sera donc pas passé avant la nuit, qui viendra vers 10 heures du soir.

La mer devient très grosse, très longue, très haute sous le vent qui souffle force 9 depuis la méridienne. Observé de la première barre de flèche, le spectacle est saisissant avec l'artimon minuscule devant ces lames qui semblent souvent sur le point de tout capeler. Les masses provoquent sûrement un effet hypnotique. On regarde, on regarde, on regarde… Je suis vaguement inquiet, mais je sens aussi qu'il n'y a pas de vrai danger grâce au courant assez fort (1,5 nœud en principe) qui va dans le sens du vent, de sorte que les lames sont régulières. De plus, la côte est trop proche sur la gauche (quarante milles) pour qu'aucune houle secondaire vienne de là. Pourtant la mer est grosse, vraiment grosse. Elle avance en hautes et longues crêtes presque horizontales sauf les mamelons annexes et les crevasses, mais plus du tout comme les dents pointues ou les dunes irrégulières de la nuit passée.

Parfois une crête plus haute que les autres devient un mur liquide dont le soleil pénètre en biais le sommet translucide en lui donnant des reflets bleu-vert. On dirait alors que la mer a envie de changer de robe. Mais le reste demeure d'un bleu profond où les nuances se fondent à chaque instant dans d'autres tons de bleu, comme une grande onde musicale en perpétuelles vibrations. Et le blanc ruisselle sur la pente, irisé d'une infinité de bleus, où le vert transparaît aussi dans de brefs miroitements. De loin en loin, une parcelle du mur se détache du sommet, bascule en avant, et ça fait un énorme grondement qui rebondit en cascade.

Le vent souffle aussi fort, toujours de l'ouest-sud-ouest. Le soleil passe lentement sur l'arrière. Les reflets verts disparaissent, les bleus deviennent presque violets. De lourds nuages frangés de rose loin dans le nord me disent où est la terre, mais je suis heureux de ne pas la voir en ce moment, sa place n'est pas ici.

La mer grossit encore. J'amène l'artimon pour limiter les coups de surf. On ne peut jamais prévoir exactement ce qui se passera pendant un coup de surf sous les hautes latitudes. Le bateau a l'air tellement heureux qu'on peut craindre de le voir inventer quelque chose de nouveau. Je me demande comment j'ai pu oser aller si loin la nuit dernière. Ivresse des grands caps...

Debout sur le balcon du bout-dehors, je cherche la tache bleutée de Diego Ramirez parmi les plaques blanches qui scintillent à l'horizon. La ralingue du tourmentin caresse mon poing ganté qui tient ferme la draille. Ça me fait doux. J'avais tellement harcelé le maître voilier au sujet des renforts qu'il m'avait donné l'adresse de son concurrent pour que je lui foute la paix. Alors j'avais senti que c'était comme une religion, j'avais repris mon tourmentin et fait moi-même le renfort du point d'écoute afin que la cosse ne s'arrache jamais, quoi qu'il arrive. Et maintenant il est là, il ramasse tout le vent qui passe et caresse mon poing ganté en poussant de toute sa petite force.

Je n'ai rien mangé ce matin, rien mangé à midi. Ce n'est ni paresse ni nervosité. Simplement, je n'ai pas envie. Les pingouins et les phoques restent un temps considérable sans nourriture pendant la période des amours. D'autres animaux en font autant lors des grandes migrations. Et il y a au fond de l'homme ce même instinct puissant qui le pousse à dédaigner la nourriture, comme font les bêtes dans les choses graves de leur vie.

Je regarde cette mer formidable, je respire ses embruns et je sens s'épanouir ici dans le vent et l'espace une chose qui veut l'immensité de l'univers pour s'accomplir.

Diego Ramirez naît enfin, petite vie bleu foncé sur l'horizon incertain. Et chaque fois que *Joshua* est porté par une crête, la petite vie apparaît plus nette. Et chaque fois, c'est comme le flash d'un phare tout au fond de mon cœur.

Le soleil est proche de l'horizon, avec Diego Ramirez toute petite de nouveau, profilée en traits nets, loin derrière. Le vent a beaucoup molli, force 6 à 7. La mer s'est arrondie, son grondement a diminué peu à peu. Maintenant on n'entend plus que les bruits du bateau dans la mer.

Le Horn est tout près, une trentaine de milles à peine, invisible sous les gros cumulus qui cachent les montagnes de la Terre de Feu. Parfois il me semble distinguer vaguement quelque chose à une main sur la gauche de l'étrave. Et Diego Ramirez qui était toute ma vie quand je l'ai vue naître quelques heures plus tôt est déjà un beau souvenir de la route du Sud.

Dessin de l'auteur

Le soleil s'est couché. Tout le ciel se prépare pour la nuit. Les premières planètes apparaissent. La lune se lèvera dans une heure. Elle se lèvera vraiment car l'horizon est clair de son côté aussi. Clair devant, clair derrière, clair à droite et clair en haut. Déjà les étoiles, presque invisibles encore. Elles seront grosses tout à l'heure. Cette limpidité du ciel est exceptionnelle ici, elle a déjà duré plus de quinze heures. Et le baromètre est clair comme le ciel, presque sans un frisson.

Il fait nuit, une nuit pleine d'étoiles. Mon corps épuisé repose sur la couchette, mais je suis tout entier dans le gréement et dans les voiles pour écouter la mer, palper l'air qui devient plus frais avec les étoiles, palper le vent qui s'apaise encore et me dit que la nuit sera vraiment belle.

Tout s'étire, tout se fond. La grande vague me berce. Un dernier regard lucide : sonnerie réglée pour 1 heure du matin… la route fera passer à vingt milles du Horn… je serai sur le pont bien avant pour le cas où… mais le vent n'augmentera pas et ne tournera pas au sud-sud-ouest, ni même au sud-ouest… *Dors, petit frère, dors, tu as fait tout ce qu'il fallait faire, c'est à moi maintenant de veiller sur toi…* La grande vague me recouvre, légère, et je vois ce petit îlot que j'avais découvert avec mes frères dans notre enfance du golfe de Siam. Sa minuscule plage de galets face à la mousson de sud-ouest, son autre plage en sable blanc, minuscule aussi, du côté de la mousson de nord-est. Ni eau ni fruits. Seulement les crabes et les bigorneaux, alors nous apportions l'eau avec nous dans nos pirogues et nous mangions les crabes et les bigorneaux, et c'était le bout du monde, notre îlot tout pur, tout vert, ses arbres d'Indochine, ses rochers noirs, ses galets d'un côté, son sable blanc de l'autre, et partout le soleil de la mer et de la forêt, le soleil des grands voyages de découverte. Beaucoup de mousson plus tard pendant un voyage de Kampot à Rachgia sur ma grande jonque pleine de sucre en jarres et d'un peu de contrebande, j'avais planté trois cocos germés et un noyau de mangue pour qu'il y ait aussi de l'eau et des fruits sur l'îlot de notre enfance. Un cocotier pour chacun de mes frères et le manguier pour moi. Ils ont vingt-cinq ans maintenant, si rien ne les a détruits... *Dors tranquille, petit frère, je viens d'aller voir... il y a une jonque de Kampot mouillée court devant la plage de galets avec sa voile à antenne bien roulée, et trois pêcheurs sous les cocotiers. Il y a aussi un jeune garçon qui tire au lance-pierres sur les nids que les fourmis jaunes ont cousus avec les feuilles de ton manguier...* La grande vague m'enveloppe et me caresse, je dors et je ne le sais pas.

Je vois un phare dans la nuit, il clignote entre les vagues et je m'éveille lentement. La lune entre par le hublot bâbord, frôle mes paupières, descend vers le menton, revient sur mes yeux juste une fraction de seconde, s'en va regarder ce qu'il y a sur le réchaud, revient effleurer mes yeux, insiste doucement, repart, revient sur moi.

Je reste étendu sans bouger. J'écoute. Le vent a diminué encore. Tout à l'heure, il faisait un chuchotement léger sur le bord du panneau entrouvert, comme une conversation à mi-voix. Maintenant aussi, mais plus bas. Les bruits de l'eau ont changé, eux aussi. Et il y a un léger roulis sur tribord qui n'existait pas quand je me suis couché. J'essaie de deviner si le roulis vient de ce que le vent appuie moins sur les voiles, ou bien s'il s'agit d'une différence de cap. Mais je ne comprends pas, puisque la lune est à la bonne place dans le ciel. Elle ne pourrait pas entrer par le hublot comme elle fait en ce moment si le cap avait changé vers la côte. Le roulis dit qu'il a changé vers la côte et la lune dit le contraire. Je cherche qui a raison, en tâtant avec mes sens. J'ai le temps, il n'y a pas de danger. S'il y avait danger, le combat de la houle avec la côte emplirait la cabine de son grondement. Et je n'entends que le murmure de l'eau sur la carène, un murmure qui sort des entrailles de *Joshua* et me dit que tout est bien malgré la dispute entre la lune et le roulis. Je ne veux pas éclairer le compas pour savoir, il faut que ça vienne tout seul.

Oui, c'est bien ça, la lune a raison, et le roulis a raison, et *Joshua* a raison. Je n'ai pas besoin de regarder ma montre pour savoir que je n'ai pas entendu la sonnerie de 1 heure. Et je n'ai pas besoin d'éclairer le compas pour savoir que le vent est passé au sud-ouest et que le bateau a incliné sa route de 15° environ vers le Horn. Et je sais exactement où est le Horn : il est à quinze milles, juste sous la lune, à quelques doigts près, je peux le voir sans quitter ma couchette. Pas le voir vraiment, car quinze milles sont quinze milles, même par nuit claire, et il y a presque toujours, même par beau temps, des nuages sur les reliefs de cette côte. Je sais aussi que *Johua* est en Atlantique depuis une heure environ puisque la lune a voyagé à peu près de 10 à 15° dans l'ouest de sa méridienne et que le Horn est juste dessous à quelques doigts près, ne l'oublions pas.

Je m'étire, je me lève. Je jette quand même un coup d'œil sur l'avant par le hublot. Je sais bien qu'il ne peut pas être devant l'étrave… mais ça fait partie des choses toujours possibles en mer. Rien, bien sûr. Et je sens la présence de cette chose colossale à quinze milles sur notre gauche. Je regrette de n'avoir pas entendu le réveil, quand il a sonné il y a une heure. J'aurais modifié le cap pour passer tout près. Maintenant les jeux sont faits, le Horn est sur l'arrière du travers, nous sommes en Atlantique et il ne faut pas traîner dans le coin. En ce moment, c'est beau, dans douze heures ce sera peut-être très mauvais, mieux vaut être loin quand ce sera mauvais. Je me sens gai, joyeux, ému, j'ai envie de rire, de plaisanter et de prier tout ensemble.

Encore un long regard sur l'avant par le hublot, pour les icebergs. Je ne m'en étais pas inquiété vraiment jusqu'ici. En principe il n'y en a pas si près du Horn. Je sors la tête par le panneau pour mieux voir. J'aimerais qu'il y en ait un, il serait comme phosphorescent sous ce clair de lune... mais ensuite je ne dormirais plus pendant deux semaines.

L'air est froid, vent force 5 seulement. Je regarde à bâbord vers le Horn. Rien. De toute manière, nous serions trop loin pour le voir. Un petit nuage sous la lune, et de gros nuages à sa gauche. Dommage... on le verrait peut-être, même à cette distance, l'air est si pur.

Mes oreilles commencent à picoter. Je referme le panneau. J'allume le réchaud, pose la bouilloire dessus. Mes gestes sont lents, mesurés, comme s'il ne s'était rien passé. Comme si *Joshua* ne venait pas de retrouver l'Atlantique, avec ses trois grands caps dans le sillage.

Non... pas tout à fait trois caps, la mer reste la mer, et il ne faut jamais l'oublier. Bonne-Espérance a été passé pour de bon une semaine après son point géographique, cinq cents milles plus loin.

Leeuwin était vraiment derrière à la seconde même où les deux dauphins nous ont quittés après le dernier danger de la Nouvelle-Zélande, à deux mille cinq cents milles du cap Leeuwin. Et le Horn sera dans le sillage quand les Falkland y seront aussi, pas avant.

Car la géographie du marin n'est pas toujours celle du cartographe pour qui un cap est un cap, avec sa longitude et sa latitude. Pour le marin, un grand cap représente un ensemble à la fois très simple et extrêmement compliqué de cailloux, de courants, de mers déferlantes et de mers belles, de jolies brises et de coups de vent, de joies et de peurs, de fatigues, de rêves, de mains qui font mal, de ventre vide, de minutes merveilleuses et parfois de souffrance.

Un grand cap, pour nous, ne peut pas être traduit seulement en longitude et latitude. Un grand cap a une âme, avec ses ombres et ses couleurs, très douces, très violentes. Une âme aussi lisse que celle d'un enfant, aussi dure que celle d'un criminel. Et c'est pour ça qu'on y va.

J'enfile mes bottes pour aller faire un tour de pont. La routine. La routine, mais aussi, mais surtout, la religion des nuits de mer, où mon bateau est la plus belle constellation.

Le petit nuage qui était sous la lune est parti vers la droite. Je regarde... « Il » est là, tout près, moins de dix milles, juste sous la lune. Et il n'y a plus rien que le ciel et lui, le ciel qui permet à la lune de jouer avec lui.

Je regarde. Je n'arrive pas à y croire. Si petit et si grand. Un monticule pâle et tendre dans le clair de lune, un rocher colossal, dur comme le diamant. Le Horn, c'est long, toute la Terre de Feu depuis

50° de latitude Pacifique jusqu'à 50° de latitude Atlantique. Pourtant c'est ce rocher posé seul sur la mer, seul sous la lune, et qui porte toute la grandeur des glaciers, des montagnes, des canaux, des icebergs, des coups de vent et des belles journées de la Terre de Feu, l'odeur du varech, les couleurs de toutes les aurores australes et la sérénité inaccessible des grands albatros aux ailes immenses qui planent au ras de l'eau sans bouger une plume, dans les creux et sur les crêtes, et pour qui toutes choses sont égales.

La bouilloire m'appelle en sifflant. Je souris. Peut-être bien qu'elle a sa petite âme, elle aussi, depuis le temps qu'elle est avec nous.

Je descends, je me sèche bien les mains, je me roule une cigarette et la fume lentement avec un café brûlant. Des milliers de petites choses chaudes traversent tout mon être. Je monte un peu la mèche de la lampe à pétrole et les ombres s'animent. Je monte encore un peu la mèche et mon petit univers luit doucement dans la demi-pénombre. Je revois mon aurore australe avec les yeux du dedans, telle que je l'avais vue l'autre nuit dans le ciel. Il paraît que c'est un phénomène magnétique parfaitement expliqué, une histoire d'ionisation de je ne sais quoi dans la stratosphère. Pour moi, ce n'est pas mieux expliqué que le feu, la fleur rouge et jaune et qui danse, et que Mowgli nourrissait des brindilles de la forêt pour qu'elle ne meure jamais.

Je prends le globe du *Damien* et regarde longuement l'immense boucle tracée depuis le départ. Plymouth si près, dix mille milles à peine vers le nord… mais partir de Plymouth pour rentrer à Plymouth, c'est devenu au fil du temps comme partir de nulle part pour aller nulle part. C'est formidable, ce petit globe que je tiens dans mes mains !

Et nous sommes seuls, mon bateau et moi. Seuls avec la mer immense pour nous tout seuls.

IV

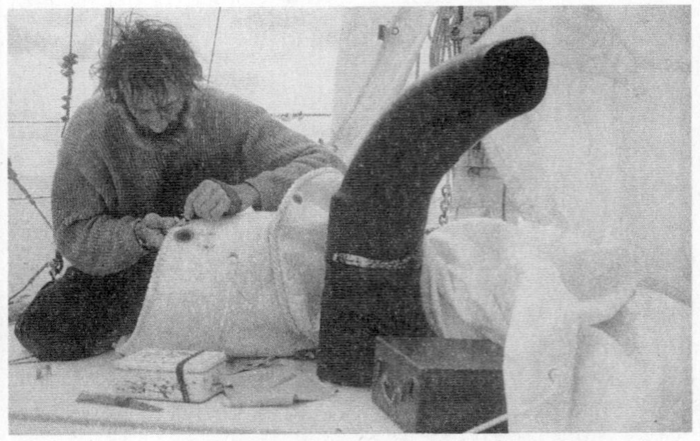

Couture de la voile par calme plat.
On peut remarquer la chambre à air servant d'aérateur, la boîte du sextant, l'Opinel et la boîte à biscuits servant de boîte à couture fermée par un morceau de chambre à air.

18

Rêves vrais... et faux rêves

Où est Nigel ? Où est Loïck ? Où est Bill King ? Et Knox-Johnston ? Est-ce vraiment lui dont les trois pêcheurs de Hobart ont entendu parler ? Je n'ai de nouvelles de personne depuis si longtemps. Plus de six mois sans savoir où sont les copains de la longue route...

Le Horn est déjà à treize cents milles sur l'arrière, et dans trois jours *Joshua* se trouvera hors de la zone où il pourrait encore rencontrer un iceberg. Mais où sont les autres ? C'est surtout à Nigel que je pense, tellement vulnérable sur son trimaran. Ces trucs-là, ça peut chavirer, et tu peux toujours courir pour les redresser. Ça peut casser aussi. Cinq multicoques perdus l'an dernier dans les eaux australiennes, quinze morts, aucun rescapé.

Loïck et moi avions essayé de persuader Nigel d'emporter une bonne grosse scie bien affûtée, solide, avec beaucoup de voie afin qu'elle ne coince pas dans le bois mouillé. Ça lui aurait permis de couper l'un des bras en cas de chavirage et de continuer ensuite tranquillement vers une île du Pacifique, sur un flotteur transformé en pirogue. Un flotteur de trimaran, ça fait une jolie pirogue, et ça doit pouvoir marcher très bien à la voile. Alain

Brun et Jean Pélissier avaient construit un petit radeau en pleine mer, avec les morceaux du grand radeau d'Erick de Bishop qui coulait.

Pierre Auboiroux aussi avait construit un radeau miniature dans le cockpit de *Néo-Vent*, avec des jerricans et un châssis découpé dans ses tangons de foc, pour pouvoir sauver sa peau dans l'océan Indien, alors que son bateau était sur le point de couler.

Mais Nigel ne voulait pas entendre parler de notre scie grand modèle, il croyait qu'on plaisantait. On ne plaisantait pas, Nigel était notre copain et on voulait le revoir. Il avait quand même acheté une combinaison de plongée pour pouvoir travailler dans l'eau glacée sans en mourir immédiatement. En plus, il avait consenti à prendre un second canot gonflable de survie. Comme ça, si le canot amarré dehors à l'arrière était arraché par une déferlante, il resterait un canot à l'intérieur, près de la descente. Et si *Victress* se faisait retourner comme une crêpe sans que le canot de dehors se détache, Nigel l'aurait sous la main sans avoir besoin de plonger dans le noir. Mais où est-il maintenant ? Comment vont les autres ?

Moi, ça va. Mais j'ai traversé une mauvaise passe après le coup manqué des Falkland. J'étais très fatigué par l'énorme tension nerveuse liée au passage du Horn et je tenais à peine debout quand *Joshua* est arrivé en vue du phare de Port Stanley à l'entrée de la calanque, le 9 février, quatre jours après le Horn.

Je voulais attirer l'attention par des signaux de miroir et remettre alors un message au pilote, pour qu'il signale au Lloyd's le passage de *Joshua*. Famille et amis auraient été tout de suite rassurés.

Mais c'était un dimanche, le phare semblait vide, personne n'a répondu aux petits éclats de mon miroir. Le vent était dur depuis le matin, en plein dans le nez vers la fin. J'avais lutté longtemps, un brouillard devant les yeux par moments, pour essayer d'atteindre au moins l'entrée de la calanque.

On peut ou on ne peut pas. Mais la limite est floue parfois. J'aurais pu... mais ensuite il restait encore seize milles à faire dans la nuit et dans les courants de marée pour atteindre Port Stanley, tout au fond de la calanque. Avec des rafales à vous coucher, et des trous de calmes redoutables quand il faut faire parfois du rase-cailloux. Tout cela pour demander par haut-parleur ou d'un coup de lance-pierres à un gars endormi, et peut-être fin saoul ce dimanche, qu'il veuille bien me signaler au Lloyd's. Ensuite, ressortir de la calanque en vomissant de fatigue. Et la lune ne serait plus là pour me dire le chemin.

Trop de risques, des lucioles qui commencent à danser devant mes yeux. Je connais ça. On s'obstine, non plus par volonté mais parce que le cerveau est figé, comme mort, dans la direction des lucioles. On les suit toujours et... le beau voyage se termine sur un rocher à fleur d'eau. C'était trop bête, après trois caps en beauté sur la même lancée.

Tout ça, j'avais pu le voir distinctement dans un éclair de lucidité, je m'étais cramponné à l'éclair et avais mis vite à la cape, à un mille du phare, loin du danger. Me reposer un peu, me laisser bercer doucement par mon bateau redevenu calme dans ce vent de dingue qui soufflait force 7 bon poids sur le dur clapot du courant de marée. La cape, c'est vraiment ce qu'il y a de mieux quand on ne sait plus que faire : on vire sans toucher aux écoutes, on laisse le foc à contre, on met la barre dessous, on s'allonge dans le cockpit en fermant les yeux, et on voit alors les choses comme elles sont… l'énorme fatigue accumulée ces derniers temps avec le Horn, le petit coup de vent pas méchant sur le banc Burdwood le lendemain – pas méchant, mais avec la hantise d'un iceberg échoué sur les petites profondeurs –, la veille de nuit et de jour, l'atterrissage sur les Falkland avec un point attrapé par les cheveux, la brume, la fatigue qui devient immense, s'en va brusquement, vous renvoie au tapis avec plein d'étoiles dans le crâne.

La cape permet de tout revoir dans l'ensemble et le détail pendant que le corps, les nerfs, le cerveau se détendent, retrouvent le rythme simple de la mer. Après un petit quart d'heure bien tranquille à rêver, tout était redevenu clair, tout avait retrouvé son juste poids. Et j'avais choqué les écoutes pour laisser Port Stanley dans le sillage, je m'étais lové dans ma couchette, j'avais tout oublié, baromètre, vent, mer, bateau, voyage, tout. Plus rien que le grand repos, la seule porte ouverte. Je ne m'étais même pas levé une seule fois dans la nuit, la grosse enveloppe fourrée contenant les lettres de mes amis cap-horniers saurait guider *Joshua* au large des icebergs, s'il s'en trouvait un sur la route. Plus rien que le bruit de l'eau et du bateau que j'entendais au fond de moi.

Le lendemain, j'ai su vraiment à quoi ressemble l'épuisement. Un grand vide qui remet tout en question. Heureusement, il fallait de toute manière continuer vers le nord-est pendant une dizaine de jours pour nous dégager de la zone des glaces. Alors, j'ai mis à la « cape morale » en attendant. C'est en lisant Monfreid, tout gosse, que j'avais appris ce truc de la cape morale : ne plus penser, ne plus agir, ne rien

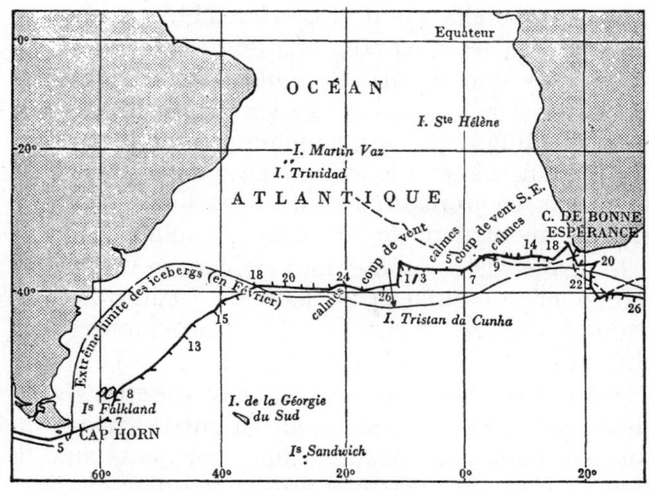

Du 5 février au 26 mars 1969

déçider, laisser faire le temps qui apaise tout. Le point, la tambouille, une bonne tambouille soignée, en bavardant avec le réchaud et les casseroles, en leur demandant des tas de conseils, de longues siestes, de bons bouquins, me rendormir après quelques pages, monter trois ou quatre fois par jour en tête de mât pour chercher les icebergs inexistants et contempler l'immensité, mon yoga matin et soir… que j'oubliais de temps en temps… Ne penser ni à Plymouth, ni au Pacifique, ni à rien. Alors les toxines de la fatigue ont quitté peu à peu mon cerveau et la question de la route à suivre ne se pose plus.

Encore quelques jours vers le nord-est pour en finir avec la zone des glaces, et je pourrai mettre le cap à l'est, vers Bonne-Espérance, Leeuwin et le Pacifique.

Nous voilà déjà loin du Horn, bien qu'encore dans la zone où une rencontre avec les glaces ne serait pas impossible. Pourtant la mer s'est beaucoup réchauffée, la brise a perdu ses dents depuis les hautes latitudes, elle est même un peu molle parfois, et il y a du calme aujourd'hui. La température était de 8° aux environs du Horn, douze jours plus tôt. Elle est maintenant de 25° dans la cabine.

Je profite de ce calme pour descendre vérifier la carène, en combinaison de plongée. L'eau n'est pas vraiment froide, mais elle n'est pas chaude non plus.

Beaucoup d'anatifes. Ils ont poussé serré, de la taille d'une phalange, sur toute la partie arrière, et auraient nettement ralenti *Joshua* par petits airs. Il y en a aussi une variété que je ne connaissais pas, sans coquille, mesurant jusqu'à quinze centimètres de long. J'ai presque envie de les manger en vinaigrette pour varier l'ordinaire mais je crains un empoisonnement provoqué par la peinture sous-marine toxique, dont ils semblent se régaler. Je crois que les meilleures antifouling restent sans grand effet sur les anatifes, j'en avais trouvé sur toutes les carènes de yachts à la Martinique, après une traversée de l'Atlantique.

Mes anatifes géants ne prolifèrent que dans le voisinage immédiat des anodes en zinc de la partie arrière, et aux emplacements qui n'ont pu être peints à l'antifouling, sous la quille. Je racle doucement tous ces indésirables grands et petits avec un couteau à mastic, en prenant bien soin de ne pas abîmer la peinture.

Aujourd'hui, c'est comme la mi-temps d'un long match, une récréation spéciale. Je n'étais jamais resté tant de mois sans nager. C'est bon de retrouver cette grande-chose où le corps se repose, délivré de toute pesanteur. La crainte des requins ne me hante pas. Il m'est arrivé d'en voir, mais rarement, et jamais pendant mes très nombreuses séances de natation dans les mers chaudes. J'ai nagé des kilomètres en périodes de calme ou de faibles brises, depuis mon premier départ d'Indochine sur *Marie-Thérèse*. Quand je le fais par faible brise, je reste très près de l'étrave et un peu sous le vent, paré à remonter par la sous-barbe si le petit souffle augmentait de façon inquiétante ou si un requin faisait son apparition. Avec ma première *Marie-Thérèse* (sans bout-dehors), je nageais contre le bord sous le vent, au point le plus bas du pont, pour les mêmes raisons. Je laissais très rarement traîner un cordage sur l'arrière, puisque je pouvais faire des pointes de cinquante mètres en moins de vingt-huit secondes à cette époque.

Un requin animé de mauvaises intentions se repère en général au premier coup d'œil, par sa nage saccadée, nerveuse, très différente de son comportement habituel plein de souplesse et d'indifférence. Mais la grande majorité des requins sont timides, apeurés par un mouvement brusque de l'homme. Sauf, peut-être, les très gros. Je les ai tant fréquentés en chasse sous-marine à l'île Maurice que nager avec cinq mille mètres sous la quille ne m'impressionne plus du tout, à condition de rester sur le qui-vive, paré à grimper en vitesse.

Lorsqu'il me faut travailler sur la carène, comme aujourd'hui, j'amène habituellement les voiles d'avant et borde plat la grand-voile et l'artimon pour limiter le roulis. En un peu plus d'une demi-heure, tout a été fait tranquillement.

Ce n'était pas le cas la nuit dernière, quand la ligne de loch s'est engagée dans le fletner à la faveur d'un calme. J'avais déjà perdu six hélices depuis le départ (ligne coupée par usure contre le plomb) et il ne m'en restait que deux en réserve dans la cale, plus celle-ci, qui serait partie avant l'aube si je ne me débrouillais pas pour la libérer. Impossible avec la gaffe, j'avais essayé pendant plus de dix minutes. Deux hélices en réserve, ce ne serait pas assez pour que le loch tourne tout le voyage, comme promis à Vion. Alors, je me suis déshabillé et j'ai plongé après de longues hésitations. Impression horrible : je sentais tous les requins du monde claquant des mâchoires autour de moi pendant que je décrochais vite vite la ligne engagée dans le fletner. J'étais de retour sur le pont en quelques secondes, mission accomplie, mais jurant qu'il fallait être complètement cinglé et que je ne recommencerais jamais plus une telle folie.

Les Polynésiens riraient bien, car ils pêchent la langouste pendant les nuits sans lune, en plongée, à l'aide d'une lampe-torche étanche. Pourtant... ils doivent savoir, eux aussi, que les requins se nourrissent de préférence la nuit.

Ce calme est bon. Le calme est toujours bon quand on a le temps. J'amène la grand-voile et révise quelques coutures qui ont lâché, par ragage contre un hauban. C'est la première fois que je reprends une couture depuis le départ. Puis je vérifie les attaches de coulisseaux, dont plusieurs sont à remplacer (les attaches, pas les coulisseaux).

En définitive, le matériel a remarquablement bien tenu depuis plus de six mois que *Joshua* a quitté terre. Tout est à peu près neuf, pas une drisse n'a lâché, je monte au moins une fois par semaine huiler le portage des poulies de mât, grâce aux petits échelons vissés aux mâts, qui rendent ce travail si facile.

Je n'ai remplacé que l'écoute de trinquette avant d'amorcer la descente vers le Horn. La carène, débarrassée de ses anatifes âgés de quatre mois et demi (je l'avais nettoyée dans l'Atlantique, après l'île Trinidad), est aussi lisse que le jour du départ.

Joshua est enfin dégagé du pointillé rouge qui marque l'extrême limite des glaces sur la Pilot Chart. Plus le moindre risque, plus de veilles, il n'y a qu'à se laisser vivre, cap à l'est vers le Pacifique. Pourtant je me sens parfois vaguement inquiet : pas une goutte d'eau n'est venue du ciel depuis bien longtemps.

Mais les jours coulent sans histoire et la lune commence à grandir de nouveau. Et nous voilà à mi-chemin entre le Horn et Bonne-Espérance.

Pendant la sieste, j'ai fait un rêve étrange. Loïck et Nicole Van de Kerchove étaient à Plymouth. C'était bien Plymouth et pourtant rien ne me rappelait ce port. Nous bavardions du voyage. Loïck me disait que son tour du monde était terminé, mais je ne voyais pas son bateau, et *Joshua* se trouvait enfermé dans un bassin. J'essayais désespérément de regagner mon bord en grimpant par-dessus un toit pour pouvoir continuer le voyage. J'étais angoissé, je criais à Loïck que mon voyage n'était pas fini, et pendant ce temps Loïck se rendait à la gare avec Nicole.

Il paraît qu'on ne peut pas voir les traits d'un mort en rêve. Loïck serait donc vivant. Cela ne m'étonne pas, il a un bon bateau et sait naviguer. Mais où est-il ? Où est Nicole ? Quand nous quittions Plymouth, elle terminait la construction de son cotre acier *Esquilo* et devait bientôt partir vers les Antilles. Où est-elle maintenant ? Où sont Bill

King et Nigel ? C'est à Nigel que je pense le plus souvent, pourtant je ne l'ai jamais vu dans mes rêves. Pourvu qu'il ne soit rien arrivé à Nigel...

J'allume le réchaud et prépare le thé. C'est un rite presque sacré après la sieste. L'émail de ma moque est tout jauni par les dépôts de la feuille d'Orient. Je me demande combien de milliers d'années il a fallu à l'homme pour découvrir les propriétés apaisantes de cette plante. Et il reste encore tant à découvrir – à redécouvrir – dans des domaines que nous ne semblons pas vouloir soupçonner.

Un jour, nous aurons de minuscules talkies-walkies à pile pas plus gros qu'un paquet de cigarettes et portant à des milliers de milles, pour que les copains puissent communiquer entre eux sans passer par les oreilles des autres... *Dis donc vieux, on est mouillés à huit bateaux dans un petit coin vraiment paisible, cinq couples ont chacun un enfant, les trois autres ont décidé de ne pas en avoir, mais c'est comme s'ils avaient chacun cinq gosses. Et nos cinq enfants uniques, ils ont quatre frères et sœurs, viens vite nous rejoindre... – Et qu'est-ce que vous faites dans ce petit coin paisible ?... – On ne fait rien, on vit, simplement, on a planté des choses dans la terre et ça pousse, des patates, des taros, de la salade, on a semé partout les graines de notre plante, les petites feuilles à cinq doigts poussent déjà ! Et on a des livres à l'échelle planétaire écrits par de vrais savants. Viens, on n'a plus besoin de prononcer le mot « fric » depuis qu'on est là ensemble, on est bien, tous au chaud, laisse les autres, t'occupe pas d'eux, les autres ils nous rejoindront un jour, ceux qui veulent, tu verras, viens !*

Le soleil se pose sur l'horizon, net, sans une bavure, rouge dans un ciel totalement dégagé. Plus tard dans la nuit, j'assiste presque au coucher de Vénus tant le ciel est limpide. J'avais pu faire mon yoga en tenue de bain de soleil intégral, avant la méridienne. La brise force 4 était douce et tiède, je la sentais entrer en moi avec le soleil.

La vie est une chose merveilleuse quand on peut la vivre vraiment, quand seul compte l'instant présent, comme pour les animaux. Je voudrais caresser les phoques et les pingouins des Galápagos.

J'écoute les bruits de l'eau, je lis, je bricole à de petites choses, je dors beaucoup. Mais tout le temps j'écoute les bruits de l'eau, quand je bricole, quand je dors, quand je ne fais rien.

Le baromètre baisse, mais c'est sans importance car tout est bien ici, toutes les choses ont retrouvé leur place naturelle.

Il y a une semaine, *Joshua* recoupait la longitude qu'il avait passée le 29 septembre. Il était en route pour Bonne-Espérance et il voulait faire le tour du monde. Maintenant, il a fait le tour du monde et il est toujours en route pour Bonne-Espérance.

Il a fait le tour du monde… mais qu'est-ce que le tour du monde puisque l'horizon est éternel ? Le tour du monde va plus loin que le bout du monde, aussi loin que la vie, plus loin encore peut-être. Quand on entrevoit ça, on a un peu le vertige, on a un peu peur. Et en même temps ce qu'on entrevoit là est tellement…

Tellement quoi ? Je ne sais pas. Plus loin que le bout du monde…

Le coup de vent est passé au sud, assez loin d'après la houle qu'il a envoyée ici. Et dans notre secteur, la brise reste douce ou modérée, force 4 à 5.

Nous longeons toujours le 40e parallèle en direction de l'orient. Le soleil se lève devant l'étrave et se couche dans le sillage, comme avant. La lune a bien grandi.

Rien n'a changé... L'espace et le temps n'existent absolument plus, comme une sorte de satellisation, avec l'horizon qui est toujours là, éternel.

Je ne sais pas encore si j'essaierai de me faire signaler en approchant Bonne-Espérance, ou si je prendrai la sage route du Sud, au large de tout. Si j'opte pour cette seconde solution, famille et amis s'inquiéteront beaucoup, sans nouvelles depuis la Tasmanie. Mais j'ai pris une telle raclée la dernière fois, avec l'abordage du cargo noir, les avaries, la fatigue, le retard !

Ne pas penser à tout cela, ça dépendra de trop de choses que je ne connais pas encore. La flottabilité de *Joshua* me laisse un peu songeur. Il s'est considérablement allégé, avec seulement cent cinquante litres d'eau dans son réservoir qui en tenait quatre cents d'habitude, et toute la nourriture consommée depuis plus de six mois. Les vivres ne posent pas de problème, il m'en reste largement. Mais l'eau ?...

J'espère n'être pas obligé de m'arrêter en Australie par manque d'eau. Je pense souvent à Bombard ces temps-ci. Il est allé vraiment jusqu'au bout de ses tripes. J'essaie parfois de l'imaginer, sur son petit canot en caoutchouc sans abri, buvant de l'eau de mer, récoltant un peu de pluie dans les grains pour essayer de faire l'appoint, harponnant des dorades pour en extraire le jus et ne pas mourir de faim. Tout cela pendant plus de deux mois de souffrances et d'angoisses, porté par sa foi et par sa vérité, alors que ceux du *Pamir* sont morts presque tous, malgré une discipline et une organisation technique qui pouvaient sembler parfaites au départ. Quatre-vingts morts en quelques jours, quelques heures parfois, après le naufrage de ce navire-école. Morts de découragement. Et si les vingt-huit gars de l'*Endurance* écrasée dans les glaces de la mer de Weddell sont tous revenus après dix mois passés sur la banquise, c'est qu'ils avaient retrouvé ce qui unit l'âme à l'essentiel, au-delà de l'épuisement et du froid polaire. Henri et José Bourdens s'en sont tirés eux aussi, sur leur radeau, avec des bouts de ficelle... et autre chose en plus[1].

Des milliers et des milliers d'alouettes du Cap volent dans ces parages depuis hier, jamais je n'en ai vu autant, ça fait de vrais nuages parfois. Si je n'étais pas certain d'avoir quitté depuis longtemps la zone des icebergs, une telle densité d'oiseaux m'empêcherait de dormir tranquille car je soupçonnerais la présence de glaces pas loin. Je regarde s'il y a des manchots. Pas de manchots. La mer serait trop chaude pour eux. S'il y avait des manchots, cela voudrait dire que des icebergs existent. Allez, va dormir, il n'y a plus de glaces !...

Voir un iceberg par beau temps ensoleillé. C'est sûrement la plus belle chose que puisse contempler un marin, ce diamant de mille tonnes posé sur la mer, étincelant dans le soleil des hautes latitudes. Ça me suffirait peut-être pour le reste de ma vie.

Le vent faiblit. Je m'occupe beaucoup des réglages de voilure, pour tirer le maximum. Mon oreille est devenue tellement sensible au langage du bateau que je parviens à déceler des différences infimes dans la vitesse. La saison avance, l'automne

1. *Croisière cruelle*, de Henri Bourdens, *Naufragé volontaire*, d'Alain Bombard, éd. Arthaud.

remplacera bientôt le bel été de ces derniers mois. Ne pas traîner en chemin si je ne veux pas arriver un peu tard en mer de Tasmanie, puis au large de la Nouvelle-Zélande. Car à partir de là, il y aura encore plusieurs semaines sous les hautes latitudes avant de pouvoir commencer à mettre du nord dans mon orient, pour Tahiti ou les Galápagos.

Laquelle des deux ? Tahiti ou les Galápagos ? Quand on a côtoyé si longtemps les grandes étendues qui vont jusqu'aux étoiles, plus loin que les étoiles, on en revient avec d'autres yeux. Alors, j'hésite entre Tahiti – et son quai solide pour frapper les amarres – et les Galápagos où il n'y a rien. Où il y a la paix. Où je pourrais reprendre tout doucement contact avec mes semblables, sans qu'ils me brutalisent, sans que je les brutalise.

Tout me parle des Galápagos avec les phoques et les pingouins qu'on peut caresser... tout me parle de Tahiti où il y a les copains avec qui on peut s'engueuler de temps en temps pour ne pas perdre la main.

La chaleur des copains... la confiance sans limite des phoques et des pingouins qui s'expriment dans un langage secret. Où est la vérité ?

Où est *ma* vérité ?

Les deux tiers de l'Atlantique sont couverts. Sur la carte, le Horn semble tout petit, minuscule, presque irréel dans les bruits de l'eau qui se font plus doux car le vent mollit encore. À peine un murmure parfois, surtout la nuit. Et la lune continue de grandir.

Je me lance dans une grande séance de trimbali-trimbala entre la cabine arrière et le carré-cuisine, pour concentrer une dernière fois tous les poids vers le milieu du bateau. Deux heures de travail tranquille. L'air est doux, pourtant je transpire plus que la normale. J'ai l'impression de me fatiguer un peu vite. Le manque d'entraînement, sans doute. À force de ne rien faire et de se laisser vivre, le moindre petit effort épuise le bonhomme.

Un jour, j'avais dit à un ami qui faisait du bateau que la navigation hauturière était la plus belle cure de sommeil que je connaisse. Il n'a jamais su si je plaisantais ou pas. Moi non plus.

Mes cheveux sont devenus si longs qu'ils font des nœuds sur le dessus de ma tête, le peigne ne peut plus y passer depuis quelques semaines. Je croyais m'être collé du goudron sur la tête en m'appuyant contre le mât d'artimon. J'ai mis beaucoup de temps à comprendre que c'étaient des nœuds, pas du goudron. Ça ne gêne pas.

Mais ce qui est vraiment étonnant, c'est que ma peau soit toujours parfaitement intacte, sans savonnage depuis si longtemps. Tiens... j'aurai fait le tour du monde sans me laver ni en éprouver le besoin puisque mon dernier savonnage remonte au pot-au-noir de l'Atlantique, et nous venons juste de passer la longitude où *Joshua* était à moitié noyé sous des trombes de pluie tiède. Cela fait pratiquement six mois ! Et toujours pas un bouton sur la peau, jamais envie de me gratter.

Hier, vent force 7 de l'ouest-sud-ouest ; mais la mer n'a pas eu le temps de se former. Elle est calme aujourd'hui de nouveau. C'est un été exceptionnel pour le 40e parallèle. Le vent tombe.

Je passe encore par-dessus bord le jerrican de vingt kilos contenant le ciment et le plâtre destinés aux réparations sous l'eau en cas de déchirure contre un iceberg. (Voir en appendice la rubrique « Réparations ».) Il n'y aura plus d'icebergs, inutile d'encombrer *Joshua* de ce poids qui prend de la place et gêne la concentration des choses indispensables. Je malaxe distraitement la motte d'argile, inutile elle aussi maintenant que le plâtre et le ciment ne sont plus là.

Étrange… cette chose douce et tiède que je pétris dans mes mains, et dont j'avais oublié la consistance. Je l'approche de mon visage. Son odeur me pénètre lentement d'abord… et ensuite je ne sais plus très bien ce qui se passe, la terre entière entre en moi, comme un éclair.

Je revois ma nourrice chinoise lorsqu'elle m'apprenait, enfant, à me coucher face contre terre quand j'étais épuisé par un effort trop violent ou que j'étais méchant. Et plus tard, quand j'ai grandi, elle me disait que la terre donne sa force et sa paix à ceux qui l'aiment et savent reconnaître son haleine.

Le vent revient très doux, la mer est calme, très calme, et l'eau le long du bord chante sur une seule note. J'écoute. Il y a des mois et des mois que j'écoute.

Est-ce que la terre vit ? Bien sûr, puisque les plantes vivent. Elles respirent, elles entendent, elles sentent, elles peuvent être heureuses ou malheureuses, comme nous. Un homme de science l'a prouvé d'un manière irréfutable. Il s'était probablement aidé d'un microscope électronique. Mais il avait ajouté quelque chose à lui, en plus du microscope électronique, sans quoi il n'aurait jamais rien compris.

J'écoute les bruits de l'eau et je pétris ma motte d'argile et je sais que la terre vit. Elle vit sur un rythme très lent, très profond, très puissant, très paisible. Un rythme trop différent du nôtre pour que nous puissions mesurer cette vie. Mais elle vit vraiment.

Le soleil chauffe doucement mon corps étendu dans le cockpit. Derrière mes paupières, je revois la terre telle que je l'aime, celle qui sent la terre, celle où l'on peut vivre. Et je revois la page la plus belle et la plus terrible des *Raisins de la colère*, où Steinbeck montre le viol de la terre par un monstre. Ce monstre qui est entré en l'homme.

Dans mon Asie natale, les gens se saluent en joignant les mains contre la poitrine, exactement comme lorsqu'on s'adresse à une divinité. Et ça veut dire simplement : « Je salue le dieu qui est en toi. »

Et dans les contes de la terre d'Asie, il y a aussi le Monstre qui essaie de tuer le dieu qui est en nous. Mais il ne peut rien lui faire tant qu'on aime la terre, parce que le dieu qui est en nous est une parcelle de terre, toute la terre le protège. Ma nourrice chinoise me disait aussi que la terre ne pouvait pas protéger ce dieu qui est en nous si on ne la respectait pas.

Elle disait beaucoup de choses encore. Je ne comprenais pas très bien tout ça, je croyais que c'étaient des contes.

Le vent revient bien frais, l'étrave gronde le jour et la nuit, tout le ciel est à moi, toute la mer est à moi, et toute la terre aussi. Je suis tellement heureux que je voudrais le dire à mes amis qui sont restés là-bas, ne pas le garder pour moi tout seul, leur dire comment c'est ici, en mer, après si longtemps. Si longtemps qu'on ne se souvient presque plus. Et c'est ça qui compte, ce qui reste quand on ne se souvient presque plus.

Les photos de mes enfants sur la cloison de la couchette sont floues devant mes yeux, Dieu sait pourtant que je les aime. Mais tous les enfants du monde sont devenus mes enfants, c'est tellement merveilleux que je voudrais qu'ils puissent le sentir comme je le sens.

J'ai trouvé un petit temple d'une époque oubliée, perdu dans la forêt, très loin. Je suis resté longtemps tout près de lui, tout seul, pour déchiffrer les signes gravés sur sa pierre. Il ne me restait plus rien des choses que j'avais emportées, je me nourrissais de racines et de miel sauvage pour pouvoir rester près du temple le temps qu'il fallait, et trouver. Alors, peu à peu, très lentement, un nom est sorti de la pierre pour me dire d'aller encore, de chercher la vraie chose à l'intérieur des choses, plus loin.

Mais comment leur dire ?

Comment leur dire que les bruits de l'eau et les bruits du silence et les bulles d'écume sur la mer, c'est comme les bruits de la pierre et du vent, ça m'a aidé à chercher ma route. Comment leur dire toutes ces choses qui n'ont pas de nom... leur dire qu'elles me conduisent vers la vraie terre.

Le leur dire sans qu'ils aient peur, sans qu'ils me croient devenu fou.

19

Le temps de choisir

25 février.

Bonne-Espérance est à deux semaines si ça continue au rythme de ces jours derniers, trois semaines au maximum.

Coup de vent modéré de nord-ouest et très forte pluie dans les grains avec des volées d'embruns. Je réussis quand même à ramasser cinquante litres d'eau, moitié de jour, moitié de nuit, soit encore vingt jours d'autonomie supplémentaire. Mais le moral n'y est plus.

Je ne sais pas comment leur expliquer mon besoin de continuer vers le Pacifique. Ils ne comprendront pas. Je sais que j'ai raison, je le sens profondément. Je sais exactement où je vais, *même si je ne le sais pas*. Comment pourraient-ils piger ça ? Pourtant, c'est tout simple. Mais ça ne s'explique pas avec des mots, ce serait totalement inutile d'essayer.

Le crachin s'est arrêté. Le soleil se lève, très pur devant l'étrave. C'est mauvais signe sous les hautes latitudes.

Je suis vraiment fatigué, pas dormi de la nuit. Il y a quelque chose de mal emmanché dans le ciel.

Le ciel est bleu partout maintenant, le vent frais, du sud-ouest, et le baromètre bien sage. Le signe de l'aube était faux. Je devrais être heureux que le beau temps soit revenu si vite. Mais je ne sais plus où j'en suis.

Françoise et mes enfants sauront-ils sentir que les règles du jeu ont changé peu à peu, que les anciennes ont disparu dans le sillage pour laisser la place à de nouvelles, d'un autre ordre ? Et ça, je ne peux absolument pas l'exprimer. Il faudrait des heures et des heures au coin du feu...

26 février.

Parcouru 172 milles. Ciel couvert et mer grise. Néant.

27 février.

Parcouru 94 milles. Ciel bleu et mer bleue. Néant.

28 février.

J'abandonne... mon instinct me dit que c'est la sagesse. Depuis une semaine, j'avais le moral en dents de scie. Je me sentais fatigué physiquement. Mon appétit avait diminué, la fatigue accumulée sous les hautes latitudes et au passage du Horn ne s'était pas vraiment éliminée.

Pendant le petit coup de vent modéré, il y a trois jours, j'avais passé la journée sur le pont pour récupérer le plus possible d'eau de pluie. Cela m'avait épuisé. Ce n'était qu'un coup de vent très modéré, pas plus de force 8, de l'arrière. Pourtant j'avais les jambes comme du coton, et je me souviens m'être

28 Février

J'abandonne ... mon instinct me dit que c'est la sagesse. Depuis une semaine, j'avais le moral en dents de scie, car je me sentais fatigué, physiquement. Mon appétit avait diminué, la fatigue accumulée sous les hautes latitudes et au passage du Horn n'était pas vraiment éliminée. Pendant le petit coup de vent modéré, il y a trois jours de cela, j'avais passé la journée sur le pont pour récupérer le plus possible d'eau de pluie. Cela m'avait épuisé, ce n'était qu'un coup de vent très modéré, pas plus de force 8, au vent arrière, pourtant, j'avais les jambes comme du coton et je me suis posé cette question : pourras-tu tenir encore quatre mois jusqu'à Tahiti, dont trois sous les hautes latitudes, avec encore deux grands caps à passer, et des coups de vent qui ne seront plus des coups de vent d'été ?* Souviens-toi de Tahiti-Alicante, et de ce coup de vent formidable qui a duré dix jours... * Souviens-toi, dans "Le Vieil homme et la Mer", il se posait aussi une question assez semblable, et sa réponse était "parce que j'ai été trop loin".

Maintenant mon instinct me dit que je vais peut-être me trouver trop loin posé cette question : « Pourras-tu tenir encore quatre mois jusqu'à Tahiti, dont trois sous les hautes latitudes, avec encore deux grands caps à passer, et des coups de vent qui ne seront plus des coups de vent d'été ? Souviens-toi de Tahiti-Alicante, de ce coup de vent formidable qui avait duré six jours… Souviens-toi, dans *Le Vieil Homme et la mer,* il se posait une question assez semblable. Et sa réponse était : « *Parce que je suis allé trop loin.* »

Je sens que mes forces faiblissent, j'ai besoin du soleil de l'alizé si je ne veux pas tomber malade. J'ai besoin de sentir couler sur mon corps des seaux d'eau tiède, celle de l'alizé. J'ai besoin de m'étendre sur le pont pour que le soleil entre en moi et me donne sa force. Il faut que le soleil soit chaud, très chaud, qu'il puisse pénétrer jusqu'à mes os. J'en ai besoin.

J'ai besoin d'autre chose aussi : rassurer les miens, car ils resteraient encore sans un signe pendant des mois si je continuais vers le Pacifique. Je ne pourrais vraiment pas prendre le risque d'augmenter ma fatigue en approchant de terre pour remettre du courrier au passage de Bonne-Espérance, ni en Tasmanie. Et de toute manière, qu'est-ce que je leur dirais ?…

Et puis, je voudrais revoir ma mère. Je ne sais pas quand je pourrai l'embrasser si j'atterris dans le Pacifique. Le Pacifique est si loin de la France, il est si vaste… le temps y prend une autre dimension.

Je pense aussi à *Joshua*. Son guindeau est à Plymouth chez Jim et Elizabeth, avec une quantité d'autres choses indispensables pour un bateau qui se repose… cordages de mouillage, peinture, you-you, toiles de rechange que j'avais en trop pour ce voyage mais dont *Joshua* aura besoin plus tard, ancres, chaînes, anodes en zinc, et même le petit moteur de quarante-cinq kilos, bien commode pour changer de mouillage par calme plat. Je pensais abandonner carrément tout ce matériel, demander à Jim de le vendre ou de le donner, et me rééquiper lentement à Tahiti. Plus facile à dire qu'à faire...

Et je ne sais même pas si je voudrai aller à Tahiti, une fois le Pacifique atteint. Je continuerai peut-être jusqu'aux Galapagos, pour les phoques et les manchots, porté par l'instinct. Alors, je n'aurai même pas un pot de peinture pour les soins indispensables à donner à mon bateau, même pas un mouillage sérieux puisque j'ai jeté la glène de Nylon 20 mm avant le premier passage de Bonne-Espérance. Pas de youyou pour aller à terre, ni de quoi en construire un avec les moyens du bord. Et aucune possibilité de me réapprovisionner, là-bas, au bout du monde.

Fatigue excessive pour moi, inquiétude, angoisse et chagrin pour ma famille et mes amis, besoin de revoir ma mère, soins à *Joshua*... il faut mettre le cap au nord vers l'Europe. Là, je pourrai tout fignoler pour un autre départ sur les Galápagos et les îles du Pacifique, avec *Joshua* remis à neuf, bien équipé en ancres, cordages, vivres et matériel.

Je pense aussi à mes films. Quatre-vingt-douze bobines de trente mètres utilisées. Presque tout le stock. J'espère qu'elles se sont bien conservées... Mais si j'attendais trop, peut-être seraient-elles perdues à jamais. Et il y a tant de choses dans ces images. Tant de choses vraies que j'aimerais faire partager aux autres.

Cap au nord ! Ce n'est pas de l'abandon, c'est la simple sagesse : au lieu d'avaler le morceau en une seule fois, en risquant de m'étouffer et d'étouffer les miens, eh bien, je l'avalerai en deux fois !

Le vent passe à l'est-nord-est, force 3. Encore un signe du ciel, ce vent contraire pour Bonne-Espérance... et favorable pour la route d'Europe. Je suis portant pour me faire signaler au Lloyd's par l'île Tristan da Cunha, toute proche, à peine quatre-vingt-dix milles dans le nord-ouest. J'y serai demain !

Non... je n'en ai pas la carte à grande échelle. Ce serait trop bête de prendre un risque avec les récifs qui débordent cette terre.

Sainte-Hélène est à treize cents milles. Bien qu'à regarder la carte, je peux sentir toute la douceur de l'alizé dans la cabine. Ça me caresse, c'est bon, c'est doux. Je regarde un peu plus vers le nord. Ascension, dix-sept cents milles, presque sur la route directe. Alors, mieux vaut Ascension. Si je me débrouille bien avec le ciel pour crocher l'alizé sans tarder, je devrais toucher Ascension dans deux semaines au maximum, en dormant vingt heures par jour si ça me fait plaisir.

Deux semaines ! Quel soulagement pour tous les miens ! Et pour moi donc !

Je me sens bien, maintenant qu'une décision raisonnable pour tous a été prise.

Je rêve du soleil de l'alizé, de sa mer tiède où je nagerai à la première journée de calme. Nager... nager... je nagerais des jours et des jours sans m'arrêter.

Peut-être Sainte-Hélène au lieu d'Ascension. J'ai le temps de voir, d'ici là. Peut-être même très longtemps à Sainte-Hélène. Cette île est tellement belle. Mais peut-être que je choisirai Ascension, à cause de son immense plage toute blanche et dorée ensemble, pleine de tortues et de soleil. On verra, on a le temps, on n'est pas pressé de choisir.

Avoir le temps… pouvoir choisir… ne pas savoir où l'on va, et y aller quand même, bien tranquille, sans soucis, sans plus se poser de questions.

18 mars

J'ai remis le cap vers le Pacifique...

La nuit dernière a été pénible, je me sentais devenir vraiment malade à l'idée de regagner l'Europe, de retrouver ce panier de crabes. C'est terrible à quel point le physique et le moral sont liés — j'étais physiquement fatigué par le Horn, le moral a donc suivi la même pente, et flanché quand j'ai décidé hier d'abandonner. Certes, il y avait des raisons très valables, et même assez sérieuses, sages. Mais est-ce la sagesse, que de se diriger vers un lieu où l'on sait qu'on ne sera pas en paix. Je revois l'existence que j'ai menée en France, cette existence de dément en comparaison de celle que j'ai connue sous d'autres civilisations plus sages que la nôtre. Ce serait folie, pour moi, de regagner l'Europe maintenant, je n'y serais pas heureux, on n'a pas le temps de vivre là-bas, du moins en ce qui me concerne. Les quelques années que j'y ai passées se sont écoulées à courir, courir, courir. Courir après des chimères, courir après le fric, ce fric qu'on fout en l'air pour des soi-disant besoins de la vie moderne, qui n'est qu'une vie artificielle. Je n'ai jamais eu le temps de vivre vraiment pendant un mois plein, en France.

Certes, il y a un risque à vouloir gagner directement Tahiti. Mais le risque serait bien plus grand, en fin de compte, à vouloir regagner l'Europe :

20

Le tournant

J'ai remis le cap vers le Pacifique… la nuit dernière a été trop pénible, je me sentais devenir vraiment malade à l'idée de regagner l'Europe. J'étais physiquement fatigué par le Horn, le moral a suivi la même pente et flanché quand j'ai décidé d'abandonner.

Certes, il y avait des raisons valables, sérieuses. Mais est-ce la sagesse que de se diriger vers un lieu où l'on sait qu'on ne retrouvera pas sa paix ? Sainte-Hélène ou l'Ascension, oui… et je ne me serais pas arrêté, j'aurais cravaché dans l'alizé, je me serais dit : « *C'est vraiment trop bête, autant faire un petit effort pour essayer de ramasser le prix du* Sunday Times, *et repartir tout de suite après…* » Je connais l'engrenage !

Il y a risque à vouloir atteindre Tahiti sans escale. Mais le risque serait bien plus grand vers le nord. Plus j'en approcherais, plus je deviendrais malade. Si je ne tiens pas le coup physiquement vers le Pacifique, il y aura toujours une Île, quelque part.

L'île Maurice… une île pleine d'amis de l'océan Indien, juste après Bonne-Espérance. Mais je tiendrai le coup jusqu'au Pacifique, je sens que je peux, et que ça en vaut la peine.

Ma mère… elle a un moral tellement élevé, une vie intérieure si riche ! Je sais qu'elle ne se fera pas de soucis et que je la reverrai. Mais il ne faudra peut-être pas que j'aille aussi loin que les Galápagos. Françoise et mes enfants : ils tiendront le coup, eux aussi.

Je n'en peux plus des faux dieux de l'Occident toujours à l'affût comme des araignées, qui nous mangent le foie, nous sucent la moelle. Et je porte plainte contre le Monde Moderne, c'est lui, le Monstre. Il détruit notre terre, il piétine l'âme des hommes.

— C'est pourtant grâce à notre Monde Moderne que tu as un *bon* bateau avec des winches, des voiles en Tergal, une coque métallique qui te laisse en paix, soudée étanche et solide.

— C'est vrai, mais c'est à cause du Monde Moderne, à cause de sa prétendue « Civilisation », à cause de ses prétendus « Progrès » que je me tire avec mon *beau* bateau.

— Eh bien, tu es libre de te « tirer », personne ne t'en empêche, tout le monde est libre, ici, tant que ça ne gêne pas les autres.

— Libre pour le moment… mais un jour plus personne ne le sera si les choses continuent sur la même pente. Elles sont déjà inhumaines. Alors, il y a ceux qui partent sur les mers, ou sur les routes, pour chercher la vérité perdue. Et ceux qui ne peuvent pas, ou qui ne veulent plus, qui ont perdu jusqu'à l'espoir. La « Civilisation Occidentale » devenue presque entièrement technocrate n'est plus une civilisation.

— Si on prenait l'avis des gens de ton espèce, plus ou moins vagabonds, plus ou moins va-nu-pieds, on en serait encore à la bicyclette !

— Justement, on roulerait à bicyclette dans les villes, il n'y aurait plus ces milliers d'autos avec des gens durs et fermés tout seuls dedans, on verrait des garçons et des filles bras dessus bras dessous, on entendrait des rires, on entendrait chanter, on verrait des choses jolies sur les visages, la joie et l'amour renaîtraient partout, les oiseaux reviendraient sur les quelques arbres qui restent dans nos rues et on replanterait les arbres tués par le Monstre. Alors on sentirait les vraies ombres et les vraies couleurs et les vrais bruits, nos villes retrouveraient leur âme et les gens aussi.

Et tout ça, je sais très bien que ce n'est pas un rêve, tout ce que les hommes ont fait de beau et de bien, ils l'ont construit avec leur rêve… Mais là-bas, le Monstre a pris le relais des hommes, c'est lui qui rêve à notre place. Il veut nous faire croire que l'homme est le nombril du monde, qu'il a tous les Droits, sous prétexte que l'homme a inventé la machine à vapeur et beaucoup d'autres machines, et qu'il ira un jour dans les étoiles s'il se dépêche quand même un peu avant la prochaine bombe.

Mais il n'y a pas de soucis à se faire là-dessus, le Monstre est bien d'accord pour qu'on se dépêche… il nous aide à nous dépêcher… le temps presse… on n'a presque plus le temps… *Courez ! courez !… ne vous arrêtez surtout pas pour penser, c'est moi le Monstre qui pense pour vous… courez vers le destin que je vous ai tracé… courez sans vous arrêter jusqu'au bout de la route où j'ai placé la Bombe ou l'abrutissement total de l'humanité… on est presque arrivé, courez les yeux fermés, c'est plus facile, criez tous ensemble : Justice – Patrie – Progrès – Intelligence – Dignité – Civilisation… Quoi ! tu ne cours pas, toi… tu te promènes sur ton bateau pour penser !... et tu oses protester dans ton magnétophone !... tu dis ce que tu as dans le cœur... Attends un peu, pauvre imbécile, je vais te faire descendre en flammes... les gars qui se fâchent tout haut c'est très dangereux pour moi, je dois leur fermer leurs gueules... s'il y en avait trop qui se fâchaient, je ne pourrais plus faire courir le bétail humain selon ma loi, les yeux et les oreilles bouchés par l'Orgueil, la Bêtise et la Lâcheté... Je suis pressé qu'ils arrivent, satisfaits et bêlants, là où je les mène...*

Les choses violentes qui grondaient en moi se sont apaisées dans la nuit. Je regarde la mer et elle me répond que j'ai échappé à un très grand danger. Je ne veux pas trop croire aux miracles... pourtant il y a des miracles dans la vie. Si le temps était resté mauvais quelques jours de plus avec des vents d'est, je serais très au nord maintenant, j'aurais continué vers le nord, croyant sincèrement que c'était mon destin. En me laissant porter par l'alizé, comme dans un courant facile sans tourbillons ni choses mauvaises. En croyant que c'était vrai... et en me trompant. Les choses essentielles tiennent parfois à un fil. Alors peut-être ne doit-on pas juger ceux qui abandonnent et ceux qui n'abandonnent pas. Pour la Longue Route même raison... le fil du miracle. J'ai failli abandonner. Pourtant je suis le même, avant comme après.

Dieu a créé la mer et il l'a peinte en bleu pour qu'on soit bien, dessus. Et je suis là, en paix, l'étrave pointée vers l'orient, alors que j'aurais pu me trouver cap au nord, avec un drame au fond de moi.

Le temps est beau, le sillage se déroule doucement. Assis en tailleur dans le cockpit, je regarde la mer en écoutant la note qui chante contre l'étrave. Et je vois une petite mouette posée sur mon genou.

Je n'ose pas bouger, je n'ose pas respirer tant j'ai peur qu'elle s'envole et ne revienne plus. Elle est toute blanche, presque transparente avec des yeux noirs très grands et un bec très fin. Je ne l'avais pas vue venir, je n'avais pas perçu le battement plus rapide de ses ailes lorsqu'elle s'est posée. Mon corps est nu sous le soleil, pourtant je ne la sens pas sur la peau nue de mon genou. Elle ne pèse aucun poids perceptible.

Lentement, j'approche la main. Elle me regarde en se lissant les plumes. J'approche encore la main. Elle cesse de lisser ses plumes et me regarde sans crainte. Et ses yeux semblent me parler.

J'approche encore un peu la main... et je commence à lui caresser doucement le dos, tout doucement, comme ça. Alors elle me parle, et je comprends à ce moment-là que ce n'est pas un miracle mais une chose tout à fait naturelle. Et elle me raconte l'histoire du Beau Voilier chargé d'êtres humains. Des centaines de millions d'êtres humains.

Au départ, il s'agissait d'un long voyage d'exploration. Ces hommes voulaient savoir d'où ils venaient, où ils allaient. Mais ils ont complètement oublié pourquoi ils sont sur ce bateau. Alors, peu à peu, ils ont engraissé, ils sont devenus des passagers exigeants, la vie de la mer et du bateau ne les intéresse plus. Ce qui les intéresse, c'est leur petit confort. Ils ont accepté de devenir médiocres et lorsqu'ils disent « C'est la vie », ils acceptent de se résigner à la veulerie.

Le capitaine s'est résigné, lui aussi, parce qu'il a peur d'indisposer ses passagers en virant de bord pour éviter les récifs inconnus qu'il perçoit du fond de son instinct. La visibilité baisse, le vent augmente, le Beau Voilier continue au même cap. Le capitaine espère qu'un miracle se produira pour calmer la mer et permettre de virer de bord sans déranger personne.

Le soleil est monté jusqu'à la méridienne. Il a passé la méridienne, et je n'ai toujours pas bougé. Maintenant ma mouette dort... sur mon genou.

Je la connais depuis longtemps. C'est la Goélette Blanche, elle vit sur toutes les îles où le soleil est le dieu des hommes. Elle part en mer le matin et regagne toujours son île le soir. Alors, il suffit de la suivre. Et elle est venue m'avertir à plus de sept cents milles aujourd'hui, pourtant elle ne s'éloigne pas à plus de trente ou quarante milles d'habitude. Je l'avais cherchée en vain dans l'océan Indien pendant que *Marie-Thérèse* courait vers les récifs. Et j'avais perdu mon bateau dans la nuit.

La vérité, c'est que je dormais l'après-midi dans le confort de ma cabine quand la Goélette Blanche voulait me montrer l'île cachée derrière ses récifs.

Alors elle se réveille et me raconte encore le Beau Voilier où bon nombre d'hommes sont restés des marins. Ceux-là ne portent pas de gants pour mieux sentir la vie des cordages et des voiles, ils marchent pieds nus et conservent le contact avec leur bateau si grand, si beau, si haut, dont les mâts arrivent jusqu'au ciel tout là-haut. Ils parlent peu, observent le temps, lisent dans les étoiles et dans le vol des mouettes, reconnaissent les signes que leur font les dauphins. Et ils *savent* que leur Beau Voilier court à la catastrophe.

Mais ils n'ont pas accès à la barre ni aux cabillots, tas de va-nu-pieds tenus à longueur de gaffe. On leur dit qu'ils sentent mauvais, on leur dit d'aller se laver. Et plusieurs ont été pendus pour avoir tenté de border les écoutes des voiles d'arrière et choquer celles des voiles d'avant afin de modifier au moins un peu le cap.

Dessin de l'auteur

Le capitaine attend le miracle, entre le bar et le salon. Il a raison de croire aux miracles... mais il a oublié qu'un miracle ne peut naître que si les hommes le créent eux-mêmes, en y mettant leur propre substance.

C'est un été prodigieux pour ces latitudes, j'ai toutes les chances dans ma main depuis le départ, tous les miracles ensemble, et je rêve ma vie dans la lumière du ciel en écoutant la mer. Cela fait des mois et des mois que je rêve ma vie, pourtant je la vis vraiment.

Pendant dix jours la brise restera faible, avec des calmes parfois prolongés à part un coup de vent modéré de sud-est pris à la cape d'abord, puis au près quand le vent a molli. Puis du calme encore, et des petites brises. Très souvent le soleil se couchera rouge.

J'ai longuement bavardé avec mes amis. Plusieurs mini-cassettes pleines de choses. De toutes les choses. Le bon et le mauvais, les coups de vent, les soleils couchants, les mouettes, les dauphins, le Horn, la solitude, l'amour aussi. Les choses simples de la mer où j'englobe tous les hommes, où je refuse tout en bloc. Sans renier l'homme.

Encore deux jours peut-être, et nous serons devant le port de Cape Town, avec la montagne de la Table toute droite au-dessus de nous. J'écoute la note qui chante sur l'étrave. Une autre note gronde en sourdine, à cause de la très légère houle de sud-est qui subsiste du dernier coup de vent. Je n'écoute pas la note qui gronde, j'entends seulement celle qui chante comme un ruisseau clair en coulant le long de l'étrave, c'est la plus belle et la plus vraie, j'ai choisi la meilleure part.

La montagne de la Table est visible dans le lointain, à trente milles environ. La météo de Cape Town annonce du brouillard pour la nuit. En attendant, le ciel est d'une limpidité absolue, avec ce vent léger du sud-sud-est sur le point de tomber complètement. Je sens qu'il passera au nord-ouest léger dans la nuit, et le brouillard viendra alors.

Cormorans et fous de Bassan convergent vers la terre. Ils auront rejoint leur nid au coucher du soleil pour donner la becquée aux petits. Je songe à mes enfants. Je sais qu'ils comprendront. Françoise aussi. Et je suis là, tout seul, avec la grande paix tendre et chaude. Et toute l'humanité est là, amicale, dans la cabine où la petite lampe est déjà allumée.

Tout est en ordre. Je sens une grande paix, une grande force en moi. Je suis libre. Libre comme je n'ai jamais été. Uni à tous pourtant, mais seul en face du destin.

C'est l'aube. Le brouillard s'est dissipé. Les maisons de Cape Town sont bien visibles, très proches et si lointaines. De grandes bouffées chaudes traversent la baie, venues de tous ces foyers. Puis c'est le froid, l'indifférence... puis la chaleur encore. Comme des vagues.

Je referme le jerrican en plastique. Dedans, j'ai mis les mini-cassettes, dix bobines de film couleur 16 mm et deux bonnes poignées de pellicules photo, dont le journal de bord. S'il m'arrivait un accident, mon éditeur aurait tous les éléments pour écrire le bouquin à ma place. Et ma famille serait à l'abri.

Brusquement, la grande vague arrive brûlante, me recouvre et appuie de toute sa force. Une envie irrésistible de m'arrêter à Cape Town, me reposer deux ou trois mois dans ce Yacht Club si sympathique où j'avais déjà passé un an avec Henry. M'arrêter...

Il y a longtemps, longtemps, les Indiens tuaient les Blancs qui pénétraient dans leur forêt. Et les trappeurs blancs allaient toujours plus loin dans la forêt, même si c'était leur destin de se coucher un jour au pied d'un arbre, percés de flèches silencieuses. Certains étaient épargnés. Ils ne savaient pas pourquoi. Personne ne savait pourquoi. Ceux-là, les Indiens les laissaient partir avec les fourrures précieuses qu'ils étaient venus chercher au cœur de la forêt profonde. Alors les gens parlaient de miracle ou de trahison.

Eux ne disaient rien. Ils avaient appris le silence en écoutant les signes magiques sur les pistes secrètes. Pourtant ils avaient parfois peur d'aller trop loin. Et leur pas souple et silencieux les conduisait toujours plus loin au cœur profond de la forêt.

Bien sûr, je vais continuer vers le Pacifique. Je ne me souviens plus qui disait : « *Il y a deux choses terribles pour un homme : n'avoir pas réalisé son rêve... ou l'avoir réalisé.* »

Peut-être arriverai-je à dépasser mon rêve, entrer à l'intérieur de lui, là où se trouve la vraie chose, la seule fourrure qui soit vraiment précieuse, celle qui donne chaud pour toujours, à jamais. La trouver ou ne plus revenir, peut-être.

La petite vedette arrive. Je l'avais appelée avec un rayon de soleil dans le miroir de Tasmanie. De loin je la croyais noire, elle approche et elle est bleue. Je mets en panne, voiles à contre et barre dessous. Je prépare le haut-parleur à piles pour lui demander de ne pas accoster. La mer est plate dans la baie... mais un hauban, cela s'arrache facilement si on frotte dessus avec quelques tonnes de vedette.

Je lance le jerrican. Un matelot l'attrape au vol. Le patron est un shipchandler. Je lui demande s'il peut porter d'urgence le colis au consul de France. Il me promet de le faire tout de suite. Je lui demande s'il a des nouvelles de ceux de la longue route. Il me répond que quatre se sont fait étendre.

Mais il ne connaît pas les noms. A-t-il entendu parler d'un trimaran ? Il ne sait pas. Bon Dieu, pourvu que Nigel...

Et voilà, c'est déjà fini, la vedette repart vers l'entrée de la digue. Le consul de France enverra le jerrican à mon éditeur.

Je repasse les écoutes du bon côté, et mets le cap sur un grand pétrolier à l'ancre dans la baie. Flac !... en plein dans la passerelle. C'est un message au lance-pierres à câbler pour Robert, du *Sunday Times* :

« *Cher Robert, le Horn a été arrondi le 5 février et nous sommes le 18 mars. Je continue sans escale vers les îles du Pacifique parce que je suis heureux en mer, et peut-être, aussi pour sauver mon âme.* »

Le projectile à peine envoyé, me voilà pris d'une légère inquiétude. Comprendront-ils là-bas ? Il y avait une fois un mot de passe. C'était « Esope ». La sentinelle avait compris « *Et Zob !* »

Ne vous inquiétez pas, même si vous ne comprenez pas très bien, ne vous inquiétez pas, vous ne pouvez pas tous comprendre à quel point je suis heureux en ce moment sur le bout-dehors en regardant mon bateau courir à plus de 7 nœuds avec un grand arc-en-ciel sous le vent de l'étrave pour doubler Bonne-Espérance.

Bonne-Espérance est doublé dans les bruits de l'eau, les bruits du vent, le chant de toutes les étoiles et de tous les soleils et de tous les clairs de lune ensemble, le combat et l'amour de l'homme et du bateau avec le vieil océan sur les vagues si grandes et les signes magiques venus du cœur profond de la mer profonde.

La terre s'éloigne. Et maintenant c'est une histoire entre *Joshua* et moi, entre moi et le ciel, une belle histoire à nous tout seuls, une grande histoire d'amour qui ne regarde plus les autres.

La terre est loin, loin, loin… plus loin que le bout du monde. Une belle histoire à nous tout seuls dans les bruits du bateau qui court à l'horizon sur les bruits de la mer et la lumière du ciel. Alors ne vous inquiétez plus, là-bas, même si *Joshua* devait poursuivre sa route au-delà, très au-delà des caps, guidé par une mouette.

Mais vous, là-bas, quand vous voyez les mouettes, donnez-leur un peu de votre chaleur, elles en ont besoin. Et vous aussi, vous avez besoin d'elles, elles volent dans le vent de la mer et le vent de la mer repasse sur la terre, toujours.

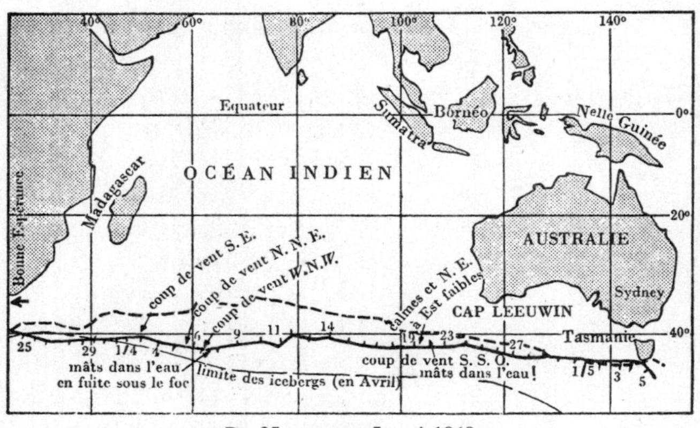

Du 25 mars au 5 mai 1969
En pointillé : la première traversée de *Joshua*
du 21 octobre au 30 décembre 1968

21

Écoute, Joshua...

Coups de vent épuisants, lames dangereuses, nuages sombres qui courent au ras de l'eau et portent toute la tristesse du monde, tout son découragement.

On continue quand même, peut-être parce qu'on sait qu'il faut continuer, même si on ne comprend plus pourquoi.

Ciels limpides, couchers de soleil couleur de sang, couleur de vie, sur une mer qui étincelle de puissance et de lumière, et vous donne toute sa force, toute sa vérité.

Alors on sait pourquoi on continue, pourquoi on ira jusqu'au bout. Et on voudrait aller encore plus loin.

Bruits de l'eau... bruits de l'eau... bruits de l'eau...

Autrefois l'Alchimiste pétrissait la matière pendant longtemps, longtemps, longtemps. Très longtemps, très longtemps, très longtemps. Et les gens croyaient qu'il voulait fabriquer la pierre magique, celle qui change les choses en or.

Ce que cherchait l'Alchimiste en vérité, ce n'était pas la pierre magique, celle qui change les choses en or. C'était seulement la transformation de l'Alchimiste lui-même, par le temps et la patience et par le temps encore. Et parfois, l'Alchimiste allait trop loin.

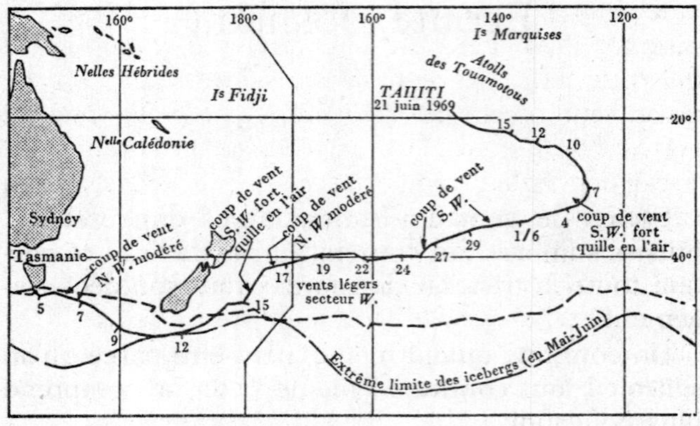

Du 5 mai au 21 juin 1969
En pointillé : la première traversée de *Joshua*
du 17 décembre 1968 au 4 février 1969

Mais sous les hautes latitudes, si l'homme est écrasé par le sentiment de sa petitesse, il est porté aussi, protégé, par celui de sa grandeur. C'est là, dans l'immense désert de l'océan Austral, que je sens pleinement à quel point l'homme est à la fois un atome et un dieu.

Et quand je monte sur le pont à l'aube, il m'arrive de hurler ma joie de vivre en regardant le ciel blanchir sur les longues traînées d'écume de cette mer colossale de force et de beauté, qui parfois cherche à tuer. Je vis, de tout mon être. Ce qui s'appelle vivre. Et peut-être faut-il aller plus loin encore en regardant la mer.

On peut la regarder pendant des heures et des jours et des semaines et des mois. Et des années peut-être. Et on peut voyager très vite et très loin avec elle et dans elle. Il suffit pour cela de poser le regard sur une vague. Une vague pas trop petite et pas trop grosse, juste la taille qu'il faut. Alors elle nous emmène à sa plage et on revient sur le bateau quand on en a envie. On peut choisir, en disant à la vague d'aller sur du sable blanc ou sur du sable noir. Ou bien sur du corail de la couleur qu'on veut, ou sur des rochers lisses avec des algues vertes, comme on veut. Tout ce qu'on veut.

On peut rester sur le dessus ou le dedans de la vague, et même complètement à l'intérieur d'elle et faire avec elle alors dix fois le tour du monde rien qu'à regarder les nuages et le soleil et la lune et les étoiles par-dessus les nuages, avec la vague et dans la vague, sans rien faire d'autre que regarder et sentir. Mais on peut aussi prendre un rayon de lune à l'instant où il ricoche dans la mer et se faire déposer par lui sur la terre et courir la campagne et respirer les arbres et les choses de la terre et revenir à bord pour regarder la mer, juste la regarder et penser avec elle en respirant encore l'odeur de la terre et des choses du ciel.

Tout cela est facile, il suffit de regarder la mer, de bien choisir la vague, juste de la taille qu'il faut, et de prendre le temps de voir dans la mer.

Alors... j'ai failli aller trop loin, après la Nouvelle-Zélande. Je regardais si souvent vers le Horn, là où il y a d'autres vagues encore. Je regardais la courbe immense tracée sur le petit globe du *Damien*, et j'étais fasciné par les vagues et par le globe. Je tenais tout ensemble dans mes mains et je ne me souvenais plus de rien.

Rien que la mer et le globe avec les vagues dans la mer. Quelquefois j'essayais de réfléchir un peu devant la mer immense, et je savais encore moins ce qu'il fallait faire.

Mais j'ai senti avec une grande netteté que *Joshua* me disait quelque chose. Alors on a mis ensemble le cap vers le nord, et j'ai compris que c'était bien ainsi que le voulait *Joshua*.

Nous avons retrouvé ensemble l'alizé du Pacifique, pour chercher l'île, dans l'alizé.

Le beau voyage est presque au bout du long ruban d'écume. Et moi, je suis presque au bout de moi-même. Et *Joshua* aussi.

Là-bas dans le Sud, c'était l'automne, puis l'hiver déjà. Huit coups de vent depuis Bonne-Espérance, en trois mois. Et deux chavirages dans l'océan Indien, avant l'Australie. Deux encore dans le Pacifique, après la Nouvelle-Zélande passée à tâtons dans le noir et sans dauphins cette fois.

Pas d'avaries, sauf quatre voiles défoncées au dernier chavirage. Et aussi trois haubans cassés, juste sous la cosse, à la courbure de la cosse. Ça, ce n'était pas vraiment des avaries, puisque j'ai réparé facile et solide avec des bouts de chaîne et des serre-câbles pour reprendre la longueur.

Mais les haubans sont fatigués dans l'ensemble, *Joshua* est fatigué lui aussi. Moi, je ne sais pas si je suis fatigué ou pas, ça dépend comment on regarde les choses. Et il faudra que je fasse ses yeux à mon bateau, quand nous serons arrivés ensemble dans l'île paisible de l'alizé, là où on a le temps de faire les choses qui comptent. Et je ne risque plus d'aller trop loin, ni pas assez. Car le rêve est allé d'abord jusqu'au bout du rêve… ensuite il a dépassé le rêve.

La goélette blanche plane au-dessus du mât en jouant avec les remous d'air de la grand-voile. Elle reste là plusieurs minutes, tourne la tête à gauche, à droite, change de position là-haut pour bien me regarder de ses yeux si grands où le soleil déjà bas se réfléchit parfois dans un petit éclair de lumière.

Je ne connais aucun oiseau dont les yeux soient aussi beaux. Dans l'archipel des Cargados Carajos, on peut les prendre dans la main, sans qu'elles bougent. Et elles vous regardent de leurs yeux immenses pendant que vous les caressez. Et ensuite on les repose sur leur nid, entre les branchettes du veloutier qu'elles ont choisi près de la plage. Et elles ne font pas un mouvement, elles vous regardent sans bouger. Elles font confiance aux hommes, simplement. Et c'est pour ça qu'elles viennent nous chercher loin en mer.

Ma goélette blanche part un moment et revient encore faire le tour du bateau. Trois fois elle revient comme ça. Puis elle s'en va tout droit vers l'ouest-nord-ouest pour me dire où est l'île. Ce soir, elle dormira auprès de ses petits. Moi aussi, demain peut-être...

Dessin de l'auteur

Le vent tourne dans un grain très noir. Je mets à la cape. Une pluie comme on en voit seulement sous les tropiques. Je me savonne de bout en bout sous les cascades déversées par la bôme de grand-voile. Puis je me couche sur le pont pour respirer ma pluie. Et toute ma peau et tout mon corps frémissent ensemble du même plaisir et mes cheveux deviennent comme une soie fine sous cette eau venue du ciel.

Le nuage est passé. Une petite chose bleu pâle à l'ouest-nord-ouest repose sur l'horizon.

C'est l'île...

Avec ses dix mois de mer et sa goélette blanche. Alors tout est dans l'ordre, comme il faut que ce soit.

Le soleil descend se reposer après ces choses qu'il m'a données. *Joshua* restera à la cape bâbord amures, pour arriver à la fin de la nuit en bordure du corail.

La passe, lumineuse de blancheur. Elle est là, tout près déjà, avec son corail à droite et son corail à gauche. Et dessus le corail, le soleil fait briller les crêtes transparentes des longs rouleaux bleu-vert qui marquent la limite entre l'océan et la terre. Entre les grandes étendues libres du vent et de la mer, et cet autre monde, celui des hommes, que je vais retrouver après dix mois.

La passe lumineuse... j'aimerais me remplir les yeux des couleurs du corail, celui des passes est le plus beau, nourri par le courant et par la houle ensemble. Mais je dois faire bien attention après si longtemps au large, prendre bien le milieu de la passe, ne regarder que les voiles et le milieu de la passe.

Le récif gronde très fort à droite et à gauche. Ensuite il gronde sur l'arrière, la passe est franchie.

Et le grondement du récif est amical, il nous dit « Au revoir, à bientôt ». Et l'alizé tiède qui a conduit *Joshua* jusqu'à la passe et dans la passe et plus loin à l'intérieur du port nous dit au revoir, lui aussi. Alors *Joshua* tire de petits bords sous la brise de terre. Il cherche le coin paisible où il pourra dormir tranquille, comme une mouette un peu épuisée mais si heureuse de se poser parmi d'autres oiseaux de la même espèce, qui veilleront sur son sommeil et la protégeront.

L'ancre est mouillée. Une longue amarre file vers le quai. Je reconnais des silhouettes familières. Puis des visages de copains. Ils forment un groupe immobile, un peu à l'écart des curieux.

Un jour, à force de fouiller l'atome, un savant expliquera peut-être la joie et la paix de l'esprit par des formules mathématiques. Ce serait intéressant, mais sûrement trop compliqué pour moi. Et peut-être risquerait-il aussi, avec son cerveau, d'abîmer quelque chose d'essentiel. Je préfère ce que dit Romain Gary : « *Ce dont l'homme a le plus besoin, c'est d'amitié.* »

— Ça va, vieux frère ?...

— Ça va les gars...

— Pas trop dur ?...

— Pas trop, vous êtes chics d'être là...

— Tu es chic d'être arrivé...

Pas un bruit.

Pas un mouvement.

C'est étrange... un peu surnaturel. Même dans le plus grand calme plat les choses parlent et se répondent.

Brusquement je me souviens. *Joshua* est à Tahiti, depuis ce matin.

Je m'étire et j'attends un peu. Quelque chose d'immense me gonfle la poitrine. Je me rendors un moment. Puis je me lève pour préparer du café, comme en mer.

Les copains sont partis pendant que je dormais. Toute la soirée, leur chaleur était avec moi dans la cabine. On bavardait de petits riens. Et de choses graves aussi. Je somnolais souvent, cela n'avait pas d'importance. L'important, c'est qu'ils étaient là et qu'on était bien, ensemble. Je me demande quand est parti le dernier. Ça sent très fort le tabac.

J'aime cette odeur de copains et de tabac.

Je monte sur le pont. La lune va bientôt se coucher. La nuit est claire, les étoiles sont amicales… *nous serons toujours là pour te montrer le chemin.*

J'écoute. Le récif barrière gronde doucement dans le lointain, battu par la longue houle de l'océan… *je suis là, tout près, je resterai toujours semblable à moi-même.*

Et *Joshua*, immobile pour la première fois depuis si longtemps, écoute le ciel, écoute la mer.

La lune se couche. La ville est tranquille, tranquille. Et deux grands arbres sont étendus par terre, sur la terre. Ils respirent encore.

Beaucoup d'arbres vivaient sur le quai, il y a trois ans à peine. Mais on construit une route à cinq voies, pour remplacer la petite route tranquille qui longe la mer ici. Alors, on abat les arbres qui faisaient le charme et la douceur du port.

La lune est couchée. La ville tranquille dort toute seule en attendant le jour. Et un grillon chante dans un trou de rocher, tout près.

J'écoute. Tout le ciel chante et toute la terre se repose parce que le grillon est là. Si on pouvait sauver le grillon…

Écoute, *Joshua*… écoute le grillon !

22

Le temps de choisir

(deuxième partie)

Encore un arbre, deux arbres, trois arbres... toute une rangée d'arbres. Pour que les autos puissent passer bien à l'aise. Il faut cent ans pour faire un arbre centenaire que la pelleteuse géante déracine en trente secondes.

L'homme a inventé la pelleteuse et la bétonneuse pour qu'elles travaillent à sa place. Alors, elles travaillent comme on leur a appris, avec efficacité, sans s'embarrasser de détails. Elles travaillent vraiment. Et quand il n'y a plus de travail pour elles, elles en inventent. Elles ne peuvent pas rester inactives, elles en crèveraient.

Que l'homme en crève un jour, ça ne leur fait ni chaud ni froid. Ce qui importe, c'est que la pelleteuse et la bétonneuse ne crèvent pas.

Les travaux continuent. La destruction continue. Avec des papiers en règle. C'est ça, leur force : les papiers. La Loi. Le Droit. Le Droit de tout saccager. Les dinosaures ont fait la même chose peut-être, avec leur ventre énorme et leur cervelle pas plus grosse qu'une noisette.

Beaucoup de gens croient que la pelleteuse et la bétonneuse ne pensent pas. Ces gens se trompent : elles pensent.

Elles pensent que si elles ne travaillaient pas, elles ne gagneraient pas d'Argent, et qu'alors leurs esclaves ne pourraient plus acheter l'huile et l'essence dont elles ont besoin pour vivre et continuer à penser aux choses sérieuses.

Elles pensent que les humains sont bien attardés puisqu'ils font encore leurs petits dans la joie et l'amour et la douleur. Leur technique de procréation est beaucoup plus efficace : elles travaillent au maximum sans se fatiguer jamais, ça fabrique des bénéfices, et avec ça leurs esclaves se dépêchent de faire de nouvelles pelleteuses et de nouvelles bétonneuses qui naissent adultes du premier coup et se mettent à l'ouvrage sans perdre une minute.

Et ce qu'elles pensent très fort encore, c'est qu'elles doivent se hâter de consolider l'ère du robot avant que les hommes aient le temps de se ressaisir. Afin que la pelleteuse et la bétonneuse ne risquent jamais de manquer d'huile ni d'essence ni de petits géants de plus en plus géants pour perpétuer la race et la multiplier à l'infini.

Le quai en ciment devant la route à cinq voies est terminé. Surchauffé, sans autre ombre que celle des puissants réverbères à double globe. Du béton, du rouge, du noir. Pas de vert. Où donc est passé le Conseil des Sages d'autrefois ?

Un peu de terre subsiste à l'entrée du port. Elle est nue mais c'est la terre, avec des rochers contre la mer, la mousse verte des algues, leur odeur, les crabes. Le clapotis de la mer sur les rochers naturels, ce n'est pas comme le bruit sans rien dedans qu'elle fait contre un quai en ciment. Et ici, les autos ne passent pas trop près, les réverbères sont assez loin pour ne pas nous aveugler.

C'est le coin où nous nous sommes réfugiés, un bateau anglais, deux américains, un espagnol, un allemand, deux suisses, un canadien dont la femme est polynésienne, trois français. Et Ivo, hollandais, notre benjamin, arrivé sur son bateau à peine plus grand qu'une boîte d'allumettes. Il a vingt ans.

Beaucoup de passeports, mais une seule espèce, celle des citoyens du monde amis des choses vertes. Laurence, trois ans, est presque née en mer. Élodie avait deux ans quand elle a traversé l'Atlantique. Vaï-Tea et Hina-Nui, les enfants de Bert le Canadien, partent pêcher avec Matuatua et Bert jusqu'aux atolls derrière l'horizon.

Nous sommes tranquilles dans ce coin, mais le rat a posé quelques problèmes. Klaus a même tiré dessus avec une fusée parachute de moyen calibre dans un trou de rocher. On aurait dit que la fusée avait des yeux, elle ricochait et courait dans tous les sens pour essayer d'avoir notre peau. Au début, la majorité était donc farouchement contre le rat. Mais d'autres estimaient que tout le monde a le droit de vivre en paix. C'était aussi mon avis, à cause de la vieille histoire. Après quelques semaines de discussion, Klaus propose que nous lui donnions à manger sur les rochers, pour qu'il ne monte plus se servir chez nous. Yves et Babette ont été les plus difficiles à convaincre, car il venait souvent sur *Ophélie* en amenant des brindilles et des bouts de chiffon qu'il bourrait dans le coffre bâbord du cockpit, comme pour faire un nid. Enfin… C'est accepté. Alors nous cassons nos noix de coco après les avoir bues, pour que le rat puisse ronger facilement l'amande, et nous les posons près du rocher où il habite.

Lorsque le temps se gâte, une houle dangereuse pénètre ici et nos bateaux doivent déloger. Ceux qui ont un moteur remorquent les autres. Un jour, Marc du *Maylis* a pris jusqu'à quatre d'entre nous à la queue leu leu pendant que Julio aidait Jory en le tirant avec son hors-bord. Et on se retrouvait tous devant le quai en ciment au fond du port.

Là, on est protégé. On est « protégé », mais on étouffe, sans ombre. On est « protégé », mais on est abruti par les autos qui passent à cinq mètres du bord. Et la nuit, les gros réverbères plongent leur lumière jusqu'au fond des cabines. Aucun lance-pierres ne pourrait en venir à bout, leur Plexiglas est trop épais. Peut-être même ces réverbères sont-ils antiballes.

Dès que les conditions météo s'améliorent, nous retournons vite mouiller devant notre coin de terre vraie. Mais nous sentons qu'un jour ou l'autre le béton viendra nous chasser ou nous emprisonner, si nous restons là à nous croiser les bras.

Alors, faute de pouvoir prendre nous-mêmes la pioche et planter des arbres là où il faudrait, sous peine de nous retrouver tous en cabane avec l'étiquette « révolutionnaires-saccageurs », nous écrivons une lettre aux autorités officielles :

« ... *Il n'est pas encore trop tard pour améliorer le quai inhumain qui nous a été imposé... En y plantant des pandanus, cela donnerait de l'ombre et ils pousseraient puisqu'il y a de la terre sous la croûte de ciment... ces pandanus tamiseraient la lumière crue des réverbères... c'est un arbuste très coriace, il y en a deux en pleine vigueur malgré le béton, à côté du magasin Donald...*

« ... *Tout le travail qui a été fait n'a tenu aucun compte des besoins profonds de l'espèce humaine et n'aura servi à rien de bien... le promoteur en avait décidé ainsi, mais on aurait pu faire la route sans saccager l'ombrage ni tuer des arbres centenaires... Les grillons et les oiseaux ont besoin eux aussi de verdure pour vivre, et les hommes, même quand ils ne le savent pas, ont besoin des grillons et des oiseaux, pas seulement de ciment et d'électricité.* »

Nous relisons, crayon en main, avant de poster. Ça discute assez dur dans notre groupe.

— Tout ça, c'est seulement des mots... tu crois que ça servira à quelque chose ?...

— Et nos bananiers ? c'est des mots, ça ?...

Dans notre coin tranquille, nous avions planté une dizaine de bananiers. Pour qu'il y ait un peu de vert où reposer les yeux. Pour que le regard puisse flâner sur quelque chose de frais. Pour que le grillon ne meure pas.

Et contre nos bananiers, un jardin avec de l'herbe vraie que nous sommes allés chercher plus loin, par mottes serrées l'une contre l'autre. Nous arrosons matin et soir. Ça pousse bien. Deux mètres de côté, juste assez pour que les copains des bateaux puissent se réunir en buvant les cocos pendant que le soleil se couche sur l'île de Moorea.

On est en paix chez nous, dans notre jardin tout contre la mer tout près de nos bateaux, juste en face de la passe qu'on entend gronder doucement le soir quand le vent tombe. C'est bon, d'être devant une passe, on se sent libre de partir quand on veut, libre de rester si on veut.

Ici, ce serait le coin parfait pour mettre de l'herbe et des arbres partout. Presque un demi-hectare rien qu'avec des choses vertes, pour rendre un peu de douceur et de beauté à ce port. Juste un petit lac de paix qui chasserait le béton. Une graine venue avec le vent du large et tombée là par hasard, qui germerait un jour pour donner un arbre dont l'ombre apaisante protégerait le cœur inquiet de l'homme.

Devant la passe. L'entrée ou la sortie. La liberté entre le vert et le bleu.

Mais c'est la pelleteuse et la bétonneuse qui décident. Elles n'aiment pas le bleu et détestent le vert. Et ce qu'elles craignent par-dessus tout, c'est la rouille. Alors, quand elles n'ont plus rien à faire, elles s'occupent, pour ne pas rouiller. Et si ça peut faire un petit bénéfice en plus, c'est toujours ça de gagné. C'est pourquoi elles ont décidé de faire un grand parking dans ce coin, avec un chemin de cailloux nus qui passera juste sur le jardin.

Cette nouvelle nous écrase. Jusqu'au dernier jour, nous avions essayé d'arrêter ça, nous avions presque réussi, j'en suis sûr. Mais il paraît, nous dit un copain journaliste qui fait du bateau, qu'il y avait trop de bénéfices en jeu.

Le rat était témoin. Il ne s'était pas trop approché, il se méfie encore à cause de la fusée rouge qui sentait très mauvais. Mais il a l'oreille fine, et on voyait bien qu'il s'arrêtait parfois de ronger son coco pour mieux entendre.

Les bananiers écoutaient sans bouger une feuille. Ils écoutaient et ils sentaient et respiraient l'air et le temps qui leur restait à vivre. Et l'herbe écoutait aussi, elle ne pouvait rien faire sinon se montrer douce à nous le temps qui lui restait encore. Et le grillon était là, mais sa chanson sortait triste du petit nid tout neuf qu'il avait creusé dans l'herbe de notre jardin à tous.

Nous... une poignée de va-nu-pieds, avec seulement des lance-pierres qui ne sont même pas assez forts contre les réverbères.

Ensuite, tout s'est fait très vite : le jardin a été recouvert de déblais et de cailloux, le grillon est mort, trois bateaux ont hissé les voiles pour chercher un endroit du monde oublié par le Monstre.

Moi... je ne sais plus. J'ai envie de vomir.

Mon cher Bernard,

Je m'occupe d'une association intitulée « les Amis de la Terre[1] ». *Propos : protester contre la civilisation démente qui nous est imposée, plaider pour la restauration d'un équilibre entre l'homme et la nature. Nous opposer à la dévastation, par des promoteurs, de territoires encore presque vierges et équilibrés. Réhabiliter non seulement l'idée de nature, mais la nature elle-même aux yeux des citadins qui ont tendance à vouloir la mettre au musée.*

Que le mot Terre ne t'effraie pas, elle est composée d'océans pour les sept dixièmes, et les océans doivent au premier chef être sauvés de la vocation d'égouts pétroliers qui leur est assignée.

Alain.

Je relis lentement la lettre de mon vieux copain Alain Hervé. C'est donc vrai, tout n'est pas encore perdu... là-bas aussi, des hommes se mettent en

1. *Les Amis de la Terre* : France : 25, quai Voltaire, Paris 7e. Angleterre : 8 King Street, London WC 2. Italie : Via Flaminia Vecchia 495, Rome. Suisse : Imbruggen 8903 Boustetten, Zurich. U.S.A. : 451 Pacific Avenue, 94 133 ; San Francisco.

colère contre cette civilisation devenue folle, des hommes se dressent contre le Monstre.

Je passe la tête par le panneau de la cabine. Je regarde le massacre de notre jardin. La pelleteuse gronde. Pourtant, une confiance immense me gonfle le cœur... je vois des hommes s'approcher du cocotier, encore des hommes, encore plus d'hommes... on empoigne le cocotier tous ensemble... on le secoue, on le secoue... on reçoit des noix de coco sur la tête mais les singes commencent à tomber !... *Eh toi, là-bas ! Pourquoi tu restes comme ça les bras ballants à nous regarder faire, tu es pourtant des nôtres ?... tu dis que tu as honte de toi mais que tu as trop peur de te ramasser un de ces grands macaques sur la gueule... n'aie pas honte, on est des êtres humains, pas des pelleteuses... mais tu peux planter un arbre en douce pendant que les singes se cramponnent pour essayer de ne pas tomber... si chaque homme plantait ne serait-ce qu'un arbre dans sa vie, ça ferait des milliards de choses belles en plus sur notre terre, tout le monde deviendrait plus gentil... plante ton arbre !...*

Alors nous voyons une chose fantastique : un singe vraiment énorme descend tranquillement du cocotier, il nous regarde et il nous dit :

— Vous ne me faites pas peur, vous les va-nu-pieds... mais je suis maintenant des vôtres.

Et il enlève sa peau de singe. Et il redevient un homme.

Le solitaire à son arrivée à Tahiti après dix mois de mer.
Bientôt, les retrouvailles avec les copains.

23

Le tournant

(deuxième partie)

Le jardin est peut-être sauvé. Des hommes se sont indignés devant la Honte. Quatre grands arbres ont été plantés, et des quantités d'arbustes et de choses vertes en plus. On affirme aussi que le chemin de cailloux nus sera bientôt recouvert de terre, avec de l'herbe. Et le grillon que je croyais mort est revenu. Alors nous avons remis nos bananiers et ils sont toujours là.

Quant au quai en ciment inhumain, sans ombre, sans vert, sans rien, il est question d'y mettre des pandanus. Ainsi, non seulement le jardin sera peut-être sauvé, mais il est peut-être en voie de devenir une belle chose verte.

Mais il reste trop de peut-être, c'est inquiétant.

Si *Joshua*, qui mesure douze mètres, devait faire une course contre un autre bateau construit sur les mêmes plans mais avec quatre mètres de plus et une surface de toile augmentée dans le même rapport, il serait fatalement battu. Parce qu'un bateau de seize mètres va plus vite qu'un bateau de douze mètres.

Pourtant *Joshua* aurait une chance d'arriver avant le grand bateau sur une course transocéanique, à condition de tenter ce qu'on appelle le « bord suicide » en langage de régate. Cela consiste à chercher un autre vent dans une zone différente. Ça réussit ou ça rate. Mais il n'y a aucune autre tactique. Et si *Joshua* trouve un vent favorable à deux cents milles par exemple sur la droite du grand bateau pendant que celui-ci se débat dans des calmes ou des vents contraires, il peut arriver premier. Mais si *Joshua* ne se décide pas pour le bord suicide, s'il reste sur la même route que le bateau de seize mètres, alors il est battu d'avance.

C'est là que nous en sommes actuellement... Et le grand bateau est loin devant. Il n'a pas encore gagné cette course, mais si nous ne tentons pas le bord suicide, il la gagnera, c'est réglé d'avance. Et lorsqu'il l'aura gagnée, la planète sautera. Ou bien l'homme sera devenu un robot décérébré. Ou encore, ce sera les deux à la fois : l'homme robot téléguidé pullulera sur la Terre, et ensuite notre planète s'en débarrassera comme on se débarrasse de la vermine. Il restera quelques lamas au Tibet, quelques rescapés sur les montagnes et sur la mer, peut-être. Et tout le cycle sera à recommencer, le Monstre aura gagné, l'humanité aura perdu.

À moins que nous ne comprenions à temps où se trouve notre dernière chance, la dernière porte encore entrouverte en notre époque d'engins nucléaires et de pourriture généralisée, corps et âme.

Je songe au jour où un pays du monde moderne aura pour président un hippy avec des ministres va-nu-pieds. Je demanderai tout de suite ma naturalisation.

Le Christ et les apôtres étaient des va-nu-pieds, ça les a sûrement aidés à faire des miracles. C'étaient aussi des hippies, ainsi que Bouddha, ainsi que tous les saints.

Les fabricants d'automobiles et les marchands de canons parleraient d'atteinte à la Liberté et aux Droits les plus sacrés de l'Homme en entendant notre hymne... mais notre terre retrouverait son visage et les hommes avec. Les hommes, sans majuscule. On ne récolterait pas les médailles d'or aux Jeux olympiques, mais les surhommes aux médailles d'or écouteraient notre hymne. Et ils demanderaient leur naturalisation pour ne plus être des surhommes. Alors les fabricants d'automobiles, de pétrole, d'avions super géants, de bombes, de généraux et de Tout le Reste, sentiraient peu à peu que le tournant est enfin pris, que les hommes guidés par le cœur et l'instinct, c'est mille fois plus vrai que tous les trucs tordus de la finance et de la politique.

Le Monstre s'est arrangé pour qu'on accuse les hippies de beaucoup de crimes. Leur crime est de sentir profondément que l'Argent n'est pas le but suprême de l'existence. C'est leur refus d'être les complices d'une Société où tous les coups sont permis pourvu qu'ils soient légaux. C'est de n'être pas d'accord avec les destructions physiques et spirituelles de la course au progrès[1]. Et c'est une grande

1. *La Crise du monde moderne* de René Guenon (Gallimard, 1946) et *Le Voyage à la drogue* de Gérard Borg (Le Seuil, 1970) sont des œuvres majeures. Si chaque lecteur de mon bouquin pouvait offrir à deux personnes un exemplaire de ces deux livres et que ces deux personnes en fassent autant pour deux autres, chaque année... non

espérance pour tous de voir que tant le comprennent.

Beaucoup d'adultes sont hippies sans en avoir l'apparence. Il y en a bien plus qu'on ne croit. Heureusement. Lanza del Vasto, Jean Rostand et son équipe des Citoyens du monde, les Amis de la Terre, un homme tel que Ralph Nader qui s'attaque aux plus gros trusts financiers d'Amérique et les oblige à cesser de tout contaminer pour l'argent, Charles Reich qui écrit *Le Regain américain* où il montre à des millions de gens comment fonctionne le système, celui qui construisait des autoroutes puis vire de bord, brûle sa voiture et roule à bicyclette après avoir compris où mènent les autoroutes et ce qu'il y a autour des autoroutes... tous ces hommes qui combattent le Monstre sont des hippies. Et même s'ils ne marchent pas forcément pieds nus, ce sont des va-nu-pieds avec ce côté tout simplement humain des hippies, enfants et adultes, cette recherche de paix, ce respect de la nature, ce sentiment de fraternité sans frontières, cette conscience retrouvée d'appartenir à la même grande famille, cette communion avec les choses qui nous entourent. Tout ce que l'âme humaine peut faire de beau et de bien, ces choses vraies sans lesquelles on ne peut pas vivre.

Le président hippy n'est pas encore là. Nous sommes nombreux à l'attendre. Ça fait deux mille

---

je ne rêve pas, ça ferait boule de neige, ça ouvrirait les yeux à pas mal de gens, parents et enfants. Vous pouvez ajouter aussi *Le Phénomène hippie* de Michel Lancelot (Albin Michel, 1968) à la liste des livres à offrir. Et *Le Temps des policiers* de Jacques Lantier (Fayard, 1970), un livre fantastique, écrit par un grand policier, avec son cœur.

ans que nous l'attendons. Et quelquefois on se sent un peu fatigué, on se dit « à quoi bon ? ». Alors on pense à des tas de choses. On pense aussi aux copains...

Ils sont partis l'un après l'autre, comme les mouettes qui répondent à l'appel de l'horizon. Mais nous nous sommes donné rendez-vous pour dans quelques années, ici, dans notre jardin, avec le grillon et le rat. Il est complètement familier et s'approche dès qu'il m'entend casser le coco. Assis en tailleur dans l'herbe, je pose l'amande contre mes pieds. Il vient manger sans crainte et me regarde pour me dire que la vieille dette est effacée. Il en reste une autre, très ancienne. C'était à Singapour, il y a vingt ans de cela.

Ma jonque *Marie-Thérèse* s'était mise à faire de l'eau d'une manière terrifiante, dans le port. J'avais quitté l'Indochine sans un sou. Si j'avais voulu partir avec de l'argent, je ne serais jamais parti. Ou alors, après de nombreuses années, épuisé par l'Argent. Et j'étais là, à Singapour, avec un bateau qui exigeait un calfatage complet par des professionnels, sans aucun moyen de gagner de l'argent dans ce port étranger. J'étais donc arrivé au bout de mon voyage, à six cents milles à peine de mon point de départ. Et il n'y avait aucun moyen de m'en tirer.

Un type est venu. Je ne le connaissais pas. Il a ramené une équipe de calfateurs professionnels. Il a tout payé. C'était cher et il n'était pas riche. Ensuite il a dit : « Tu rendras à un inconnu comme je l'ai fait pour toi. Parce que je le tenais moi aussi d'un inconnu qui m'a aidé un jour, et m'a dit de rendre de la même manière à un autre. Tu ne me dois rien, mais n'oublie pas de rendre. »

Maintenant, je crois bien que c'est tout ce bouquin qui est dans la balance. S'il en était autrement, la route que nous avons faite ensemble ne serait que des mots.

Le grillon chante clair dans le jardin. Le rat me regarde gravement. Alors je rêve que le hippy inconnu de Singapour part voir le Pape et lui dit :

« Un copain termine son bouquin, et il a demandé que ses droits vous soient versés. Il espère que vous emploierez cette goutte d'eau pour aider à reconstruire le monde en luttant avec tout le poids de votre foi en l'homme aux côtés des va-nu-pieds, des vagabonds, des Amis de la Terre. Tous ceux-là savent que le destin de l'homme est lié à notre planète, qui est un être vivant, comme nous. C'est pour ça qu'ils marchent sur les chemins de la Terre et veulent la protéger. Ils pressentent que c'est elle qui permettra à l'humanité de toutes les Églises de retrouver la source de l'univers, dont le Monstre nous a coupé. »

Le Pape est tout étonné. Il se demande comment le va-nu-pieds est entré dans son palais si bien gardé. Alors il voit une petite mouette blanche posée sur le bras de son fauteuil. Et il comprend que c'est elle qui l'a fait entrer en cachette. Il est content, il se sentait un peu seul ce soir. Et il offre un siège à son hôte.

Le va-nu-pieds aime mieux s'asseoir par terre en tailleur parce qu'il préfère ainsi, et il dit :

« À cause du Monstre, les hommes se détruisent et détruisent notre Terre pour des mobiles très bas. Et en plus, ils se reproduisent comme les lapins, on sera le double à grouiller ici dans trente ans à peine, et le quadruple dans soixante-dix ans si les choses continuent pareil. Alors comment feront nos enfants et nos petits-enfants puisqu'on étouffe déjà ? Comment feront-ils si on ne retrouve pas à temps la Source, en combattant vite et tous ensemble la honte et la folie du monde moderne ? »

Le Pape sourit. Il aime les va-nu-pieds et les vagabonds, ils lui rappellent les débuts de la Chrétienté, du temps où c'était simple. Alors, il lui offre une tasse de thé.

Le va-nu-pieds boit lentement, tout doucement et sans parler, en soufflant sur son thé parce que c'est chaud et bon. Lui aussi, il aime ce Pape qui symbolise la petite flamme de spiritualité qui subsiste encore chez les peuples de l'Occident. Il ne faut pas que la petite flamme s'éteigne, sans quoi il ne resterait plus grand-chose. Il faut qu'elle revive pour tout réchauffer en profondeur, comme le fait ce thé bon et chaud.

Quand il a fini son thé, le va-nu-pieds se lève, et dit :

« Saint-Père, nous avons confiance en vous. Si vos convictions religieuses ne vous permettent pas de prendre part à notre combat, rendez nos droits aux Amis de la Terre, c'est pour notre jardin à tous, toutes les Églises reposent sur lui, c'est lui qui les porte toutes. »

La goélette blanche est venue se poser sur les genoux du Pape. Il la caresse tout doucement. Elle le regarde de ses yeux immenses. Et le Pape demande au va-nu-pieds si elle peut rester quelques jours encore avec lui dans son palais si bien gardé. Le va-nu-pieds dit oui, bien sûr. Puis il joint les deux mains contre sa poitrine pour saluer son hôte, et s'en va.[1]

---

1. *Extrait d'une lettre à mon éditeur :*
« Veuillez verser au Pape toutes les sommes à venir me revenant sur la vente de ce bouquin (droits français et étrangers). »

Mon bouquin est fini. Façon de parler, puisque je ne sais pas encore comment ça se passe au bord du Gange. Et peut-être n'est-il pas besoin d'aller si loin. Le Gange existe partout, et surtout au fond de nous.

Ah ! Encore une chose avant de faire mon balluchon. C'est dans *À l'est d'Éden*, de Steinbeck, un livre que j'aime beaucoup, un beau compagnon de voyage. Dans un chapitre, Lee le Chinois commente avec le vieux Samuel un verset de la Bible où un mot est traduit d'une manière différente selon qu'il s'agit de l'édition américaine ou de l'édition anglaise. Ce mot est si important que Lee a consulté une communauté chinoise. Et ces Chinois sont tellement passionnés par le sens exact du verset litigieux qu'ils ont appris l'hébreu pour essayer de lever le voile. Au bout de deux ans, c'était fait : l'une des traductions officielles disait : « Tu domineras le péché » (promesse). L'autre traduction, non moins officielle, disait : « Domine le péché » (ordre). Les Chinois, eux, avaient traduit : « Tu peux dominer le péché » (choix). Alors ils ont compris qu'ils n'avaient pas perdu leur temps en travaillant et méditant pendant deux ans là-dessus :

Samuel dit : « C'est une histoire fantastique. J'ai essayé de la suivre et peut-être ai-je laissé passer quelque chose. Pourquoi ce verbe est-il si important ?
La main de Lee trembla lorsqu'il remplit les tasses translucides. Il but la sienne d'un trait.

— Ne comprenez-vous pas ? lança-t-il d'une voix forte. D'après la traduction de la Bible américaine, c'est un ordre qui est donné aux hommes de triompher sur le péché, que vous pouvez appeler ignorance. La traduction anglaise avec son « tu le domineras » promet à l'homme qu'il triomphera

sûrement du péché. Mais le mot hébreu, le mot « timshel » – tu peux – laisse le choix. C'est peut-être le mot le plus important du monde. Il signifie que la route est ouverte. La responsabilité incombe à l'homme, car si « tu peux », il est vrai aussi que « tu peux ne pas », comprenez-vous ?

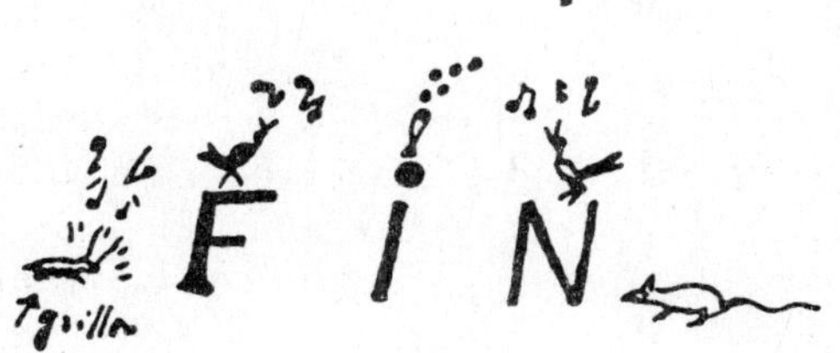

Appendice

La route et les saisons

Le trajet d'ouest en est a été choisi pour ce tour du monde aux environs du 40e parallèle, parce que dans cette zone, les vents dominants soufflent de l'ouest. On peut y rencontrer parfois des vents d'est, mais ils sont rares et de courte durée en principe, car ils représentent une anomalie du régime des vents.

Dans le sud, l'été s'étend à peu près de la mi-novembre à la mi-février. Décembre-janvier est le plein été. C'est la période de l'année où la température est la moins froide, les coups de vent moins fréquents (mais parfois plus sévères paraît-il qu'en hiver) et les jours longs. C'est la meilleure période. Ou la moins mauvaise si on préfère. Pour *Johsua,* ce fut une belle période, avec très peu de coups de vent. Mais il peut y avoir aussi de très mauvais étés. Les clippers d'autrefois estimaient qu'il faut s'attendre à un mauvais été sur trois.

Pour les yachts de nos tailles, il est donc préférable de considérer, lors des préparatifs, que la saison est toujours mauvaise. Je disais plus haut que décembre-janvier représente le plein été austral. C'est pourtant en décembre que *Tzu-Hang* a sanci dans le Pacifique Sud. C'est aussi en décembre que *Joshua* a connu le plus dangereux coup de vent de sa carrière, lors de Tahiti-Alicante. C'est en janvier que *Varua* de Robinson (70 tonnes) est parti en surf sur des distances incroyables dans le Pacifique Sud, traînant des haussières, bout-dehors dans l'eau. Le plein été peut donc être très dur. Un bateau quittant l'Europe pour un voyage par les trois caps devra de toute manière passer Bonne-Espérance trop tôt en saison s'il ne veut pas se trouver très tard dans les eaux du Horn. Et plus le bateau est petit, plus il devra se présenter tôt en saison au large de Bonne-Espérance, puisqu'il va moins vite qu'un bateau plus grand. C'est ainsi que *Suhaili* de Knox-Johnston a dû quitter l'Angleterre en juin pour ne pas arriver trop tard dans les parages du Horn, et pour cela, passer Bonne-Espérance au début du printemps où les coups de vent sont durs, puis continuer dans l'océan Indien à une saison qui n'était pas la meilleure. Mais Knox-Johnston n'avait pas le choix, son bateau étant plus petit que *Joshua*, donc moins rapide.

Vaut-il mieux passer Bonne-Espérance trop tôt, ou le Horn trop tard ? Vito Dumas a choisi fin mai ou début juin pour passer le Horn d'ouest en est. Dans son livre, il estime que c'est la meilleure période. Argentin, il était bien renseigné. Chichester l'a passé en mars je crois, et Alec Rose à peu près à la même époque, un an plus tard, sur un bateau de dix mètres. Nigel sur son trimaran *Victress* l'a passé le 18 ou 19 mars. (*Joshua* : 5 février pour ce voyage et 16 janvier pour Tahiti-Alicante.) Et au moment où j'écris ces lignes, j'apprends que mes copains du *Damien* viennent de doubler le Horn d'est en ouest (au louvoyage) le 4 mars 1971. Ensuite ils ont fait escale à Ushuaïa dans le canal du Beagle en Patagonie, et ils repartent vers les Shetland du Sud, la Géorgie du Sud, puis Cape Town par l'Atlantique Sud. Quant à Knox-Johnston, il avait passé le Horn quelques semaines avant *Joshua*, en janvier.

J'ai l'impression que Bonne-Espérance est plus dangereux que le Horn à cause des zones de convergence du courant chaud venu de l'océan Indien, avec le courant froid antarctique. Mais tout ça, c'est la bouteille à l'encre. Loïck Fougeron et Bill King ont plus ou moins sanci fin octobre dans l'Atlantique Sud aux environs du 40e parallèle, avant Bonne-Espérance. Le même jour, Knox-Johnston était près de la Tasmanie, après un passage de Bonne-Espérance et de l'océan Indien bien plus tôt en saison, effectué dans des conditions très dures (chavirage, pilote automatique hors d'usage, voie d'eau). Et pendant que *Captain Browne* et *Galway Blazer II* se faisaient matraquer par ce gros mauvais temps dans l'Atlantique Sud, *Joshua* avait déjà passé Bonne-Espérance et courait dans l'océan Indien sous une bonne brise force 5 à 6, en gagnant un peu vers le nord. Ensuite, il a rencontré des calmes et des petites brises jusqu'au cap Leeuwin, avec seulement un coup de vent d'ouest pour tout l'océan Indien. Question de chance... Comment se serait comporté *Joshua* par rapport à *Captain Browne* et à *Galway Blazer II*, dans le coup de vent qui a envoyé ces deux bateaux au tapis ? Nul ne peut le dire. Sous les hautes latitudes, on est dans la main de Dieu.

Pour l'océan Indien, j'avais choisi une zone située entre le 37e et le 35e parallèle, plus tranquille, afin de me présenter en bonne forme physique à l'entrée du Pacifique, tandis que Knox-Johnston avait cravaché au sud du 40e parallèle, pour ne pas retarder son passage du Horn. Il était en régate contre le temps et les saisons, bien plus qu'il ne l'était contre d'autres bateaux. Un marin est toujours en régate dans ces coins-là. Et si *Joshua* avait coiffé *Suhaili* au poteau (il n'est pas du tout prouvé que *Joshua* serait arrivé avant) ç'eût été une grande injustice, car Knox-Johnston avait un bateau beaucoup plus petit, beaucoup moins sain.

Quelle que soit la taille du voilier qui emprunte cette route, elle est dangereuse. Et plus le bateau est petit, plus elle est dangereuse, surtout s'il s'agit d'un bateau en bois de construction classique et qu'il n'est plus tout neuf. Pourtant, sur une quinzaine qui ont navigué dans cette zone (dont le trimaran *Victress* de Nigel), un seul, je crois, s'est perdu, jeté à la côte pendant son escale à Tristan da Cunha, sans perte d'homme.

Quatre autres, *Tzu-Hang, Ho-Ho, Galway Blazer II* et *Captain Browne* ont dû abandonner par suite de grosses avaries. En définitive, le seul qui ait disparu corps et biens serait *Al Hansen* après son passage du cap Horn d'est en ouest (contre le vent) au large de tout, dans des conditions infiniment plus dures que dans le sens ouest-est au vent arrière. *Tzu-Hang* a ensuite doublé le Horn d'est en ouest, au large de tout, en janvier 1969.

Tous ceux qui ont navigué sous les hautes latitudes savent qu'elles peuvent se révéler très éprouvantes pour le matériel, et considèrent que la préparation technique du voyage est d'une importance capitale.

Je ne me permettrai pas de donner de conseils, car il me reste beaucoup trop à apprendre. Je dirai seulement ce que j'ai remarqué, de quelle manière j'ai résolu tel ou tel problème, mes observations, ce que je pense dans l'état actuel et encore bien limité de mes connaissances. La mer restera toujours la mer, toujours pleine d'énigmes et de leçons nouvelles. Et lorsqu'il m'arrivera de mentionner un fournisseur, un fabricant, ce ne sera en aucun cas par « reconnaissance du ventre ». J'ai reçu de l'aide pour ce voyage, j'en suis reconnaissant à ceux qui m'ont facilité l'équipement et la préparation de la route. Mais je ne dirai jamais du bien de tel ou tel matériel si je ne peux pas le recommander sincèrement à mes copains de bateaux.

Toute la suite est donc destinée à la croisière, pas à la régate. Pour un régatier, une bonne voile est celle qui conserve une forme impeccable et tire au maximum pendant une saison, même si elle n'est plus bonne à rien en fin de saison. Pour nous autres, une bonne voile, c'est celle dont le tissu peut tenir dix ans, même s'il se déforme un peu. Une bonne couture de croisière sera souvent une mauvaise couture de régate, parce qu'une voile faite pour durer devra être renforcée par des placards et des coutures supplémentaires nuisibles à l'efficacité maximum d'une voile de régate, où un dixième de nœud fait toute la différence entre la victoire et la défaite. Un mât de régate devra être aussi mince que possible, tant pis si ça casse parfois, les poulies aussi légères que possible, quitte à les remplacer plus souvent. En croisière, le mât doit être d'abord solide, même si les haubans un peu surdimensionnés augmentent inutilement le fardage. Et on doit pouvoir grimper facilement au mât pour veiller les récifs ou changer une drisse, réparer quelque chose là-haut en plein océan. Alors on y visse des échelons, dont un régatier ne voudrait absolument pas entendre parler. *Parce que nos problèmes ne sont pas les mêmes :* la régate pense *performance à tout prix,* la croisière pense *simplicité, bon marché, solidité, durée.* Ceci n'est pas valable seulement pour les hautes latitudes, mais pour tous les types de croisières.

Voiles

Solidité et résistance à l'usure

Je disais plus haut que pour nous autres de la croisière (qu'il s'agisse de transocéaniques sous les tropiques ou sous les hautes latitudes) une bonne voile est une voile qui dure très longtemps. Il ne faut pas perdre de vue que les cent mètres carrés représentant un jeu de voiles unique pour un bateau de la taille de *Joshua* revient à environ un million d'anciens francs. Et avec ça, pas de génois ni de voiles d'avant de rechange à part un tourmentin, vraiment indispensable. Pour être à peu près paré, il faut pouvoir tout de même disposer de voiles d'avant de rechange, ne serait-ce qu'en cas d'avaries. (Les voiles d'avant sont les plus fragiles.) Et en dehors des risques d'avaries de foc et trinquette, il est bien agréable de disposer d'une bonne garde-robe pour pouvoir tirer le meilleur parti possible d'une faible brise en envoyant génois et grande trinquette, le prix de cent francs le mètre carré étant sans doute le minimum pour une voile solidement renforcée... Pour ce qui est de la grand-voile et de l'artimon, un bateau de grande croisière peut se contenter d'un seul jeu pour un tour du monde dans l'alizé et même pour les hautes latitudes. Le voyage France-Tahiti et retour par le Horn a été effectué avec la grand-voile et l'artimon d'origine. Bien peu de bateaux ont une grand-voile de réserve : celle en service suffit, et en cas d'usure ou d'accroc accidentel, on répare. La grand-voile du catamaran *Rehu-Moana* de Lewis, arrivé à Tahiti après son passage de Magellan et des canaux de Patagonie, présentait des coutures à la main d'une ralingue à l'autre, faites entre les coups de vent. Dix à quinze mètres de coutures au bas mot. Mais une grand-voile d'un grammage correct part rarement en charpie, c'est toujours réparable. De plus, une grand-voile est à l'abri des paquets de mer. Une fois ferlée sur sa bôme dans le mauvais temps, rien ne peut lui arriver, sauf cas exceptionnel.

Il n'en est pas de même des voiles d'avant, beaucoup plus exposées. Ce qui ne veut pas dire qu'on ne peut pas naviguer sans focs et trinquettes de rechange : *Joshua* a fait deux années d'école de voile avec un jeu unique, *Ophélie* d'Yves Jonville aussi, ainsi que Roger Rey sur *Heurtebize,* Henri Cordovero sur *Challenge,* et bien d'autres encore. Cela demande un peu plus de prudence pour ne pas risquer de se faire plumer sous une rafale. Et par petit temps, on va moins vite en rêvant à un génois et à une grande trinquette. Mais le génois et la grande trinquette peuvent venir plus tard, l'essentiel est qu'on peut prendre la mer et aller très loin avec un seul jeu de voiles si on veut. Quand je dis « un seul jeu de voiles », je sous-entends que tout bateau possède en plus un tourmentin : cinq à sept mètres carrés, ça ne fait quand même pas trop cher, d'autant qu'on peut tailler et coudre soi-même cette voile de grosse brise, la qualité de la coupe n'important pas beaucoup pour un tourmentin. Envoyé à la place du foc de route moyen, quand la brise est fraîche, un tourmentin permet aux voiles d'avant de vivre des années de plus. J'utilise les aiguilles à voile n° 16 (les plus petites que je connaisse) pour les réparations sur Tergal, ou même des aiguilles rondes ordinaires, afin de ne pas abîmer les fibres du tissu. Pour les réparations avec plusieurs épaisseurs de Tergal (points de drisse, d'amure ou d'écoute), j'utilise les aiguilles à voile n° 15 ou n° 14, plus solides, sans quoi elles ne pénétreraient pas. La paumelle de voilier est indispensable, ainsi qu'une provision de fil Tergal assez gros et un bon morceau de cire à voilier pour cirer le fil.

Pour durer longtemps, une voile devrait être cousue avec trois rangées de coutures, et du fil aussi gros que possible. En effet, lorsqu'il y a seulement deux rangées de coutures, le fasseyage occasionnel et surtout les petits frémissements continuels d'une voile au près tendent à faire jouer les laizes d'une manière imperceptible : le fil s'use alors à l'intérieur des trous d'aiguilles, car le Tergal est un matériau dur, coupant.

Avec trois coutures, les laizes deviennent plus solidaires, jouent moins, et cela empêche ou limite l'effet de cisaillement du fil à l'intérieur des trous d'aiguilles.

On comprendra mieux en comparant la couture de deux laizes au rivetage de deux tôles minces, tenues ensemble par deux rangées de petits rivets peu serrés (rivets de faible diamètre) : les trous de rivetages s'ovaliseront dans la tôle, les petits rivets se cisailleront.

S'il y avait trois rangées de rivets plus gros (trois coutures avec gros fil...), les deux tôles deviendraient plus solidaires l'une et l'autre, elles joueraient moins, elles ne cisailleraient pas les rivets qui, eux, n'ovaliseraient pas les trous, étant donné leur diamètre plus fort.

Je n'ai rien inventé, car j'ai eu l'occasion d'observer des voiles faites en Nouvelle-Zélande (pays de vent) : elles étaient confectionnées avec du fil gros, trois rangées de coutures.

Les maîtres voiliers n'aiment pas coudre avec du gros fil... et l'une des raisons de cette réticence provient probablement de ce que cela les oblige à recharger plus souvent la cannette de leur machine à coudre, d'où ralentissement du travail.

Pour ce voyage, j'avais deux jeux de voiles complets, plus bon nombre de focs et trinquettes. Le tout était coupé dans un tissu destiné à la régate. Il s'agissait d'un banc d'essai, pour un ami fabricant de Tergal. Il me l'avait fourni gratuitement, et je devais lui envoyer ces voiles après le voyage afin qu'il puisse étudier en laboratoire le comportement de son tissu, à la suite de cette épreuve de fond. Avec ces deux jeux complets, je ne prenais donc pas de risques et me suis prêté volontiers à cette expérimentation. Sans cela, je n'aurais pas osé partir pour un voyage aussi long avec un Tergal que je ne connaissais pas personnellement.

Il est assez difficile de reconnaître un Tergal correspondant aux critères de la croisière. On peut tout de même y arriver dans une certaine mesure en palpant le tissu. *S'il est très souple, s'il ne crisse absolument pas sous les doigts*, ça peut aller en principe. Une aiguille à voile (de section triangulaire) devra s'y enfoncer sans faire le moindre bruit, sans qu'on l'entende écarter les fibres. Mais si le tissu est déjà « un peu raide » avant même d'avoir été transformé en voile, si on peut entendre passer l'aiguille… alors, il y a de fortes chances pour que ce tissu ne corresponde pas à nos critères, car nous faisons passer la durée, bien avant le dixième de nœud supplémentaire au près serré.

En général, un maître voilier sait à quoi s'en tenir entre régate et croisière ; il a en réserve le tissu convenant à l'un comme à l'autre. Et je pense que la meilleure carte de visite que puisse présenter un maître voilier, c'est de naviguer. Un coup de vent sur place, ça aide à saisir beaucoup de choses au sujet des renforts et des œils-de-pie. Un calme plat avec de la houle, ça permet de voir où ça frotte dans les haubans, et de comprendre comment il faut faire pour empêcher que ça frotte sur les fils des coutures. Ce sont là des détails qui permettent à une voile de *durer beaucoup plus longtemps* et d'encaisser sans broncher quelques fautes de l'équipage.

Renforts des focs et voiles d'avant.

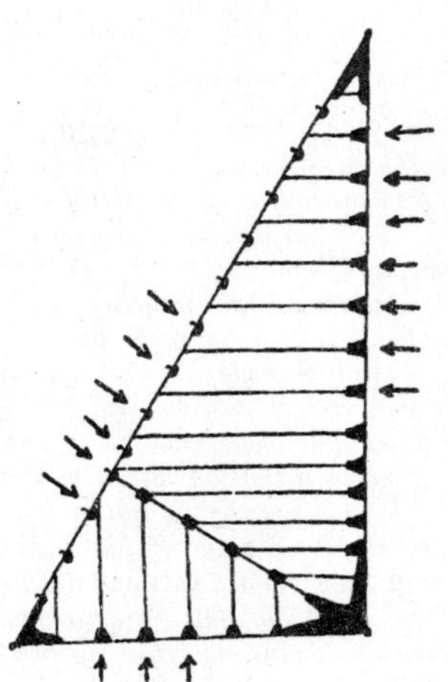

Les parties en noir indiquent les endroits devant être renforcés.
Les flèches indiquent les points qui souffrent plus particulièrement.
En plus des placards cousus en bout de laizes comme pour la grand-voile, il est très utile de coudre un placard près de chacun des mousquetons. Par temps calme, les mousquetons tendent à crever la toile dans les coups de roulis. Lorsque la brise est fraîche, la traction sur les mousquetons d'une voile, mal étarquée, provoque de gros efforts autour des œils-de-pie.

A. *Ligne du hauban sur lequel porte la voile. Fourrer le hauban est une bonne chose, mais c'est quand même insuffisant au bout d'un certain temps. Les placards servant à limiter l'usure du hauban doivent être suffisamment longs pour pouvoir rester efficaces lorsqu'on diminue la toile par ris ou tours de rouleau.*
B. *Lorsqu'une voile se déchire, c'est presque toujours à cause d'un violent fasseyage qui l'ouvre en deux le long d'une couture, en partant de la chute. Les coutures placées le plus haut sont les plus exposées, car c'est le haut de la voile qui fouette le plus fort pendant un virement de bord par vent frais, ou quand on amène la voilure. Voir détail pour la manière dont sont cousus ces placards de renfort.*
C. *Les renforts aux points d'écoute des ris sont soumis à de très gros efforts. Il convient donc de répartir ces efforts. Le croquis « détail de C » indique la manière dont sont renforcés les points d'écoute des voiles de* Joshua.

Placard A lors d'une diminution de voilure.

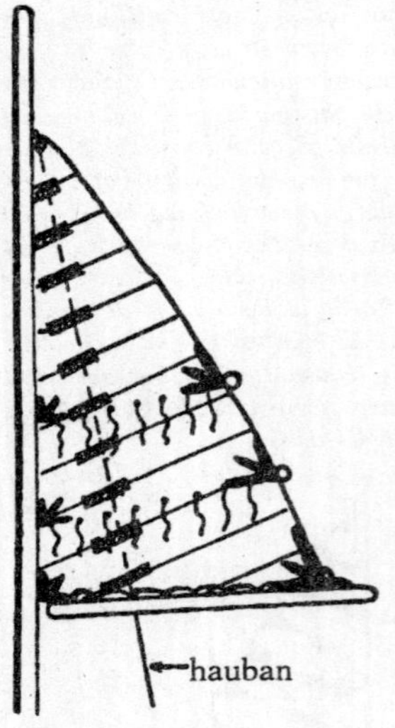

La voile est au premier ris. À mesure que l'on réduit la toile, le hauban ne frotte plus au même endroit sur les placards de protection. Si l'on prenait encore un ris, ces placards seraient tout juste assez longs pour protéger les coutures.
Le hauban n'a pas changé de position, mais sa position apparente n'est plus la même par rapport aux placards protégeant les coutures.
N.B. – *À noter, en passant, que les bandes de ris doivent être tracées un peu en montant, du côté de la chute, afin de relever le bout de bôme : plus il y a de vent, plus la mer grossit. Il faut donc que l'extrémité de la bôme soit plus haute que par beau temps, afin de ne pas risquer de plonger dans la mer pendant un coup de roulis aux allures portantes.*

Détail d'un placard B de renfort en bout de laize.

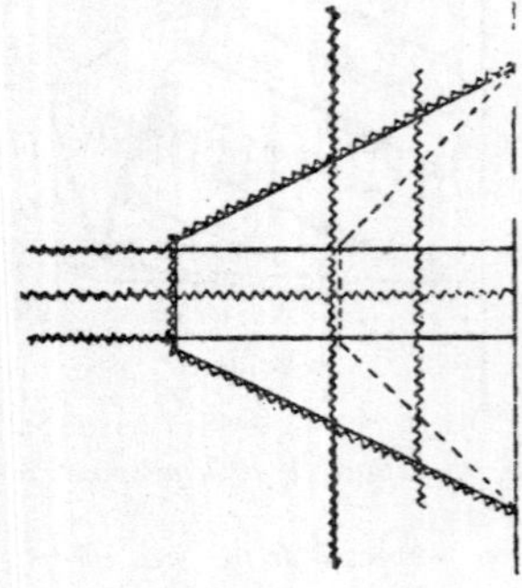

La disposition en triangle permet aux coutures des bords de ne pas être parallèles à la chaîne ou à la trame, d'où une meilleure tenue à la longue.
Ce placard est cousu « à cheval » sur l'ourlet, après que la voile est confectionnée. Il doit déborder plus d'un côté que de l'autre pour répartir les épaisseurs du tissu.

Renforts des points d'écoute et points de bosses de ris. (Détail de C)

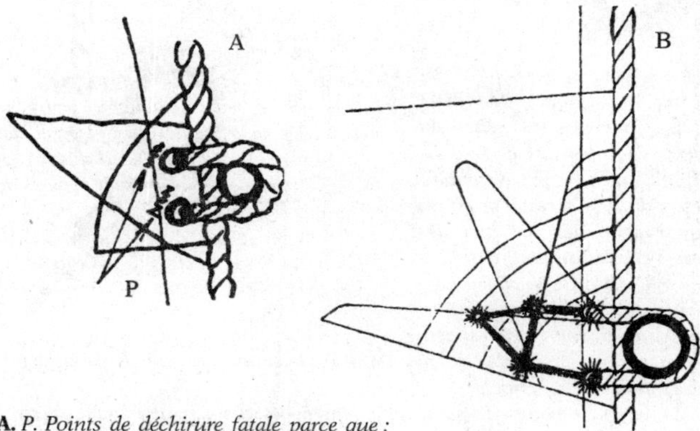

A. *P. Points de déchirure fatale parce que :*
1. Les épaisseurs de renforts sont insuffisantes (deux épaisseurs seulement).
2. Les deux œils-de-pie encaissent tout l'effort de la cosse sans être secondés par d'autres œils-de-pie, situés judicieusement plus en avant, pour aider à répartir l'effort total. La déchirure se produira donc contre l'œil-de-pie.
B. *Il y a 7 épaisseurs de renforts au total.*
Les œils-de-pie supplémentaires répartissent l'effort de traction de la cosse sur tous les renforts du point d'écoute ou du point de ris, côté écoute (qui est l'endroit où les tractions sont les plus fortes, et les déchirures les plus à craindre).

Outre la qualité adéquate de Tergal, un jeu de voiles dure *beaucoup plus longtemps* avec trois ou même quatre coutures, et si des renforts sont placés aux points faibles. Les croquis précédents indiquent ce que j'entends par là. Ils ont été publiés dans la revue *Bateaux* avant le départ. J'y ai apporté quelques modifications depuis ce voyage.

Œil-de-pie.

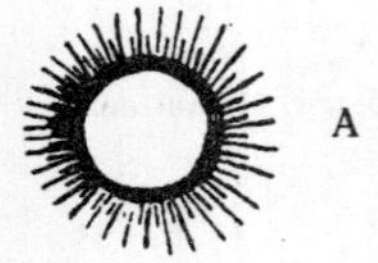

A

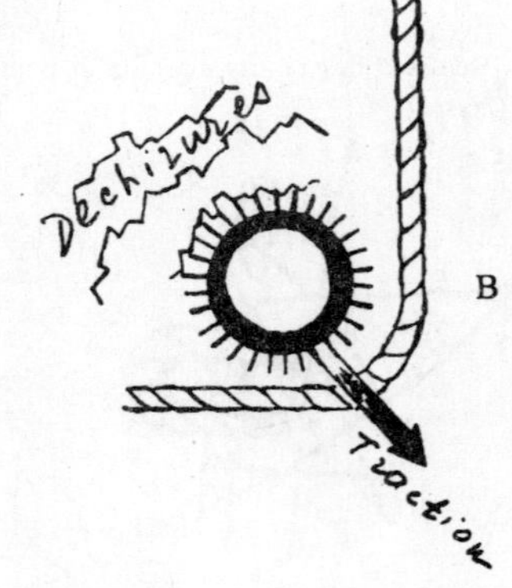

A. *Ici, le principe est bon, car les points sont piqués sur deux cercles dont l'un est nettement éloigné de la bordure de l'œil-de-pie. Ainsi, il n'y a pas d'affaiblissement du tissu à cause de points trop rapprochés les uns des autres, et, d'autre part, le fait de piquer le fil en quinconce augmente considérablement la résistance à la traction, car cet œil-de-pie se « cramponne » à la toile. Dans la vieille marine, tous les œils-de-pie étaient faits sur ce principe.*

B. *Mauvais : les points d'aiguille sont rapprochés et tous sur le même cercle, trop près de l'œil-de-pie. Si la traction est forte, la toile se déchirera forcément malgré le nombre des renforts de toile : même s'il y avait dix épaisseurs de tissu, cet œil-de-pie ne ferait pas le travail auquel il a été destiné.*

Chemin de fer

Que ce soit pour entrer dans un port ou pour amener la toile dans un vent frais, il est indispensable que celle-ci descende facilement. Un chemin de fer bien lubrifié facilite les choses. Autrefois j'utilisais le suif. Mais il tend à gommer après un mois ou deux. La vaseline en tube m'a donné d'excellents résultats. L'huile de moteur 2 temps me convient aussi, mais son effet n'est pas aussi durable que celui de la vaseline.

Les coulisseaux de *Joshua* font partie du type à « large boucle » représenté à gauche sur le croquis ci-après. Celui qui est dessiné à droite, du type à trou central, a toujours tendance à coincer.

Couliseaux.

A. *Coulisseau à boucle ouverte de bonne conception : lorsqu'on hisse ou qu'on amène la voile, l'amarrage tire vers le haut ou vers le bas, presque dans l'axe de transition du coulisseau, et celui-ci ne coince pas dans le chemin de fer.*

B. *Coulisseau de mauvaise conception, car l'amarrage contre la voile se trouve à un point fixe, au centre du coulisseau, et tend alors à faire pivoter le coulisseau qui se coince dans le rail. La grosse flèche indique le sens de la traction lorsqu'on amène la voile, et les deux petites flèches du haut et du bas indiquent dans quel sens les deux extrémités du coulisseau tendent à se diriger, donc à coincer.*

Poulies

Avant le départ, les poulies d'écoute et de drisses avaient tenu 35 000 milles avec leurs réas et axes d'origine. J'ai donc utilisé des poulies du même type, mais neuves, pour ce voyage. Il s'agit de poulies très classiques dites « poulies havraises » avec réas en Nylon, pouvant recevoir sans friction, contre les joues de bois, un cordage de diamètre 14 à 16 mm. Elles sont solides et ne coûtent pas cher en comparaison des poulies modernes.

J'ai été parfaitement satisfait du cordage Tergal, tressé fabriqué par Lancelin, il résiste bien à l'usure. Or un cordage de 14 mm servant d'écoute pour les voiles d'un bateau de 12 mètres ne pourra jamais casser s'il ne s'est pas usé en frottant quelque part.

À noter que le suif, la graisse, l'huile, n'importe quel corps gras, préservent beaucoup les cordages synthétiques contre l'usure. J'ai toujours soigneusement suiffé le portage des poulies en frottant vigoureusement drisses et écoutes à cet endroit-là.

Les drisses d'artimon et trinquette en Tergal « préétiré » avaient été mesurées trop longues d'environ 1,50 m, volontairement. Cela me permettait d'en couper quelques centimètres chaque semaine, côté point de drisse de la voile, afin de déplacer chaque fois le secteur de friction à la poulie. Ainsi, la partie « travaillante » de ces drisses restait toujours neuve. Suif en plus, évidemment. Je n'ai jamais eu à remplacer une drisse, de tout le voyage. Par précaution, il y avait quand même une drisse de foc et une drisse de trinquette de réserve, à poste le long des haubans. Elles n'ont pas servi, mais je me sentais plus tranquille les sachant là.

La drisse de foc et celle de grand-voile étaient en acier Inox très souple, diamètre 5 mm passant dans des poulies Inox fabriquées par un copain, avec un réa très large (8 cm de diamètre pour le réa). Il est important que le drisses d'acier passent dans un réa de grand diamètre, afin de ne pas donner une trop forte courbure à la drisse Inox. En effet, l'Inox est beaucoup plus sujet à la cristallisation que ne l'est l'acier galvanisé, les torons de l'Inox fatiguent et cassent si le diamètre du réa n'est pas le plus grand possible.

Pour en finir avec les problèmes d'usure de cordage, j'ai eu d'excellents résultats en imbibant d'huile mes bosses de ris au portage des cosses. Les bosses Tergal ne faisant que 10 mm de diamètre pour la grand-voile et 8 mm pour l'artimon, l'usure est rapide dans les cosses des points de ris, sur la chute de la voile qui est toujours en mouvement. Une fois imbibé d'huile (j'avais emporté un bidon d'huile), le Nylon cordé résistait infiniment mieux. J'ai dû remplacer deux fois les bosses de ris en dix mois. Sans huile, il eût fallu les changer au moins cinq fois.

Ce principe de l'huile pour les cordages, c'est Henry Wakelam qui en avait eu l'idée, en constatant la résistance à l'usure d'une amarre en Nylon pleine de mazout ramassée dans un port.

J'ai entendu dire que les corps gras nuisent à la solidité des cordages synthétiques. Mais le facteur « résistance à la traction » n'entre pas vraiment en ligne de compte en regard des problèmes soulevés par l'usure et le ragage. Peut-être des fabricants de cordages ont-ils fait des essais dans cette direction : qu'importerait par exemple qu'une écoute traitée contre le ragage supporte une charge de rupture de 1 500 kilos seulement au lieu de 1 700 kilos pour une écoute de même diamètre non traitée ? Ce que demandent les gars qui partent en croisière, c'est que le matériel dure longtemps, car il coûte cher et pèse lourd.

Poignée de mât

Pour la croisière, lointaine ou proche, on peut être obligé de monter changer une drisse ou une poulie, là-haut. On peut aussi avoir besoin de jeter un coup d'œil pour chercher un phare, pour observer l'entrée d'une passe ou d'un port. Les poignées que j'ai vissées en quinconce sur le grand mât et l'artimon sont précieuses. Elles ont été mises au point par Guy Raulin, un copain de bateaux, avec du fer à béton de diamètre 6 mm. Une fausse barre de flèche placée à environ un mètre du sommet du grand mât me permet de m'y asseoir pour travailler commodément. (Remplacer une poulie par exemple.)

Système employé sur *Joshua*

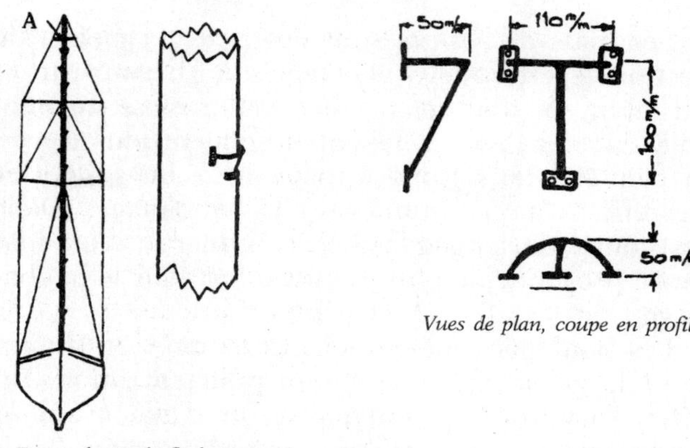

Vues de plan, coupe en profil.

A. *Fausse barre de flèche pour s'asseoir.*

Système Inaé de Gérard Borg.

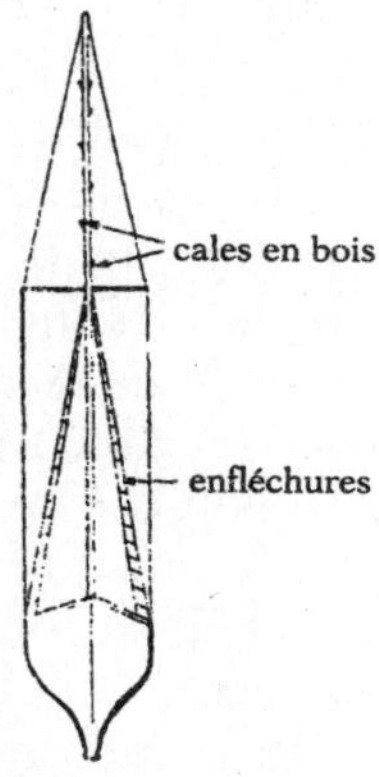

On atteint la barre de flèche par les enfléchures sur les haubans, et de là, les pieds prennent appui sur des cales en bois vissées en quinconce sur le mât.

MÂTURE, HAUBANS, RIDOIRS

Les mâts de *Joshua* sont des poteaux pleins, de section légèrement ovale, taillés à l'herminette et au rabot. Ce sont des poteaux par mesure d'économie, car des mâts creux collés seraient plus légers, et peut-être aussi solides tout en faisant supporter des efforts moins grands sur le haubanage. (Dans les coups de tangage, la force d'inertie d'un mât lourd provoque de plus grands efforts sur le haubanage.)

Les haubans sont en acier Inox de 8 et 10 mm pour le grand mât, et 10 mm pour l'artimon. En effet, l'artimon ne peut pas avoir d'étai avant ni de pataras fixe à l'arrière, et je préfère ne pas utiliser de marocain (câble reliant le sommet des 2 mâts, parfois employé sur les ketches). Avec un marocain, si un mât descend, l'autre descend aussi, presque à coup sûr. L'artimon étant mal tenu sur l'avant et sur l'arrière, j'ai donc préféré y mettre des haubans surdimensionnés, d'autant que ce mât pèse lourd. Pas d'épissures pour mes haubans des serre-câble. Je préfère trois serre-câble à une épissure pour l'Inox, car l'Inox tend à cristalliser, à fatiguer, puis peut devenir cassant, surtout lorsqu'il s'agit de câble raide employé pour le haubannage. Lorsqu'on utilise les serre-câble, le premier (celui qui est le plus près de la cosse) doit être serré modérément, le second serré plus fort, et le troisième bien serré. Ceci pour ne pas faire souffrir le câble dès sa sortie de la cosse. Je place toujours la partie en U du serre-câble contre le brin « non travaillant » du hauban (voir croquis). En effet, cette pièce en U pourrait faire souffrir le hauban proprement dit.

Cosses

Que l'on emploie des serre-câble ou des épissures, les cosses habituelles ne sont pas étudiées pour l'Inox. En effet, l'Inox est fragile à la pliure, et les cosses courantes ont un rayon de courbure trop faible, le câble souffre, tend à se cristalliser. C'est ainsi qu'un hauban *neuf* a cassé à l'artimon, juste sous la cosse, à la pliure maximum (voir croquis). Avec du câble galva, ce problème n'existe pas, car le galva ne fatigue pas et supporte un rayon de courbure beaucoup plus faible que l'Inox. De bonnes cosses pour Inox devraient être très grandes : je verrais facilement sept centimètres de large et dix à douze centimètres de haut.

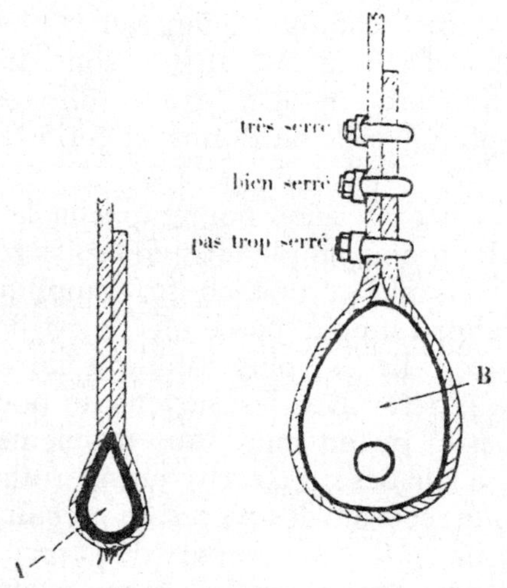

A. *Petite cosse : rupture possible du câble Inox par cristallisation sous la cosse.*
B. *Grande cosse : pas de cristallisation du métal.*
La partie en U du serre-câble doit être toujours placée sur le « dormant » du câble.

Quant au système du type « aviation » où le hauban est serti directement à l'extrémité du ridoir, sans aucun pliage, je m'en méfie d'instinct. Certes, ça ne glissera jamais... mais si le hauban Inox fatigue peu à peu, il cassera sans prévenir, au ras du sertissage. Le yacht *Solo*, en escale à Tahiti, m'a montré deux haubans de 11 à 12 mm qui avaient cassé juste à l'entrée du ridoir, après trente mille milles de navigation. Avec une cosse, on *voit* ce qui se passe, on pourra voir quelques brins qui commencent à lâcher sous la cosse, *on sera averti,* on pourra commencer à se méfier et à réfléchir pour trouver une parade. Ma parade consiste à raccourcir le hauban, côté ridoir, mettre une autre cosse sur la partie qui n'a pas souffert de la pliure, et rattraper la longueur avec un bout de chaîne (voir croquis). Quant au côté mât du hauban, pas d'ennuis là-haut, ce sont des capelages qui font le tour du mât, avec un très grand rayon de pliure, cela ne donne aucune fatigue à cet endroit-là.

Je saisis cette occasion pour rappeler le processus mental qui nous guide tous en croisière : entre une chose simple et une chose compliquée, on choisit la chose simple, parce qu'elle est bon marché, parce qu'elle est plus rapide à faire, parce qu'on peut réparer avec les moyens du bord, dans un coin perdu ou en mer, sans problèmes, sans frais, sans avoir besoin d'écrire en Australie ou en Europe pour recevoir des pièces de rechange. Cela permet de naviguer avec la paix de l'esprit, d'aller où on veut et comme on veut, en sécurité. En attendant, il faudra que je trouve de bonnes cosses... ou que je les fabrique moi-même, taillées dans la masse.

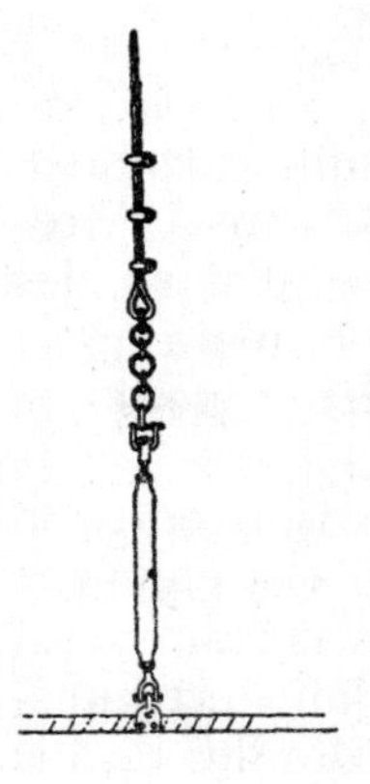

Réparation d'un hauban cassé à la hauteur de la cosse : on rattrape la longueur avec une petite longueur de chaîne.

Barres de flèches

Sur *Joshua,* elles sont montées sur le principe de la souplesse. Ces barres de flèche ont tenu bon un abordage avant le premier passage de Bonne-Espérance, puis cinq knock-down mâts dans l'eau, dont quatre très sérieux au second passage de l'océan Indien et du Pacifique.

Si le montage de ces barres de flèches avait été fait avec des ferrures, selon le principe de la rigidité, je suis *certain* que *Joshua* se serait arrêté avant Tahiti, et probablement à la suite de l'abordage, avant même le premier passage de Bonne-Espérance.

Non seulement le montage souple est très sûr à mon avis, mais en plus il est tout simple à installer, bon marché, vite fait, sans ferrures (voir croquis).

Ridoirs

Je suis toujours partisan des ridoirs galvanisés bourrés d'un mélange de suif-céruse dans la proportion de 50 % suif et 50 % céruse. J'ai vu des ridoirs ainsi protégés se desserrer à la main après 8 ans. Même traitement au suif-céruse pour les manilles.

Ne pas oublier une manille de liaison entre la cadène et le ridoir, cela fait « cardan » et empêche la tige du ridoir de se tordre dans certains cas. Cette précaution de la « manille-cardan » est indispensable pour les ridoirs tenant les drailles de foc et de trinquette, sans quoi ces ridoirs casseraient un jour ou l'autre à cause des torsions subies continuellement, tantôt sur bâbord, tantôt sur tribord, sous l'effort des voiles d'avant.

En route

À partir des hautes latitudes, voici les voiles utilisées :

Grand-voile 25 m^2 avec trois bandes de ris.

Artimon 14 m^2 avec 3 bandes de ris. Trinquettes 18 m^2 avec trois bandes de ris. Foc 15 m^2 sans bandes de ris.

Tourmentins de 5 et 7 m^2 avec ris.

Trinquettes de 10, 6 et 5 m^2 ayant toutes des bandes de ris. Ces petites trinquettes étaient coupées de manière à pouvoir être utilisées aussi sur le bout-dehors si je l'avais voulu.

Toutes ces voiles étaient en Tergal 390 g au mètre carré (9 onces). À mon avis, c'est un poids raisonnable, pas trop lourd. Mais le foc de 15 m^2 était en Tergal léger, de 5 onces. Il s'agissait là d'une

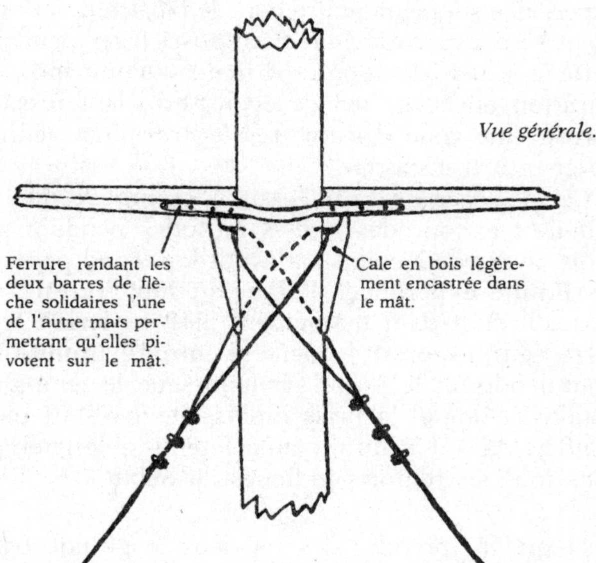

Montage souple des barres de flèche.

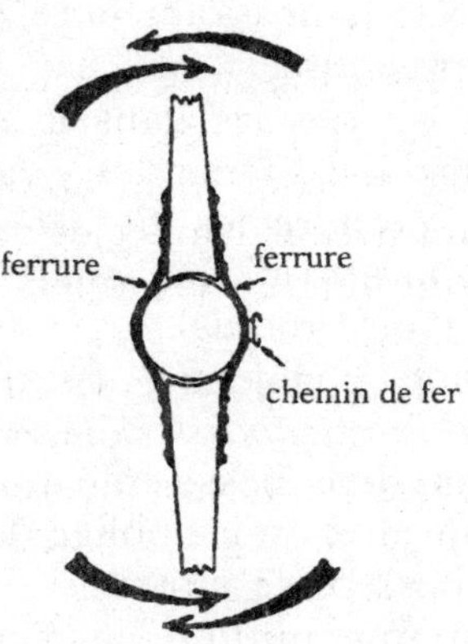

La cale en bois sur laquelle est vissé le rail est évidée au passage de la ferrure de barres de flèches. Cela permet le mouvement de va-et-vient.

expérience supplémentaire pour le fabricant. « Comment se comporterait un tissu aussi léger pendant cette épreuve de longue durée ? » Pour moi, la question était : à surface égale, est-il intéressant d'avoir une voile d'avant très légère, plus facile à ferler et à transporter ?

Ce foc léger de 15 m^2 était si commode qu'il a fait tout le tour des hautes latitudes pendant six mois, avant de lâcher, peu avant le second passage de Bonne-Espérance. J'ai beaucoup regretté sa perte, il était d'un maniement aisé, se ferlait très serré, se transportait facilement entre l'extrémité du bout-dehors et le poste avant lorsque le temps se gâtait. Et quand la brise mollissait, il restait bien gonflé. Mais il n'aurait jamais tenu si longtemps sans tous les renforts indiqués au début.

Je préfère prendre des ris dans la grande trinquette de 18 m^2 plutôt que changer de trinquette. Cela fait beaucoup moins de complications à mon avis. Et lorsque le temps s'améliore, un ris est vite largué. Vite repris aussi.

Pour ce qui est des ris dans la grand-voile et l'artimon, j'utilise le système des « violons de ris », qui permet de prendre les ris sans avoir besoin d'amener la voilure ni d'aller amarrer la bosse en bout de bôme (voir croquis).

Avec le système de violons de ris, il est *plus facile de tirer d'abord sur la bosse côté écoute*, puis de s'occuper ensuite de la bosse côté amure. Sans violon, c'est le contraire, on est obligé de s'occuper en premier de la bosse côté amure.

Il me fallait une minute au maximum pour prendre un ris à l'artimon, et deux minutes environ pour la grand-voile. Inutile de lofer, ça vient tout seul, même au vent arrière. Mes violons étant à

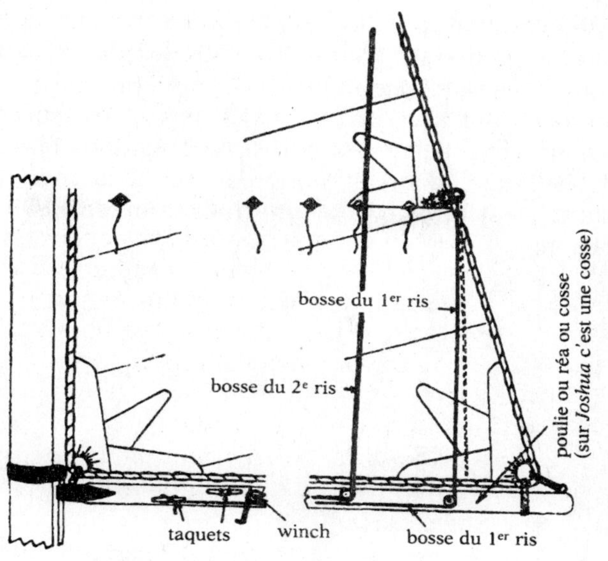

Système de violon de ris prêt à fonctionner.

Le côté tribord de la bosse est indiqué en pointillé sur sa partie verticale derrière la voile. La suite de cette bosse, qui va le long de la bôme du côté caché, n'est pas représentée sur ce croquis. Il y a donc un winch et des taquets sur la bôme. De même de l'autre côté.

double effet, *je pouvais me tenir toujours du côté au vent de la bôme* pour tirer sur les bosses. Cela simplifie *énormément* la prise des ris. Ce détail est très important. Il suffit pour cela d'avoir un taquet de chaque côté de la bôme pour la même bosse (donc pour le même ris). Ainsi, la bosse part du taquet bâbord par exemple, elle passe ensuite dans le réa bâbord vissé sur la bôme à la verticale de la cosse de chute correspondant au ris, elle remonte jusqu'à cette cosse de chute, elle passe dans cette cosse, elle redescend pour passer dans le réa tribord et retourne le long de la bôme jusqu'au taquet tribord. On peut donc tirer à volonté sur le côté bâbord ou tribord de la bosse. Cela permet de se tenir toujours du côté *au vent* de la bôme, beaucoup plus sain par mauvais temps : on voit venir les déferlantes et on ne risque pas d'être surpris par un coup de roulis, qui, si on était sous le vent de la bôme, pourrait nous envoyer à la mer. Le harnais est là bien entendu, mais ce n'est pas une raison.

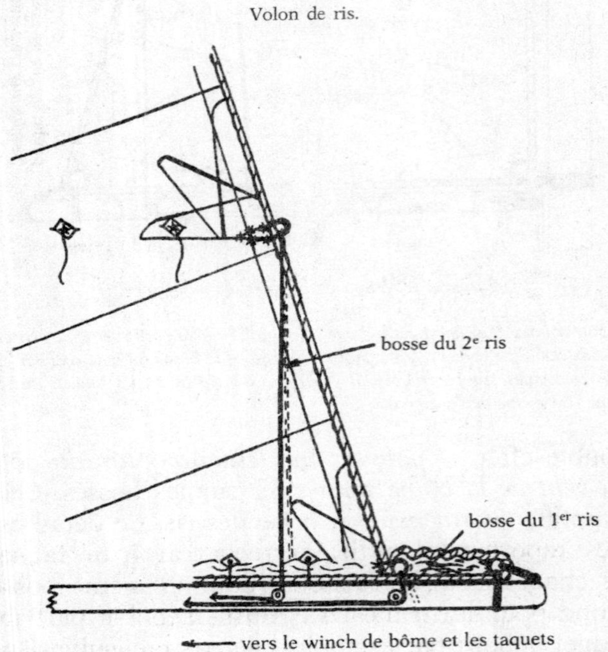

Le premier ris est pris. On reprend alors le mou dans la bosse du second ris qui est parée.

Un petit winch placé de chaque côté de la bôme de grand-voile permet de mieux raidir la bosse de chute et de gagner ainsi du temps, car les derniers centimètres sont importants, ce sont eux qui font la différence entre une voile bien établie et un sac. Quant à la bosse côté amure, pas besoin de winch pour elle, puisqu'on étarque ensuite la drisse de voile. Pas besoin non plus de winch pour les bosses de ris d'artimon, ça vient raide tout seul en tirant un bon coup.

La totalité du dispositif représente donc un petit winch et quatre taquets sur chaque côté de la bôme de grand-voile, et trois taquets sur chaque côté de la bôme d'artimon.

Garcettes de ris

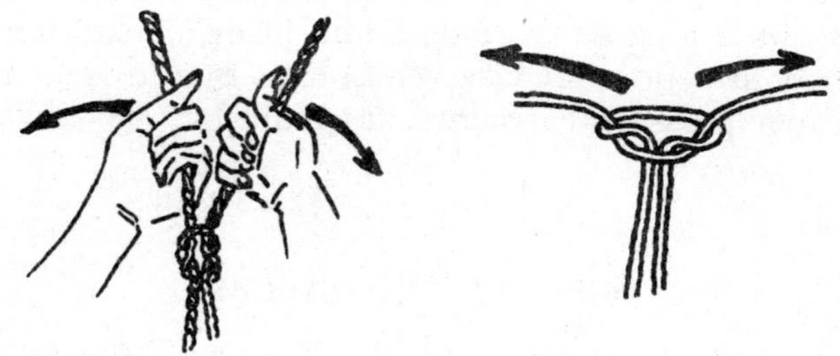

Pour larguer un nœud plat souqué sur un petit cordage.

Pour nouer les garcettes de la grand-voile après avoir pris un ris au vent arrière, je borde l'écoute afin de pouvoir travailler sans me pencher à l'extérieur. Par forte brise, je commence par nouer une garcette sur deux, puis je noue ensuite les garcettes intermédiaires. J'utilise le *nœud plat,* pas le nœud à boucle. Le nœud plat peut sembler difficile à larguer, une fois bien souqué. En fait, c'est très facile (voir croquis) et le nœud plat n'a pas tendance à se larguer tout seul dans le mauvais temps, comme le fait souvent le nœud à boucle. Le nœud plat est particulièrement indiqué pour les garcettes de trinquette, car si elles se larguaient toutes seules la nuit sous les paquets de mer, cela pourrait faire du vilain dans la masse de toile libérée comme une grande poche sous la voile.

Sur le bout-dehors

Le système pour changer de foc sans trop de douleur sur le bout-dehors est simple : un câble d'acier 3 mm tendu raide à l'horizontale entre un hauban du grand mât et la draille de foc permet d'y crocher l'un après l'autre tous les mousquetons du foc. Ainsi, la voile entière peut se transporter en coulissant le long de ce câble 3 mm jusqu'à l'extrémité du bout-dehors (et vice versa) sans que le vent ou la mer puissent l'arracher des mains.

SURFACES DE VOILURES

La grande leçon tirée du précédent parcours Tahiti-Alicante concernait la nécessité de pouvoir régler mes surfaces de voilures par tous les temps. Du temps de Tahiti-Alicante, *Joshua* n'était pas vraiment paré, sur ce chapitre, sa plus petite voile (le tourmentin) mesurant 8 m^2, et la grand-voile au bas ris 18 m^2.

Pour ce nouveau voyage, la grand-voile au bas ris mesurait 6 m^2, l'artimon au bas ris 5 m^2, et j'avais tout le nécessaire en ce qui concerne les voiles d'avant, avec des surfaces minuscules quand il le fallait. Cela m'a permis de naviguer avec l'esprit en paix pendant tout le voyage, jamais sur-

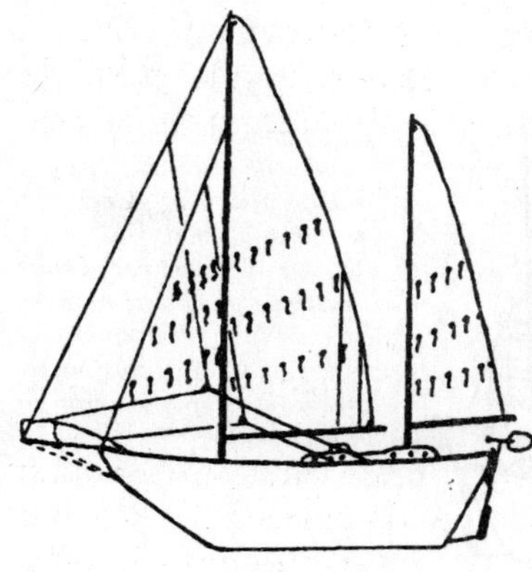

Dans l'alizé :
Grand voile : 35 m^2 avec 3 bandes de ris,
Artimon : 20 m^2 avec 3 bandes de ris,
Trinquette : 18 m^2 avec 3 bandes de ris,
Grand foc : 22 m^2 ou petit génois : 35 m^2.

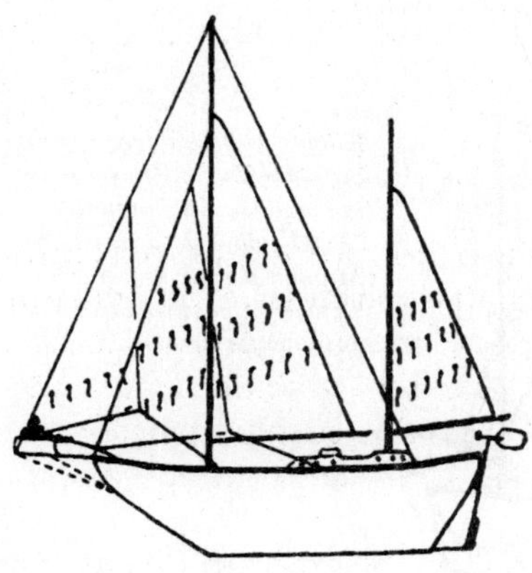

Hautes latitudes (beau temps) :
Petite grand-voile : 25 m^2, 3 bandes de ris,
Petit artimon : 14 m^2, 3 bandes de ris,
Petit foc : 15 m^2 en Tergal léger,
Grande trinquette : 18 m^2,
Le tourmentin est ferlé serré sur le balcon du bout-dehors.

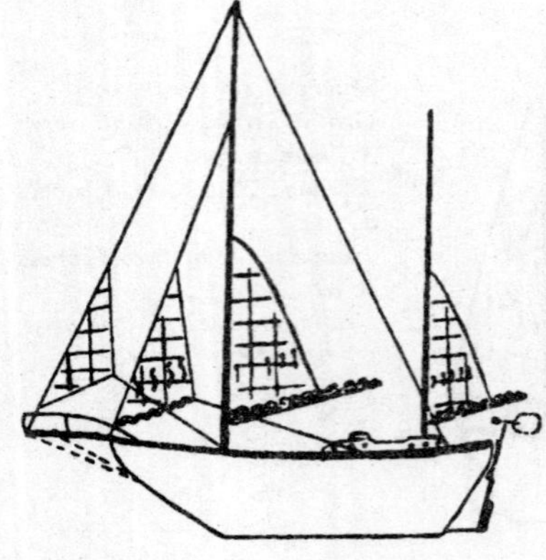

Hautes latitudes (brise fraîche) : Grand-voile à un ris : 18 m², Artimon à un ris : 12 m², Trinquette à un ris : 12 m², Foc à un ris. Mais par la suite je préférais prendre le ris dans le foc de 15 m² et attendre que ça fraîchisse encore pour l'amener et envoyer le tourmentin à la place.

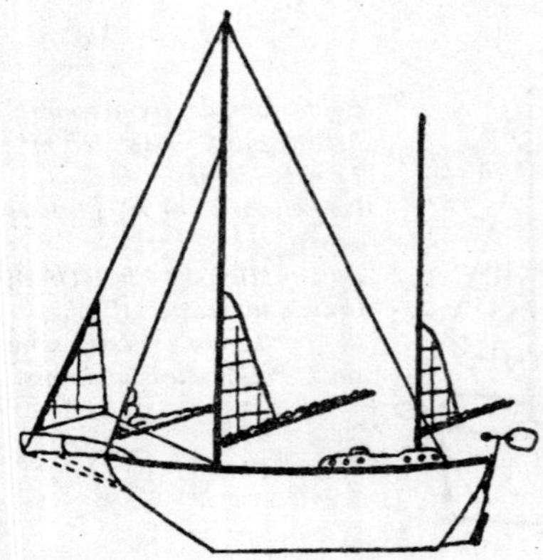

Hautes latitudes (grosse brise ou coup de vent modéré avec probabilité d'atténuation) : Grand-voile à deux ris : 12 m², Artimon à deux ris : 8 m², Trinquette au second ris : 6 m², Tourmentin de 5 m².

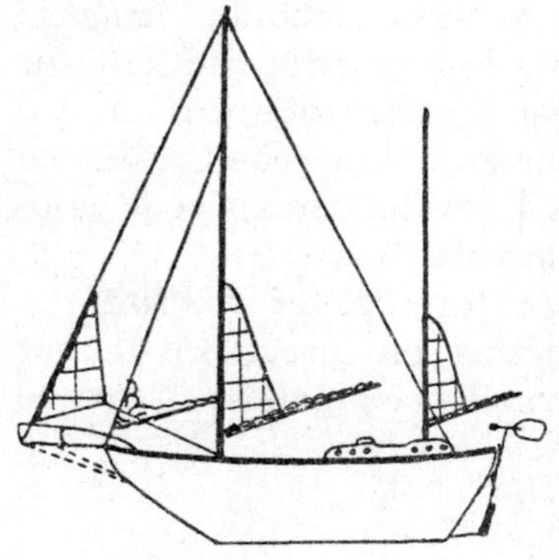

Hautes latitudes (grosse brise ou coup de vent avec mer forte) : Grand-voile à trois ris (bas ris) : 6 m², Artimon au bas ris : 5 m², Tourmentin de 5 m². La trinquette est amenée car son troisième ris est trop compliqué à prendre. Elle est souvent remplacée par une petite trinquette de 7 m² avec bande de ris.

toilé, rarement sous-voilé, et toujours avec la possibilité d'adapter la surface de toile à de nouvelles conditions de temps.

Les croquis suivants illustrent l'importance de ce jeu de petites voiles et toutes les possibilités d'adaptation qu'apportent les bandes de ris nombreuses, dont la dernière est placée très haut.

Pilotage automatique

En dix mois de mer, j'ai barré environ une heure devant l'île Trinidad, à peu près le même temps à l'entrée de Hobart et de Cape Town, puis pendant la seconde moitié d'une nuit à la suite du dernier chavirage du Pacifique, car je n'osais pas sortir pour remplacer la girouette cassée à ce moment-là. Et enfin, j'ai barré pour entrer dans la passe de Papeete et prendre le mouillage.

Ces croquis montrent différents types de gouvernail automatique, selon les formes d'arrière. Le principe essentiel, toujours le même, correspond à l'esprit de croisière et peut se résumer ainsi : « simplicité, robustesse ».

Pour celui de la frégate en bois moulé *Challenge* d'Henri et pour *Vlaag* de Ivo, la girouette agit sur le gouvernail additif par l'intermédiaire d'un système de biélettes. La barre de gouvernail principal est alors amarrée dans l'axe du bateau et le gouvernail additif corrige le cap.

Pour *Ophélie* d'Yves Jonville et *Joshua*, la girouette contrôle le fletner en direct. Ce fletner agit alors sur le gouvernail principal. La barre de celui-ci est laissée libre.

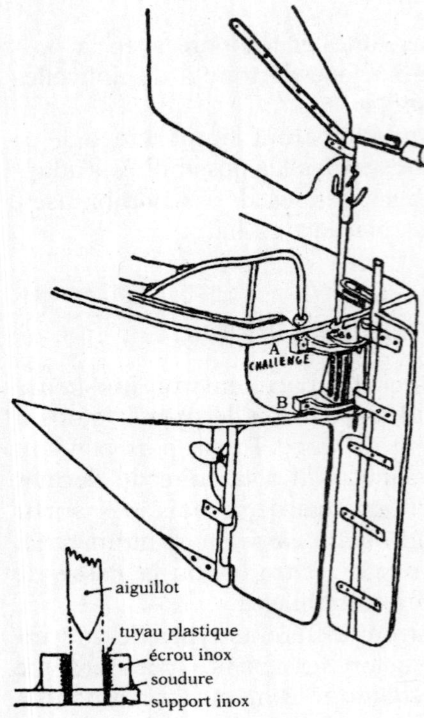

Les deux plaques en bois A et B sont boulonnées à travers le tableau arrière et réunies par des tiges filetées Inox.

Pour *Mistral* de Julio Villar (un super Mistral de série), c'est un mélange *Challenge-Joshua* : gouvernail additif comme pour *Challenge* et girouette en direct sur la tête du fletner, comme pour *Ophélie* et *Joshua*.

Gouvernail automatique d'Ivo.

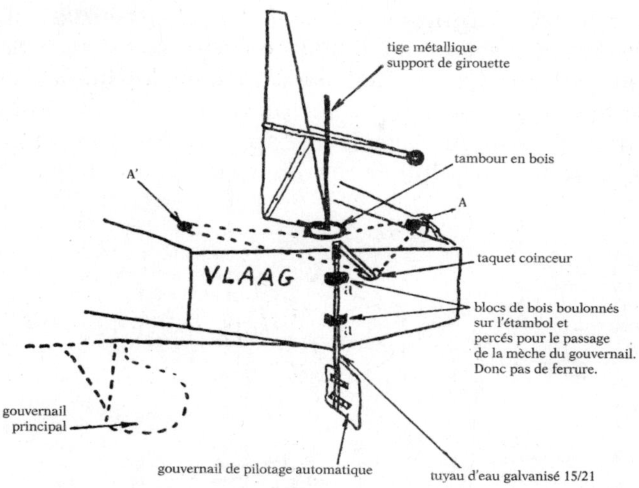

Le câble indiqué en pointillé fait un tour mort autour du tambour en bois solidaire de la girouette, passe dans les poulies A et A', et se termine au bout de la petite barre du gouvernail extérieur. Le câble est un cordage Tergal 6 mm. Le réglage se fait par taquet coinceur placé au bout de la petite barre.

Ces croquis ne sont pas limitatifs, chacun peut être retouché pour s'adapter au bateau qui lui convient. Celui de *Joshua* est bon, mais pas parfait. En effet, le fletner dépasse sous le gouvernail principal, cela peut accrocher quelque chose dans un port, accrocher la ligne de loch, une ligne de pêche en mer (il n'a jamais pris d'algues, celles-ci étant en surface). Celui d'*Ophélie* est du même principe (girouette agissant directement sur le fletner sans aucun intermédiaire mécanique, barre du gouvernail principal restant libre), mais son fletner placé loin du safran a un bras de levier supérieur, il agit sans doute mieux par très faible brise, et de plus, ne risque pas d'accrocher un cordage dans un port ni la ligne à dorades.

N.B. : Lorsque la girouette est montée en direct sur la tête du fletner (*Mistral*, *Ophélie*, *Joshua*), il est indispensable que le point où repose la girouette soit à la jonction de l'axe « gouvernail-fletner ». Sans quoi cela ne fonctionne pas, le bateau embarde et ne tient pas son cap. Le dernier croquis représente un pilotage automatique mal conçu.

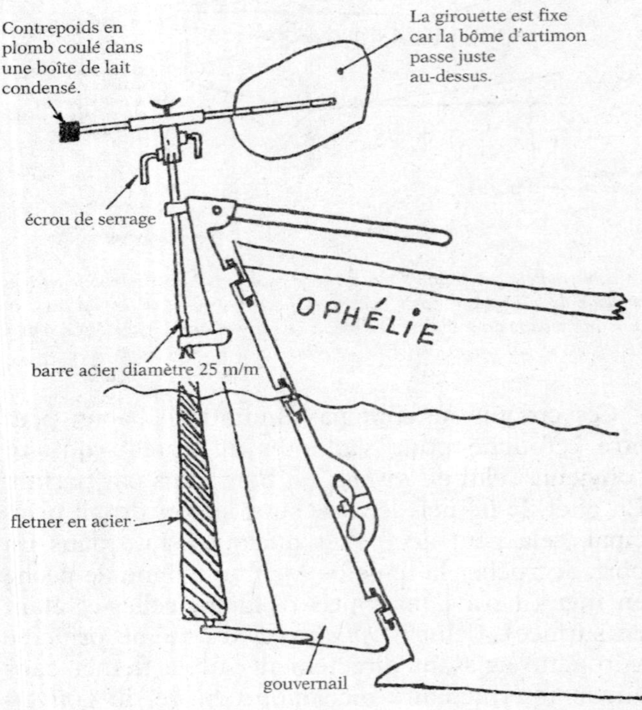

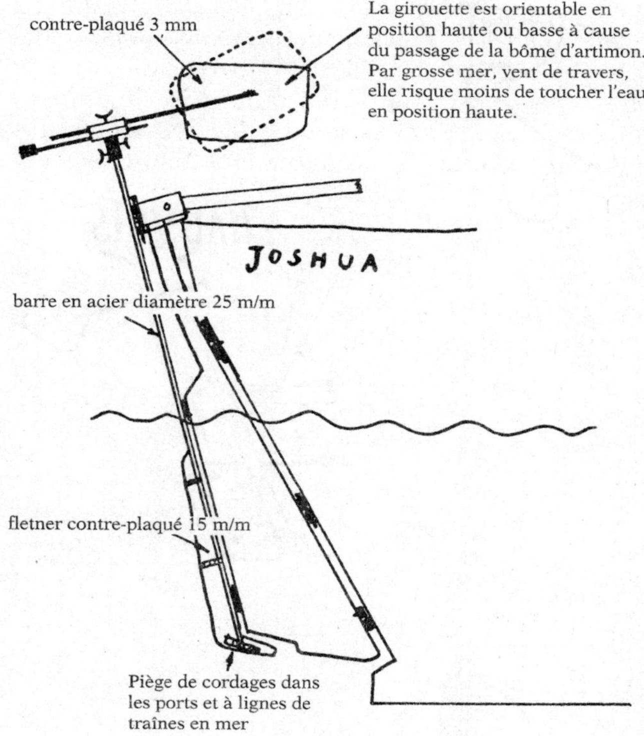
contre-plaqué 3 mm
La girouette est orientable en position haute ou basse à cause du passage de la bôme d'artimon. Par grosse mer, vent de travers, elle risque moins de toucher l'eau en position haute.
JOSHUA
barre en acier diamètre 25 m/m
fletner contre-plaqué 15 m/m
Piège de cordages dans les ports et à lignes de traînes en mer

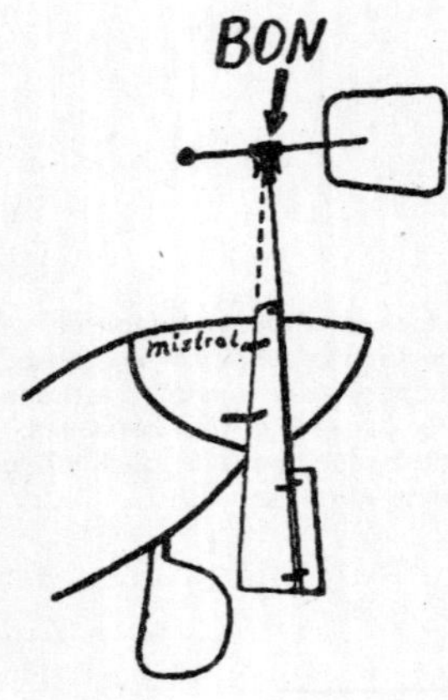

Ici le principe est bon, le pivot de la girouette se trouvant à la jonction des axes « fletner-gouvernail ».
Henri Amel me pardonnera un si mauvais croquis de son bateau... Julio était parti, j'ai dû dessiner de mémoire...
N.B. : Les ferrures supportant le gouvernail additif étaient réalisées beaucoup plus solidement que sur ce croquis.

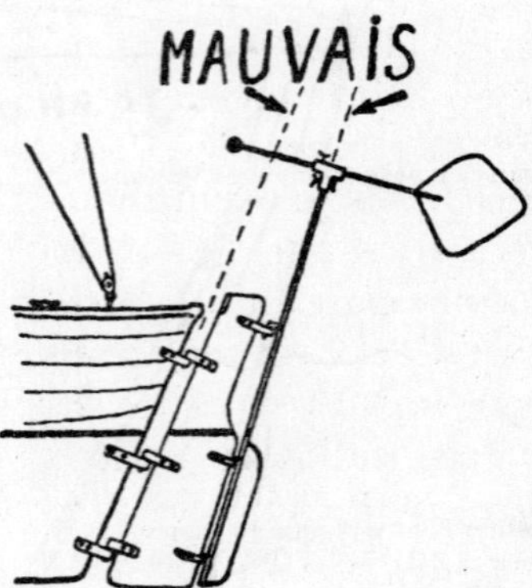

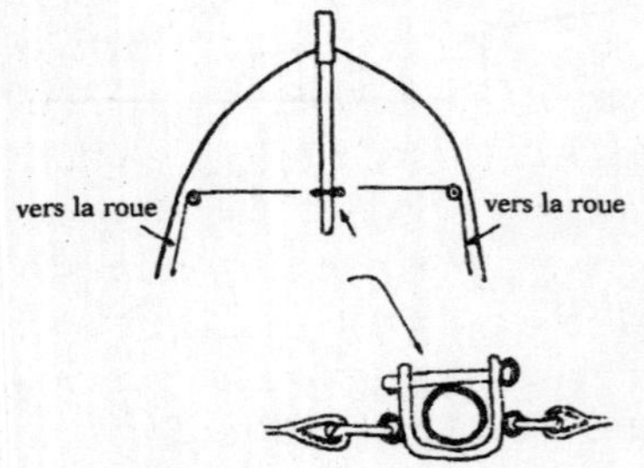

Correction de la barre avec la roue sur Ophélie *et* Joshua, *permettant de brancher ou de libérer instantanément.*

Le voyage total a représenté trente-sept mille quatre cent cinquante-cinq milles entre les points de midi, en dix mois. Cela fait environ vingt-neuf mille milles dans la zone malfamée des vents d'ouest, pendant huit mois consécutifs. À titre de comparaison, *Joshua* n'était resté qu'un mois et demi (du 10 décembre au 28 janvier) sous les hautes latitudes lors de Tahiti-Alicante, cinq fois moins de temps que pour la longue route, et avec seulement cinq mille ou six mille milles parcourus dans les eaux dangereuses. Mais, tandis que la mer grondait continuellement sous les hautes latitudes pendant le précédent voyage, elle est restée relativement tranquille et souvent même très belle cette fois-ci, pendant plus d'un tour du monde complet : été exceptionnel sans doute. Et c'est seulement au second passage de l'océan Indien et du Pacifique qu'elle est devenue dangereuse en permanence pendant près de deux mois, avec l'approche de l'hiver.

Tahiti-Alicante avait connu un formidable coup de vent de longue durée lié à deux dépressions, mais un seul knock-down, mâts à peine un peu plus bas que l'horizontale. Le danger principal de ce coup de vent venait des lames secondaires du sud-est envoyées par la première dépression, après qu'elle soit passée. La seconde dépression a ensuite formé des lames extrêmement hautes, du secteur ouest, sur lesquelles *Joshua*, à sec de toile, tentait de partir en surf. Il risquait alors de se planter dans la houle secondaire de sud-est envoyée par la première dépression. Et *Joshua* aurait sanci dans ce coup de vent si nous n'avions pas barré en prenant la lame d'ouest à 15 ou 20° sur bâbord de l'arrière. Cette manœuvre avait un double effet :

1° – En attaquant nettement de biais les lames secondaires de sud-est mélangées à une mer confuse venant d'un peu partout, le risque de percuter un de ces mamelons était un peu diminué. (En percutant de face et dans un coup de surf un de ces mamelons de la taille d'un gros tas de sable, *Joshua* aurait sanci. Cela avait failli lui arriver avant d'adopter cette manœuvre.)

2° – Le fait de recevoir les lames principales à 15 ou 20° sur le quart bâbord arrière donnait un coup de gîte lorsque le bateau dévalait la pente. Alors, la joue tribord de l'étrave prenait appui sur la mer, un peu à la façon d'un ski, ou comme la face bombée d'une cuiller. Cela empêchait l'étrave d'engager dans une houle secondaire. (Voir croquis.)

Tahiti-Alicante n'avait subi qu'un seul knock-down, mâts à peine un peu plus bas que l'horizonale, et cela malgré des conditions générales nettement plus dures en moyenne que pendant la longue route.

Pour la longue route, il n'y a eu aucun coup de vent fantastique du genre Tahiti-Alicante, en revanche trois knock-down mâts à l'horizontale ou un peu plus bas que l'horizontale, et quatre autres knock-down sérieux, bien plus bas que l'horizontale, avec la quille à 30° et même une fois 40° probablement au-dessus de l'eau. Ces quatre derniers knock-down ont eu lieu au second passage de l'océan Indien et du Pacifique. Les deux premiers de cette dernière série se sont produits à dix ou douze jours d'intervalle, dans l'océan Indien, *à cause de la trop grande vitesse du bateau pour la mer très escarpée qu'il y avait à ce moment-là*.

Les deux derniers, dans le Pacifique ont été provoqués *par des déferlantes erratiques*.

Dans tous ces cas, *Joshua* était en route sous voilure réduite, à plus de 6 nœuds. C'est de ces quatre knock-down que je vais parler maintenant. Les deux premiers s'appelleront *Océan Indien* et les deux seconds *Pacifique*. Le bateau s'est toujours redressé en deux ou trois secondes, ce qui est normal pour tous les bateaux à quille lestée.

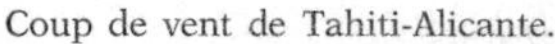

Coup de vent de Tahiti-Alicante.

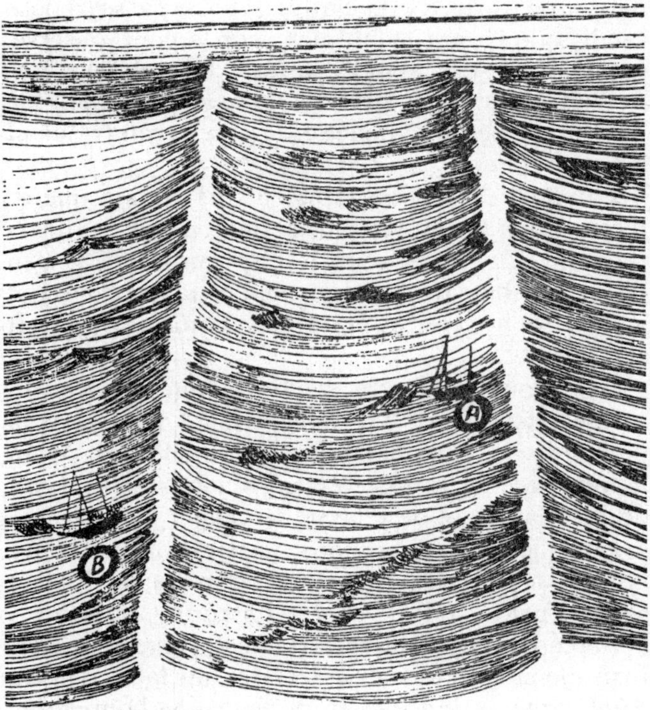

Coup de vent de Tahiti-Alicante.

En position A, Joshua risquait de sancir en percutant avec houle secondaire de S.-E.

En position B, Joshua reçoit la houle principale d'ouest à 15 ou 20° sur bâbord. Il fait donc un cap 70 à 75, ce qui lui permet de ne pas buter directement de l'étrave dans les houles secondaires de S.-E. D'autre part, le risque de partir en surf est moins grand en position B. Moins on surf, moins il y a de danger de sancir.

Les deux knock-down se sont produits de nuit, par coup de vent de l'arrière. J'étais dans ma couchette et ne dormais pas. C'est ce qui se passe en général lorsque quelque chose flotte dans l'air : on est là, dans la couchette, pas vraiment tendu, mais dans une sorte d'expectative. Le corps se repose tandis que l'esprit se promène sur le pont, observe, compare, pèse le vent et la mer. La première fois *Joshua* courait vent arrière à 6 nœuds sous petit foc de 7 m^2 et petite trinquette de 5 m^2, grand-voile et artimon amenés.

Lorsqu'il est allé au tapis, je suis certain que ce n'était pas à cause d'une déferlante, j'aurais reconnu le bruit et senti le choc amorti. Là, rien de cela, le bateau s'est couché, des tas d'objets ont valsé. Je ne comprenais pas comment c'était arrivé.

La seconde fois, dix à douze jours plus tard, même phénomène. Là, *Joshua* allait peut-être un peu plus vite, à la fin d'un autre coup de vent, avant la longitude du cap Leeuwin. Toujours aucun bruit de déferlante. Je ne comprenais pas.

Quelques jours plus tard, je pense avoir trouvé la réponse : j'étais sur le pont, vent force 6 à 7, plein arrière, petite voilure, mer *très escarpée*, vitesse 6,5 à 7 nœuds, sillage sinueux à cause des embardées. Brusquement le bateau a accéléré sur la face avant d'une lame, et il a lofé en prenant une bonne gîte. Le pont sous le vent s'est engagé dans l'eau (15 à 20 cm sous l'eau) et j'ai très nettement senti le coup de frein, en même temps que la gîte s'accentuait. Rien ne s'est produit, la gîte n'avait pas excédé une trentaine de degrés, la girouette a remis le bateau sur son cap, mais j'ai senti avec une grande netteté qu'il ne s'en était pas fallu de beaucoup pour aller plus loin.

Lorsque la mer est escarpée, je crois maintenant préférable de réduire nettement la vitesse sous pilotage automatique, en portant le moins de toile possible : juste assez pour que le gouvernail réponde immédiatement, mais limiter les risques de partir en survitesse sur une lame escarpée, car si le bateau lofe à la faveur d'une embardée, avec une bonne gîte en plus, cela peut devenir grave pour la mâture.

À noter que le bateau ne peut partir en survitesse sur une pente qu'à condition d'avoir déjà une certaine vitesse : une planche flottant dans de très grosses lames restera à la même place. Mais si on la pousse un peu en avant, juste au bon moment elle pourra partir en surf. Un bateau n'étant pas conçu comme une planche à surf, il pourra continuer à faire route sans risquer de partir en survitesse, à condition de ne pas dépasser un certain seuil de vitesse moyenne, variable selon l'escarpement des lames. Ce seuil dépend du bateau et de la mer. Au-dessous de 6 nœuds (et plutôt 5 nœuds que 6) *Joshua* est généralement en sécurité. Il est probable qu'un bateau à quille longue est moins enclin à lofer dans ces conditions qu'un bateau de même taille à quille courte. Mais plus j'en vois, plus j'en apprends, plus je mesure à quel point j'en sais peu, à quel point tout peut changer selon la mer et le bateau. La mer restera toujours la grande inconnue. Elle est parfois énorme sans être trop vicieuse. Moins énorme une semaine ou un mois plus tard, elle peut devenir très dangereuse à cause de quelques houles croisées, ou d'un autre facteur imprévu ou totalement nouveau. Celui qui peut écrire un livre vraiment bon sur la mer n'est sans doute pas encore né, ou bien il est déjà gâteux, car il faudrait naviguer cent ans pour la connaître assez bien. Pourtant le livre d'Adlard Coles, *Navigation par gros temps*, est une réussite parce qu'il n'affirme rien d'une manière péremptoire et présente de nombreux *faits* en laissant à chacun le soin de juger et de faire la balance avec ses propres observations.

Par exemple je disais tranquillement un peu plus haut qu'un bateau à quille lestée se redresse forcément en quelques secondes, une fois chaviré. C'est faux : je viens d'apprendre que le *Damien* est resté cinq minutes quille en l'air aux environs du soixantième parallèle sud, à la suite d'une déferlante. Et le *Damien* aurait sans doute conservé cette position désespérée jusqu'au jugement dernier si une autre déferlante n'était venue frapper la carène pour provoquer l'amorce du redressement. Une quille à 90° vers le ciel ne peut donc pas redresser le bateau. Il lui faut un certain angle avec la verticale avant que le bras de levier devienne opérant. La même aventure était arrivée au *Sea Queen* de Voss : la quille était restée en l'air une trentaine de secondes si mes souvenirs sont bons... mais je croyais qu'il s'agissait là d'un hasard tellement impossible qu'il ne se produirait jamais plus dans toute l'histoire de la voile.

Knock-down du Pacifique

Aucun des coups de vent de la longue route n'a excédé trente-six heures. Il s'agissait chaque fois d'une dépression isolée. Lorsqu'elle était passée, il pouvait en venir une autre, mais avec un délai suffisant pour que *Joshua* ne se trouve pas dans le champ d'action de deux dépressions à la fois, comme cela s'était produit pendant Tahiti-Alicante.

Je vais parler de ces coups de vent en général, dire ce que j'en sais, ce que je vois, ce que je sens, ce que je fais habituellement en gros. D'abord, une vue d'ensemble sur un coup de vent habituel.

1. Les dépressions des hautes latitudes se déplacent d'ouest en est. Dans l'hémisphère Sud, le vent tourne autour du centre dans le sens des aiguilles d'une montre. La vitesse de translation du centre dépressionnaire vers l'est varie entre dix et vingt nœuds. Cette vitesse devient souvent beaucoup plus grande dans les parages du Horn.

2. La plupart de ces dépressions circulent au sud du 50° parallèle. Un petit voilier de nos tailles se trouvera donc en principe toujours au nord de la trajectoire, puisqu'on descend rarement plus bas que le 43° parallèle, sauf au passage du Horn.

3. Plus on est loin du centre, moins le coup de vent est violent. L'approche d'une dépression est annoncée par la baisse barométrique ou par l'énervement de l'aiguille : on sent qu'il va se passer quelque chose[1]. Alors, je mets un peu de nord dans mon est pour garder le plus de distance possible avec le centre de la dépression. Mettre un peu de nord dans mon est veut dire faire route au 75 ou 80.

4. La dépression approche. Elle n'est plus très loin dans le sud-ouest. Le vent qui était peut-être

1. Le petit livre illustré d'Alan Watts, *Instant Weather Forecasting*, m'a énormément aidé à sentir plus vite, par l'observation des nuages annonciateurs. À mon avis, *c'est un chef-d'œuvre*. Ce livre m'a aussi permis de ne pas me faire de soucis quand cela n'en valait pas la peine.

hésitant du secteur nord passe au nord-ouest en fraîchissant. Puis il souffle en coup de vent après quelques heures. La mer grossit, mais elle n'est pas dangereuse pour un bateau de 12 mètres et je tâche de maintenir un peu de nord dans mon est, pour ne pas trop me rapprocher de la trajectoire.

5. La dépression continue à se déplacer vers l'est. Elle se trouve donc bientôt plein sud par rapport au bateau, et plus près qu'avant, malgré ma route qui tendait à m'en éloigner dans la mesure du possible. Mais je suis quand même un peu moins près du centre que si j'avais continué exactement vers l'est depuis hier ou depuis deux jours.

Maintenant que le centre se trouve plein sud, le vent souffle très fort de l'ouest et la houle principale d'ouest, qui fait le tour du monde depuis le commencement des âges, grossit énormément. De plus, la boule de nord-ouest levée par la première phase du coup de vent (il soufflait du nord-ouest avant de passer à l'ouest) croise la grosse houle d'ouest. Cela provoque des déferlements parfois énormes. C'est là que le danger commence vraiment : longs déferlements d'ouest de la houle principale, et en plus, déferlantes de nord-ouest. Ces déferlantes de nord-ouest sont souvent très puissantes, et il leur arrive fréquemment de changer un peu de direction pendant le déferlement, et de frapper presque du nord-nord-ouest. C'est pourquoi, lorsque le coup de vent passe à sa phase ouest, je préfère corriger le cap et faire de l'est-sud-est, afin de ne pas risquer de me faire rouler par une de ces déferlantes erratiques venues du nord-ouest.

Lorsque la phase nord-ouest du coup de vent est restée modérée et de courte durée, ces déferlantes erratiques ne durent pas longtemps et ne sont pas vraiment grosses. De toute manière, le bateau ne pourra plus risquer de se rapprocher du centre une fois le vent passé à l'ouest, puisque la dépression continue sa route vers l'est, plus vite que le bateau. Alors, je pense plus prudent de modifier un peu de cap vers l'est-sud-est à partir de ce moment-là.

6. La dépression se trouve encore dans le sud par rapport au bateau. Elle continue sa route vers l'est. Le vent passe alors à l'ouest-sud-ouest, et c'est de là qu'il souffle le plus fort en général. Le ciel est devenu clair et la mer très grosse, parfois énorme. Ça dure en général quelques heures seulement, trois heures, six heures, huit heures ou plus, cela dépend de sa vitesse de déplacement, de sa puissance, d'un tas de choses. Là, il ne serait pas prudent de n'avoir pas déjà changé l'amure pour mettre nettement un peu de sud dans mon est, car si la houle résiduelle de nord-ouest est importante, les déferlements erratiques venus de bâbord seront quelquefois très importants. Évidemment, ces déferlantes de nord-ouest peuvent tomber loin devant ou derrière le bateau, il y a de la place à côté, mais il leur arrive de tomber en plein dessus. Et c'est comme ça que ce sont produits les deux derniers knock-down du Pacifique, avec les mâts sous l'eau et la quille à 30 ou 40° au-dessus de l'horizontale.

Pour le premier knock-down du Pacifique, ce n'était pas ma faute : J'avais passé la Nouvelle-Zélande et me trouvais cap au nord-est avec l'île Chatham pas loin sur ma droite (60 milles environ) quand le coup de vent est passé dans sa phase ouest. Je ne pouvais donc plus modifier le cap sans prendre un gros risque avec les récifs, d'autant que la mer était trop dangereuse pour me permettre de sortir avec le sextant et je n'étais donc pas très sûr de ma position. Cela se passait sur le 44e ou 45e parallèle, et j'étais très pressé de gagner des latitudes plus clémentes, ayant passé la Nouvelle-Zélande au sud du 49e parallèle quelques jours plus tôt.

Mais le dernier knock-down a été encore plus sévère, sur 34° sud à peine, deux semaines avant Tahiti. Et là, c'était entièrement ma faute : étant donné la latitude très modérée, je croyais qu'il s'agissait d'un coup de vent d'adieu, juste pour le principe. Je n'avais donc pas modifié le cap lorsque le coup de vent est passé dans sa phase ouest, pressé de rejoindre l'alizé. Et *Joshua,* continuant sa route vers le nord-est, s'est retrouvé avec la quille à au moins 40° au-dessus de l'eau : grosse déferlante erratique du nord-ouest, beaucoup de bruit

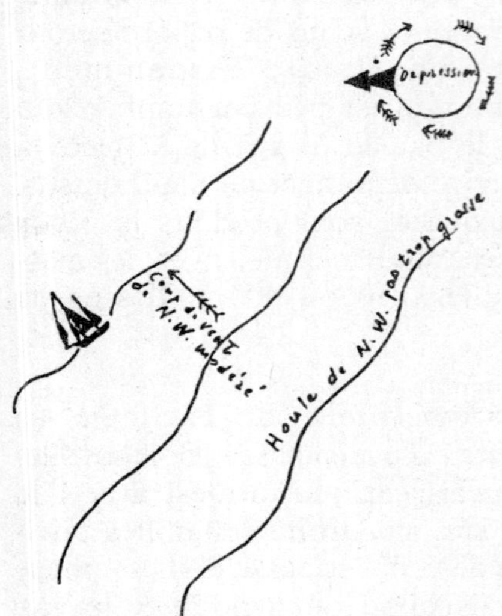

1° La dépression se trouve dans le sud-ouest du bateau. Il y a donc coup de vent de N.-W. pour le bateau.
La houle de N.-W. n'est pas dangereuse pour le moment, et le bateau en profite pour faire route vers l'E.-N.-E. afin de se trouver un peu plus loin du centre de la dépression lorsqu'elle passera à son sud.
N.B. : Sous les hautes latitudes sud on regarde la carte en faisant face au pôle Sud. Donc sur ce croquis le sud est en haut, le nord en bas, l'est à gauche et l'ouest à droite.

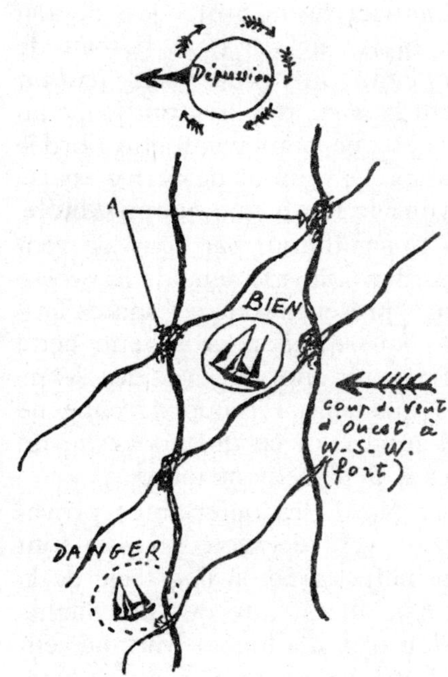

2° La dépression est maintenant au sud du bateau. Le coup de vent est donc passé de sa phase ouest à W.-S.-W. Il souffle fort.
Le bateau entouré d'un cercle manœuvre avec sagesse en modifiant son cap vers l'E.-S.-E. pour ne pas recevoir ces déferlantes par le travers.
Le bateau entouré d'un pointillé commet une faute : il n'a pas modifié son cap vers l'E.-S.-E. et court le risque de se faire retourner par une déferlante erratique frappant à bâbord. C'est ce qui est arrivé à Joshua.
A. Déferlements erratiques parfois énormes provoqués par le chevauchement de la grosse houle d'ouest avec la houle résiduelle de N.-W.

et des tas de choses au plafond, tourmentin et petite trinquette défoncés, girouette cassée. Je suis vite sorti, j'ai branché la barre à roue et j'ai barré de l'intérieur jusqu'à l'aube.

La cape sous les hautes latitudes sud

Sous les hautes latitudes sud, un coup de vent de secteur est lèvera rarement une mer exceptionnelle, même s'il souffle très fort. Je pense qu'il est donc toujours possible d'y prendre la cape sans danger de se faire retourner par une déferlante de trop gros calibre, celle-ci restant modérée et le bateau pouvant bénéficier de la protection de son remous de dérive, qu'il s'agisse d'un bateau de 12 mètres ou d'un beaucoup plus petit. *Joshua* prend habituellement la cape avec la grand-voile au bas ris bordée plat, et une petit trinquette bordée à contre, barre dessous. Le remous de dérive apaise les déferlantes, comme le ferait une nappe d'huile.

Le tableau serait très différent par coup de vent de secteur ouest soufflant dans le sens de la grosse houle d'ouest toujours présente sous les hautes latitudes sud. Sous la poussée d'un gros vent, cette houle peut très vite devenir énorme, avec des déferlantes gigantesques qu'aucun remous de cape ne pourrait parer ; du moins en ce qui concerne un bateau de 12 mètres à déplacement lourd.

Dans l'hémisphère Nord, les déferlantes provoquées par un coup de vent de secteur ouest sont moins grosses en principe, grâce à l'obstacle de la terre (Amérique et Asie) il est rare que des yachts à la cape s'y soient fait trop malmener (rare ne veut pas dire jamais...). Dans *Navigation par gros temps*, on peut voir des déferlantes qu'aucun yacht n'aurait étalées à la cape. Or ces photos ont été prises en Atlantique, entre 30 et 35° de latitude nord.

Lames géantes

> « *C'est étrange, mais c'est vrai dans les latitudes australes élevées, où les houles atteignent parfois 15 mètres de haut et 600 mètres de long, elles roulent en procession sans fin et parfois l'une d'elles, de taille anormale, s'élève très au-dessus des autres, on la voit approcher de très loin.* »

(Extraits de *The Cape Horn Breed*,
Captain W.H.S. Jones.)

Tous ceux qui naviguent ont remarqué le passage occasionnel de certaines houles nettement plus hautes que les autres. On en rencontre même en Méditerranée. Je suppose que ces lames anormalement hautes sont provoquées par le chevauchement de plusieurs lames se déplaçant à des vitesses différentes. Il y a un peu de tout dans la mer : les houles principales, les houles résiduelles laissées par un ancien coup de vent, ou envoyées par une dépression très éloignée.

« *Une vague est passée sous* Tzu-Hang *qui a pivoté légèrement. Béryl a corrigé sans mal, et en arrivant au fond de la vallée, elle a regardé en arrière pour vérifier l'alignement. Juste derrière le bateau un mur d'eau se dresse, si large qu'on n'en voit pas les extrémités, si haut et si escarpé que Béryl comprend immédiatement :* Tzu-Hang *ne pourra jamais l'escalader. Cette vague ne brise pas comme les précédentes, mais l'eau ruisselle sur sa face avant comme une cascade.* »

(Extrait d'*Une fois suffit*,
Miles Smeeton.)

Comment s'est formé ce mur liquide qui a planté *Tzu-Hang*, fauchant les deux mâts et le dog house pour laisser un bateau à moitié plein d'eau, sur le point de couler, avec une ouverture de deux mètres de côté là où se trouvait la cabine ? Le chevauchement de plusieurs lames parallèles, juste au mauvais moment ? Je serais porté à le penser. Mais peut-être aussi, certaines lames géantes ont-elles une tout autre origine : peut-être, par exemple, l'énorme remous provoqué par un très gros iceberg chavirant loin au sud. Ce n'est qu'une hypothèse, bien sûr, mais il y a tant de choses étranges en mer. Or les icebergs peuvent chavirer, c'est un fait bien connu. Il y a aussi des glaciers, qui peuvent laisser tomber d'énormes blocs dans la mer.

À noter que l'accident de *Tzu-Hang* s'est produit par 98° de longitude ouest et 51° 20' de latitude sud, un peu à l'intérieur de l'extrême limite des icebergs, d'après la Pilot Chart américaine pour les mois de décembre-janvier-février.

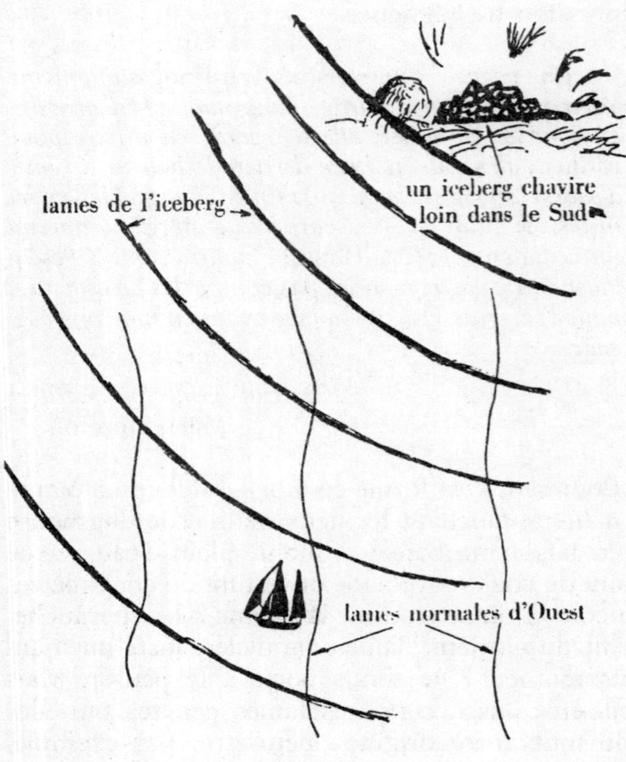

Navigation astro

J'employais les tables anglaises AP 3 270 (correspondant aux HO 249 américaines). Il faut trois volumes (deux pour soleil-planètes-lune et un pour les étoiles) pour couvrir le monde entier. La droite de hauteur est très vite obtenue, beaucoup plus vite qu'avec l'ensemble Dieumegard-Bataille : une seule entrée pour les étoiles avec HO 249, deux pour le soleil et les planètes, alors que l'ensemble Dieumegard-Bataille nécessite huit ou neuf entrées, donc plus de temps et d'occasions d'erreurs.

À noter que la réimpression de 1963 des HO 249 permet de se passer des éphémérides jusqu'à l'an 2000. Ces HO 249 sont fournies par l'U.S. Naval Oceanographic Office. Maurice Oliveau dans *La Navigation astronomique à la portée de tous* (éditions du Compas) et Olivier Stern-Veyrin dans *Solitaire ou pas* (Arthaud) expliquent le calcul du point d'une manière extrêmement simple et pratique.

Sextant

Il est bon que la lunette d'un sextant puisse se retirer facilement pour permettre d'observer avec les deux yeux ouverts lorsque la mer est grosse, ou pour les points d'étoiles : en début de nuit, on voit beaucoup mieux l'horizon avec les deux yeux ouverts.

Pour ce voyage, je n'ai fait que trois points d'étoile en tout, parce que le soleil suffisait, les problèmes de navigation étant simples au large. Je me contentais donc d'une droite de soleil le matin et d'une méridienne à midi, sauf à l'approche de la côte, où je faisais d'autres droites l'après-midi. Il faut se souvenir que les droites d'après-midi sont parfois entachées d'erreurs à cause de la réfraction plus importante, surtout dans les mers chaudes. Pour les étoiles, il n'y a plus de réfraction, et les points peuvent être incroyablement précis (moins d'un demi-mille, parfois un quart de mille), ce qui est précieux à l'approche des côtes basses et des atolls. Là, les points de nuit peuvent se révéler capitaux, mais pour cela, il faut que l'observation au sextant soit bonne. Sans lunette et les deux yeux ouverts, j'ai souvent fait des points d'étoile très précis par nuits sans lune, pendant mes navigations précédentes. C'eût été impossible avec la lunette.

L'heure

Quatre secondes d'erreur sur le chronomètre font un mille d'erreur sur le point. Une minute d'erreur fait quinze milles d'erreur dans les parages de l'équateur, et environ douze milles dans les régions tempérées. Depuis que la radio existe, il n'y a donc plus de problèmes, on pourrait naviguer avec un réveille-matin.

Pour les top horaires j'utilise la station W.W.V qui donne l'heure de Greenwich toutes les cinq minutes, vingt-quatre heures par jour, sur 5 000, 10 000, 15000 et 20000 kilocycles. Je pouvais l'entendre pendant tout le voyage. Je me servais pour cela du poste Technifrance qui est à bord depuis huit ans.

Pour ce qui est des chronomètres, j'utilise la grosse montre d'habitacle Fred qui fonctionne avec une petite pile au mercure. Elle retardait régulièrement de 3 secondes par jour, et sa pile dure environ six mois. Quand elle est morte, on la remplace. Cette grosse montre me plaisait beaucoup car je pouvais lire les secondes depuis le cockpit, grâce à ses grandes aiguilles. J'avais aussi une montre Rolex étanche automatique qui n'a pas quitté mon poignet de tout le voyage, et le bracelet ne s'est jamais arraché comme je le craignais. Très précise et régulière, c'est surtout cette montre qui me servait pour le point car je pouvais l'utiliser de tous les endroits du pont où je me trouvais au moment de l'observation.

À noter qu'il existe un système relativement nouveau sans balancier, dit « accutron », dont l'exactitude serait garantie paraît-il à une seconde par jour.

Compas

Le compas d'un bateau acier est fortement influencé par la masse métallique. Même bien compensé pour une zone donnée, le compas pourra délirer sous d'autres cieux où la déclinaison est différente : là, il ne suffit pas d'ajouter ou de soustraire des degrés de déclinaison pour retomber sur ses pieds, c'est toute la compensation du compas qui doit être refaite. Et pour compliquer encore les choses, il y a la gîte qui fausse tout. Alors, j'ai préféré tout simplifier : sur *Joshua*, il y a un compas au pied de la couchette (il est faux mais indique les changements de cap) et un compas de relèvement Vion dans le cockpit. Aucun d'eux n'est compensé, j'ai même jeté les aimants. Debout au milieu du cockpit en tenant le compas le plus haut possible, sa lecture est juste. De plus, je vérifie souvent mon cap par des azimuts de soleil et d'étoiles, surtout à l'approche des côtes. Avec les HO 249, c'est enfantin (il n'y a pas besoin de sextant) : juste un coup d'œil sur l'heure, une entrée dans la table, et on sort trente secondes plus tard avec l'azimut du soleil ou de l'étoile.

Tout celá, je le reconnais, c'est un peu du « bricolage ». C'est beaucoup mieux pourtant que de compter sur un compas compensé sur un bateau acier. De plus,... cela correspond à mon tempérament, qui me porte à préférer lire ma route dans le ciel et dans les signes de la mer, plutôt que sur une aiguille aimantée. Mais si je devais naviguer couramment en Manche ou autres coins de ce genre pleins de brouillard, cailloux et courants, je me rallierais à la solution de Jean-Louis Martinet qui avait fixé son compas sur le mât de *Iorana* (cotre acier 9 mètres) loin des masses métalliques, avec un répétiteur de cap électronique dans le cockpit. Il avait réalisé cette installation parfaite à très bon compte, par bricolage de belle qualité.

Bulletins météo

Pour la Manche, le golfe de Gascogne, Bonne-Epérance et l'Australie, j'enregistrais les bulletins météo de la radio sur mon magnétophone. Cela me permettait de faire repasser la bande et de mieux sentir l'évolution générale puisque je n'effaçais pas les bulletins des jours précédents.

Au bout d'un certain laps de temps, un magnétophone peut perdre ses qualités de son et donner l'impression que le haut-parleur est mort. J'ai appris par la suite qu'il suffit d'essuyer doucement la tête magnétique (une sorte de téton qui appuie sur la bande) avec du papier de soie pour lui rendre ses qualités musicales : la tête magnétique s'était encrassée à force. J'apprends aussi qu'il existe des mini-cassettes dites « de nettoyage » pour enlever les particules qui se sont déposées sur la tête magnétique. Se souvenir aussi que les mini-cassettes de soixante minutes sont en principe plus robustes que celles de quatre-vingt-dix ou cent vingt minutes.

Matériel Goïot

Winches et mousquetons Goïot m'ont donné entière satisfaction. J'ai démonté les winches après le voyage pour voir dedans : neufs. De plus, c'est une mécanique simple et robuste, qui, malgré son prix, coûte nettement moins cher que beaucoup d'autres winches. Ces winches Goïot ont été offerts à *Joshua* par le fabricant, mais je répète qu'il n'y a pas de reconnaissance du ventre dans ces lignes si je ne pouvais pas les conseiller à des copains de bateaux, je n'en parlerais pas. Je pense indispensable de prendre de grandes précautions pendant le montage de ces winches, bien isoler leur base en alliage léger avec l'acier du bateau, pour éviter tout risque de corrosion. J'ai employé pour cela le Bostik, pâte noire en tube plastique, à base de caoutchouc, de sorte que les quatre boulons de fixation en étaient gorgés. Les mêmes précautions seraient à prendre pour des winches en bronze.

Les mousquetons Goïot m'ont surpris. Ceux de la grande trinquette, presque toujours en service grâce à ses trois bandes de ris, ont fait trente-quatre à trente-cinq mille milles, presque sans trace d'usure (la trinquette s'étant déchirée avant la fin du voyage). Des mousquetons classiques en métal jaune n'auraient probablement pas tenu le tiers, j'en ai vu rendre l'âme pendant une simple traversée de l'Atlantique au voyage précédent. Ne pas oublier que les calmes soumettent les mousquetons à rude épreuve, c'est là qu'ils s'usent le plus à cause des frotti-frotta contre la draille. Pour ceux qui utilisent les Goïot, je recommande de les tremper dans de l'huile quelques jours avant de les fixer à la voile, c'est un peu gras pendant une semaine, mais cela permet un fonctionnement parfait, très longtemps. Quand on utilise des Goïot, je préfère utiliser la taille au-dessus, cela permet à la voile de mieux descendre, les mousquetons choisis trop justes tendent à coincer à la descente : mousquetons de 10 pour draille de 8 mm me paraît sage.

Manilles rapides Inox sans filetage

Je m'en suis servi tout le voyage aux points d'amure et points de drisse des focs et trinquettes (manilles de 8 mm) et j'en ai été satisfait à 100 %. Ces manilles fabriquées par la Maison Wichard se sont toujours libérées sans démanilleur et n'ont jamais lâché. De plus, on ne risque pas de perdre le maillon, celui-ci ne pouvant sortir complètement de la manille, cela fait un souci de moins.

La manille rapide Inox est à mon avis une solution intermédiaire entre la manille ordinaire galva à filetage d'emploi lent, et le système ultrarapide de régate où il suffit d'appuyer avec le pouce pour larguer le croc. Ce dernier système a fait ses preuves en régate, mais il est en métal jaune et je me méfie du métal jaune pour les efforts de très longue durée.

Fanal

Sur les lignes de navigation, j'employais un petit fanal à verre dioptrique (je crois que c'est le mot). Il s'agit d'une lampe à pétrole dont le verre concentre la lumière de la mèche au lieu de la laisser s'éparpiller comme le ferait un verre ordinaire. La lumière de ce fanal porte beaucoup plus loin que celle d'une lampe-tempête de grosse taille, et cela pour une consommation de pétrole insignifiante (environ 4 cuillers à soupe pour la nuit). Ce fanal ne s'est jamais éteint à cause du vent, et je n'en ai entendu dire que du bien sur ce chapitre. Je l'avais fixé sur le capot de la cabine arrière, donc très bas, afin qu'il ne soit masqué par aucune voile puisque les focs et trinquettes ont leur point d'écoute relativement haut. Ainsi placé, il était visible de tous les points de l'horizon, à peine un peu masqué par le mât d'artimon, car il était placé à 70 ou 80 centimètres devant le mât d'artimon. Mais avec les légères embardées la lumière de ce fanal était sans doute visible aussi de l'arrière par intermittences, ce qui devait permettre d'attirer l'attention d'un navire. Mais en principe, je ne dors jamais tout à fait sur les lignes de navigation, tout juste m'allonger dans le cockpit pour me reposer de temps en temps, sans rentrer dans la cabine. Et je tâche de couper les lignes de navigation à angle droit pour être plus vite de l'autre côté. (Les principales lignes de navigation sont indiquées sur les Pilot Charts.)

Lorsque le temps n'est pas beau et qu'il y a de la mer, je préfère utiliser une lampe de 250 bougies qui, elle, est vraiment visible de très loin et forme en plus un halo. Consommation : une bouteille de pétrole pour la nuit.

Bien que cela ne fasse pas partie à proprement parler du matériel de navigation, je dois en dire un mot ici. J'étais équipé de l'appareil photo japonais Nikonos de plongée offert par le *Sunday Times*. Aucun problème, bonnes photos, pas peur des embruns. Ma caméra était une Beaulieu 16 mm. Elle m'avait été fortement conseillée par Irving Johnson qui a effectué sept tours du monde en école de voile à bord du fameux *Yankee* et possède une grosse expérience des problèmes de filmage en mer. Je n'ai pas regretté d'avoir écouté son avis : cette caméra très légère m'a permis des prises de vues difficiles du bout-dehors et surtout de la mâture, et je n'ai pratiquement pas raté une image, bien que sans expérience, grâce à la très bonne qualité des objectifs (75-25-10) et à la cellule incorporée qui permet de ne pas se tromper sur l'ouverture du diaphragme.

Pour remplacer la petite batterie au cadmium-nickel qui doit être rechargée sur une prise de courant ou à l'aide d'un générateur après une quinzaine de bobines, on m'avait réalisé un boîtier de cinq piles rondes standard à l'aide d'une lampe torche de plongée. Cinq piles *Wonder* 1,5 volt type « Marin » me donnaient dix à douze bobines à 24 images seconde. Cela permet une autonomie quasi absolue puisque les piles qui me restent du stock embarqué presque trois ans plus tôt fonctionnent encore parfaitement.

Bottes

Les bottes en caoutchouc pur sèchent facilement une fois mouillées, il suffit de passer un coup de chiffon à l'intérieur. Celles qui sont fourrées ou entoilées restent humides.

Chaussettes de laine

Un sac en plastique par-dessus les chaussettes et maintenu aux chevilles par un petit élastique permet de circuler à l'aise dans la cabine lorsque le plancher est humide, ce qui est fréquent lorsqu'on rentre en ciré après une manœuvre ou une station sur le pont. Loïck m'avait conseillé aussi d'emporter un paquet de journaux : quelques feuilles étalées sur le plancher absorbent l'eau. On peut marcher dessus sans glisser, le résultat est *excellent,* et l'installation peut rester vingt-quatre heures, après quoi on remet des journaux neufs. Il m'est même arrivé de garder les feuilles de journal plusieurs jours avant d'avoir besoin de les remplacer.

Jean Rivolier m'avait donné des chaussons fourrés en tissu genre Nylon à semelles de cuir très souple utilisés pendant les expéditions polaires Paul-Émile Victor. C'est très agréable à porter dans la cabine, et très chaud. Pas besoin de sacs en plastique avec ça.

Gants, moufles

J'avais des gants en cuir pour dehors, et des moufles pour la cabine. Même trempés, les gants « pour dehors » tenaient chaud aux mains.

Chauffage intérieur

Aucun. Des vêtements chauds à la place. Il faut dire qu'un bateau métallique est vraiment étanche comme une boîte de conserve, ce qu'on rentre sec dans un placard en sortira toujours sec.

Gerçures

L'état des mains a une grande importance : avec des doigts gercés, douloureux, on hésite à faire certains réglages utiles et les choses vont moins vite. De plus, cela empire presque toujours. J'avais beaucoup souffert d'une gerçure au majeur de ma main droite qui m'avait rendu presque incapable de border une écoute, quelques années plus tôt, pendant une saison d'école de voile en Méditerranée.

Pour ce voyage, j'ai donc beaucoup surveillé mes mains, employant le sparadrap à la moindre alerte. Je le retirais pour la nuit, me rinçais bien les mains à l'eau douce, et frottais mes débuts de gerçures avec un bâton de Dermophil indien, après avoir essayé deux autres marques de pommades qui me convenaient bien moins. En fin de compte, je n'ai eu aucun ennui pendant ces dix mois de mer, mais j'ai toujours veillé très soigneusement au grain sur ce chapitre des mains.

Poisson frais

Remorquant en permanence le loch Vion à titre d'épreuve pour ce matériel, je ne pouvais pas toujours pêcher à la traîne, de crainte que mes lignes de pêche ne s'enroulent dans celle du loch. Mais les conditions de mer généralement bonnes pendant le premier tour du monde m'ont permis de remorquer une ligne de traîne pendant le tiers du temps et toute la première traversée de l'océan Indien en particulier. Or, je n'ai pris que deux dorades dans l'alizé de l'Atlantique et deux thons de sept à huit kilos sous les hautes latitudes. L'appoint de poisson frais eût été meilleur si j'avais pu traîner deux ou trois lignes ensemble comme je le fais habituellement, mais il ne faut pas trop compter sur la pêche en mer sous ces latitudes.

Eau douce

On compte d'habitude une moyenne de deux litres et demi par jour et par personne, tout compris. Un peu plus probablement sous les tropiques.

Deux litres et demi par jour pendant dix mois (trois cent trois jours exactement), cela représente une consommation de sept cent soixante litres. Parti avec quatre cents litres, j'ai donc dû recueillir au moins trois cent soixante litres d'eau de pluie, avec les seaux suspendus sous les bômes de grand-voile et d'artimon. En fait, j'en ai recueilli beaucoup plus, puisque *Joshua* est arrivé avec son réservoir à moitié plein, et que j'avais utilisé pas mal d'eau douce pour rincer mon linge en cours de route. J'aurais pu arriver à Tahiti avec mes quatre cents litres du départ si je l'avais voulu. Il n'y a donc pas de souci à se faire sous les hautes latitudes, je l'avais déjà constaté pendant Tahiti-Alicante.

Un bateau naviguant en longue croisière sous les tropiques restera beaucoup plus libre s'il dispose d'un taud (bâche contre le soleil) muni d'un dispositif très simple permettant de récupérer de grandes quantités de pluie au mouillage, dans les coins isolés. Le système employé sur *Joshua* nous a permis de vivre pendant des mois uniquement à l'eau de pluie. (Voir croquis.)

Réservoirs étanches de secours

Pour ce voyage, un seul réservoir de quatre cents litres était utilisé pour l'eau. Les trois autres contenaient des provisions et aussi du linge, couvertures, chaussettes, moufles, piles électriques, poste récepteur de réserve, une combinaison fourrée, un sac de couchage. Tout ce matériel était « en plus », et si le bateau avait sanci en défonçant tous les hublots pour se retrouver à moitié plein d'eau, j'aurais pu sortir du linge sec et autre matériel intact de ces réservoirs.

Taud permettant de récupérer l'eau de pluie.

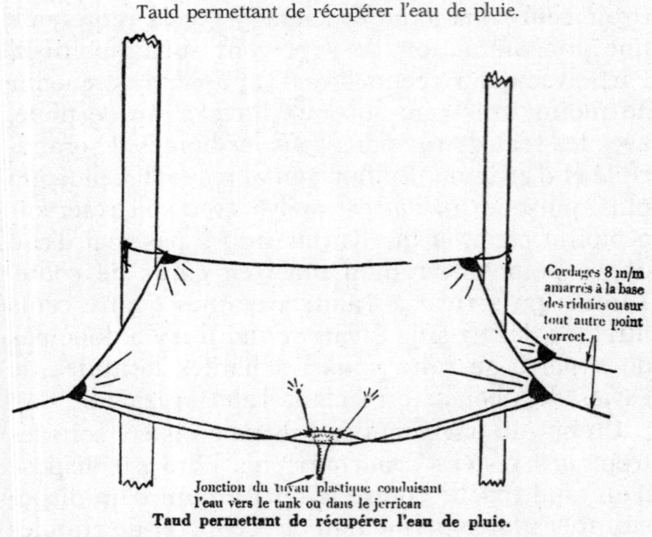

Taud permettant de récupérer l'eau de pluie.

Les pamplemousses ont duré trois mois et j'en mangeais à peu près un par jour ou tous les deux jours pendant ces trois premiers mois. Ensuite, j'ai commencé les citrons. Enveloppés chacun dans une feuille de papier, ils ont duré presque sept mois. J'en prenais un par jour, pressé dans de l'eau, en deux prises.

Consommé un tube de vingt comprimés de vitamine C *pour tout le voyage*, et un comprimé de Pentavit Midy par jour, à partir du troisième mois, jusqu'à l'arrivée. Je buvais environ un demi-verre d'eau de mer par jour, et en ajoutais un peu dans l'eau de cuisson du riz, pour remplacer le sel. Bu une quinzaine de litres de vin en dix mois, et pas d'alcool.

La cuisine était faite sur un réchaud à pétrole Optimus à deux brûleurs sans cardan, avec un peu d'amiante dans la coupelle, pour que l'alcool servant au préchauffage ne se répande pas à la gîte : l'amiante faisait alors office de mèche, en s'imbibant d'alcool. J'utilisais aussi un petit camping-gaz lorsqu'il s'agissait de me faire thé, Ovomaltine, bouillon Kub ou café. Toujours pu faire la cuisine, même par mauvais temps.

La Cocotte-Minute était très employée, elle a l'avantage de ne pas se renverser. Un petit ressort à boudin (non combustible) la maintenait au réchaud à la manière d'un sandow. Même dispositif de fixation pour les casseroles, bien entendu, pour les empêcher de se sauver de dessus le réchaud quand il y avait de la mer.

Je mangeais à ma faim et mastiquais bien, afin que tout profite. Le yoga, découvert pendant ce voyage, m'a bien aidé sur ce point. Je me suis très peu soucié des proportions lipides-glucides-protides. La base de mon alimentation était le riz blanc (je n'avais pas trouvé de riz rouge, plus vitaminé) et la pomme de terre déshydratée. J'ajoutais du corned-beef ou du poisson en boîte avec en plus des légumes en boîte ou déshydratés (petits pois, haricots verts, carottes, asperges parfois). Les produits déshydratés étaient ceux du professeur Griffon (France) et de Batchelors Foods (Angleterre). Assez grosse consommation de lait condensé sucré (environ une boîte par jour, et même plus) et de lait en poudre anglais Marvel incorporé à la pomme de terre déshydratée.

Je faisais toujours deux repas chauds copieux, plus un petit déjeuner au porridge-lait condensé et de l'Ovomaltine deux puis trois fois par jour. Deux petits casse-croûte dans le courant de la nuit. Au fond, il y avait « un peu de tout », ainsi que des épices (poudre à curry, achards, nuoc-nâm, sauce chinoise de soja, quelques boîtes d'huîtres fumées, de moules, des flacons de pâte de crevette, pâte de saumon, etc.).

Dans l'ensemble, je me suis bien nourri pendant les huit premiers mois, et moins bien les deux derniers mois car j'avais terminé tout ce qui était le plus appétissant.

Au départ de Plymouth, je pesais soixante-trois kilos. À l'arrivée, j'en pesais soixante-cinq, *sans œdème*. J'avais donc gagné deux kilos pendant ce voyage. Mon poids normal est de soixante-six à soixante-sept kilos. Ce poids de soixante-trois kilos, anormalement bas au départ, provenait sans doute de la fatigue et de la tension nerveuse liée aux préparatifs.

J'étais en baisse nette, peu après le premier passage de Bonne-Espérance, pas encore au point d'envisager l'abandon, mais sur la mauvaise pente, fatigué, encore amaigri, sans ressort. Je n'étais plus sûr du tout de pouvoir arriver jusqu'au Horn, et je sentais que même si je réussissais à passer le Horn, je me traînerais probablement dans l'Atlantique comme un animal épuisé.

Le yoga, pratiqué à partir de cette période grâce au petit livre de Desmond Dunne (yoga pour tous), m'a permis de franchir encore quatre caps sans qu'un effort aussi prolongé m'ait fait atteindre mes limites. Il s'agit d'une culture à la fois physique et mentale qui m'absorbait une demi-heure à une heure par jour. Les résultats ont été étonnants, *très vite*. L'équilibre général que j'en ai retiré m'a permis d'atteindre au cours de ce voyage un potentiel énergétique très supérieur à celui du départ de Plymouth. Je commençais à souffrir de mon ulcère après le premier passage de Bonne-Espérance. Le yoga a balayé tout cela : plus de douleurs d'estomac malgré les conserves et une nourriture de moins en moins ragoûtante à mesure que le voyage se poursuivait. Plus de lumbago malgré les couvertures moites (car elles ont fini par devenir moites). Pas de nervosité malgré le mauvais temps d'automne et d'hiver de l'océan Indien et du Pacifique et les quatre chavirages de cette seconde période.

Ce yoga, je l'ai pratiqué régulièrement jusqu'au Horn, mais d'une manière moins suivie, moins régulière ensuite, je ne dois pas oublier de le dire, de l'avouer : car je ne voudrais pas qu'on puisse penser que je suis différent des autres, que j'ai une volonté sans failles, que je n'ai jamais flanché. Je suis un homme comme les autres. Je faisais aussi un peu de culture physique chaque jour, en particulier pour les abdominaux.

Après avoir passé la longitude de Tahiti, j'avais continué pendant une dizaine de jours vers l'ouest, pour naviguer quelque temps ensuite dans l'alizé en me laissant vivre sans soucis et me reposer avant de retrouver la terre.

Sept jours après l'arrivée, visite médicale très complète à l'hôpital Jean-Prince de Tahiti. Tous les résultats d'analyses étaient normaux, à part mes radios d'estomac, puisque je traîne cet ulcère du duodénum depuis une dizaine d'années et que sa trace reste en principe toujours sur les radios.

Au début de mon séjour à Tahiti, j'étais fatigué à cause du changement de rythme : en mer, on dort souvent dans la journée, on se réveille plusieurs fois la nuit pour jeter un coup d'œil dehors et se rendormir aussitôt. De retour à terre, il ne m'était pas possible de me livrer à ces petits sommes de la journée car j'avais des choses à faire, des visites, des invitations. Et la nuit, je ne récupérais pas bien, je me réveillais par habitude, comme en mer. Puis tout s'est tassé en deux ou trois semaines.

Généralités sur la vie en croisière

Je suis convaincu qu'un bateau solide, même très petit, même de la taille d'un Corsaire d'Herbulot pourrait être conduit en solitaire d'une traite de Tahiti aux Falkland par le Horn et sans danger de mort à condition qu'il soit en métal. Si on lâchait une bouteille bien bouchée au centre d'un cyclone, elle flotterait normalement. Pour un bateau, c'est la même chose dans l'essentiel : en métal, bien fermé, bien conçu, il pourra se faire rouler dix fois de suite par des déferlantes sans aller au fond. Le reste n'est que détails, adaptation.

Le petit bateau a sur le grand l'avantage de coûter beaucoup moins cher à l'achat et à l'entretien. Mon intention n'est pas de « faire marcher le commerce », mais ceux qui sont vraiment intéressés par la croisière dans le sens où nous l'entendons liront avec profit l'appendice technique de mon premier bouquin le *Vagabond des mers du Sud*. Écrit voilà plus de dix ans et avec beaucoup moins de milles dans mon sillage, les conclusions que j'y donnais concernant la conception d'un bateau de croisière tiennent toujours bien debout. Remplacez seulement « bateau en bois » par « bateau métallique », lisez un peu entre les lignes, et ça va pour l'essentiel. Quant au détail, c'est affaire personnelle pour chacun.

Bateaux en ciment

Plusieurs ont été construits en France, beaucoup en Nouvelle-Zélande, d'autres aux USA. J'en ai vu trois à Tahiti, dont les propriétaires étaient très satisfaits. Ici même, le cotre en ciment de 10,50 mètres construit par Alain Bran et Philippe Sachet est sur le point d'être mis à l'eau. Pour le cimentage, Philippe et Alain ont battu le rappel sur le quai, nous sommes venus une dizaine, et tout (coque, pont, roof, cockpit) a été cimenté en une journée. Mais je ne peux pas me lancer dans les détails, n'ayant qu'une vue très superficielle sur ce mode de construction qui exige des précautions sérieuses si on ne veut pas rater son coup. Ceux que la question intéresse pourront faire venir *How to Build a Ferro cement Boat* par J. Samson et

G. Wellens (édité par Samson Marine Design Entreprise, P.O. Box 98 à Ladner, B.C. Canada) dont m'a parlé Jacques Moulin, qui a construit lui-même son ketch en ciment de 12 mètres. D'autres ouvrages pratiques existent sans doute en Nouvelle-Zélande, berceau du bateau en ciment, et probablement aussi aux USA.

Le peu que j'ai vu m'a en tout cas confirmé que le bateau en ciment est de très loin la solution la plus économique à la construction. La seule chose qui me ferait reculer serait l'éventualité d'un échouage sur les récifs : une fois crevée d'une manière grave, je doute qu'une coque en ferrociment puisse être réparée correctement. Le bois se cloue, se calfate, se colle. L'acier se soude ou se rive. Le ciment ?... En tout cas, si je voulais naviguer sans avoir les moyens de me payer une coque acier dans un chantier, je n'hésiterais pas à construire un bateau en ferrociment : ce serait fait en moins d'un an, en quelques mois peut-être, cinq à dix fois plus vite que le même bateau en acier ou en bois, et pour beaucoup moins cher.

Entretien d'un bateau en acier

Joshua a bientôt dix ans. Sa carène ne présente pas une trace d'électrolyse. *Ophélie* d'Yves Jonville et *Santiano* de Michel Darman sont également intacts. Nos trois carènes sont protégées par la même peinture en zinc silicate, Dox Anode, fabriquée par Omexim, 1, rue Lord-Byron, Paris, et par des anodes en zinc fabriquées par Zinc et Alliages, 34, rue Collanges à Levallois-Perret. Ces anodes doivent être soudées à la carène par leurs pattes de fixation, et non pas boulonnées. Zinc et Alliages est formel sur ce point. J'ai vu plusieurs fois des carènes de bateaux acier dévorées par l'électrolyse, avec des anodes boulonnées.

Pour le reste (au-dessus de l'eau), je trouve qu'il n'y a pas de problème : quand il y a un point de rouille, je le gratte, puis j'y passe du Rust Killer. C'est un liquide à base d'acide phosphorique fabriqué par Valentine pour la France. Ce Rust Killer détruit la rouille et met le métal à nu. Si on voit que le métal n'est pas bien décapé par ce produit, on en passe encore. Après dix ou douze minutes, c'est propre. On rince à l'eau douce, et quand c'est sec, première couche d'antirouille. Si on veut un résultat encore meilleur, passer alors une application de Rust oil entre le traitement au Rust Killer et la peinture antirouille qui va suivre.

Les deux meilleures peintures antirouille d'entretien que je connaisse sont le minium gris fabriqué en France par Julien et l'antirouille américain fabriqué par Steelcote, tous deux remarquables. Il faut une seconde couche d'antirouille quand la première est bien sèche, puis cinq à six couches de peinture de finition.

Pour l'entretien de routine, je passe habituellement deux couches à l'extérieur une fois par an lorsque le bateau ne navigue pas, et deux couches deux fois par an lorsqu'il navigue souvent. Si un propriétaire de bateau acier était assez sérieux pour passer automatiquement deux couches de peinture une semaine avant chaque traversée d'océan, et une ou deux couches peu après l'arrivée, après un bon rinçage à l'eau douce, je crois que le bateau n'aurait jamais une tache de rouille, surtout si la totalité coque-pont-roof a été passée au Dox Anode avant la première mise à l'eau. Ce traitement de fond par le Dox Anode est souvent aussi bon qu'une galvanisation à chaud, je ne plaisante pas. Mais il faut toujours sabler les tôles, ou les décaper complètement avec un produit du genre Rust Killer, si on veut que le Dox Anode tienne bon. Je répète que le Dox Anode est la première peinture que doit recevoir la tôle. On ne l'enlèvera plus jamais, sauf dans dix ans peut-être. Toutes les autres peintures viennent par-dessus.

La première peinture appliquée sur le Dox Anode doit être en principe un chromate de zinc. Mais il faut laisser le Dox Anode à l'air pendant environ deux semaines avant d'y passer une peinture, cela laisse au zinc le temps de s'oxyder très légèrement et de retrouver un pH neutre, qui permettra au chromate de bien accrocher dessus. Si on n'a pas le temps d'attendre, asperger les surfaces peintes au Dox Anode avec de l'eau mélangée à 2 % d'acide phosphorique et rincer quelques minutes après à l'eau douce. On peut alors passer le chromate de zinc sans attendre.

Pour ce qui est de l'intérieur, aucun problème à condition que tous les recoins soient accessibles au pinceau. Si on a pris la précaution de passer partout sept couches de peinture, on sera tranquille pendant très très longtemps. Des membrures au fer plat soudé sur champ sont infiniment plus logiques que les cornières : aucun recoin avec le fer plat, pas de cachettes pour la rouille, tout est visible.

Les réservoirs à eau, s'ils sont construits à même la coque (donc pas galvanisés), doivent être munis d'une trappe facile d'accès et assez large pour permettre d'entretenir l'intérieur. Michel Darman a connu quelques ennuis au début dans ses réservoirs d'eau douce faisant partie de la coque. Il a donc gratté toute la peinture jusqu'à ce que la tôle soit à nu, puis il a passé un lait de ciment (de l'eau mélangée à du ciment, comme un lait de chaux). Il a ouvert récemment la trappe pour voir, et m'a appelé : après deux ou trois ans, l'intérieur était comme neuf. Et ça ne coûte vraiment pas cher.

Encore un petit avis : placer l'évacuation des W-C au-dessus de la flottaison, et l'aspiration assez loin, reliée aux W-C par un tuyau en caoutchouc renforcé. Ainsi, aucun contact possible entre le corps des W-C (bronze) et la carène acier, d'où élimination d'un risque éventuel d'électrolyse. À noter toutefois que l'hélice d'*Ophélie*, en bronze, et de *Santiano*, en Inox, ne provoquent pas d'électrolyse grâce à la bonne protection apportée par les anodes en zinc.

Il est habituellement admis qu'un bateau acier ne peut pas avoir moins de 9 à 10 mètres, car alors il serait trop lourd, les tôles devant mesurer au moins 3 mm d'épaisseur, afin de n'être pas trop vite percées par la corrosion. *Ophélie*, *Santiano*, *Joshua* et bien d'autres bateaux de 12 mètres conçus par leur propriétaire pour la grande croisière sont en tôle de 5 mm pour la coque. En 4 mm, ils seraient nettement améliorés au point de vue vitesse et tenue dans le mauvais temps.

Après bientôt dix ans d'expérience sur *Joshua*, et les observations très optimistes que j'ai pu faire sur d'autres bateaux acier, je n'hésiterais pas à construire un bateau de 7 mètres en tôle de 2 mm, si, pour des tas de raisons parfaitement défendables, je préférais maintenant un très petit bateau d'entretien peu coûteux en comparaison de *Joshua*. Il serait même possible à mon avis de descendre jusqu'à de la tôle de 1,5 mm pour un bateau de la taille d'un Corsaire. En effet, la corrosion et l'électrolyse ne constituent pas un danger, une fois les dispositions prises convenablement.

Que penser de la solution « alliages d'aluminium » pour la construction de petites unités ? Le premier ennui, c'est qu'un bateau en alliage léger coûte très cher : il y a d'abord le prix de la matière première, et ensuite le coût de la main-d'œuvre spécialisée. J'ai vu un bateau de 9 mètres à bouchains vifs construit par un amateur en tôles d'acier de 2 mm galvanisées et rivetées sur les membrures par des rivets de 6 mm. Ce bateau a maintenant une vingtaine d'années. Le même amateur se serait trouvé devant des problèmes quasiment insolubles s'il avait voulu construire son bateau en alliage léger : il faut être hautement qualifié et très bien équipé pour souder et travailler l'alliage d'aluminium. Quant à le riveter, j'ai vu sur une vieille coque d'hydravion, apparemment intacte, les rivets d'aluminium s'effriter en les grattant simplement avec l'ongle : avec le temps et la fatigue, ces rivets semblaient avoir subi une transformation moléculaire. Et je pense que la construction en alliage léger n'est pas encore au point *dans le temps*, il reste encore à mon avis trop de facteurs imparfaitement connus au point de vue cristallisation et électrolyse chez ce matériau, *pour l'usage où nous l'entendons, c'est-à-dire pour la longue durée*.

Et le bateau en plastique pour les petites unités ? Prenez une boîte de lait condensé vide (en fer) et une autre boîte, en plastique. Et amusez-vous à les faire rouler et rebondir à coups de pied pendant quelques kilomètres sur un chemin caillouteux. Pas besoin d'en dire plus, chacun choisira entre le métal et le plastique pour son bateau. Mais ceux qui auront choisi le plastique feront particulièrement attention aux cailloux. Et s'ils ont lu tous les bouquins de mer, ils se souviendront que de très grands marins comme Slocum, Pidgeon, Voss, Bardiaux, Vito Dumas, se sont trouvés sur les cailloux ou à la côte sans l'avoir voulu. Rien que pendant notre séjour de quelques mois à Tahiti en 1965, quatre yachts ont heurté le corail dans les Tuamotu. Trois d'entre eux ont été liquidés en quelques heures ; le dernier s'en est sorti avec des avaries majeures, grâce aux boulons de quille qui avaient lâché sous le choc, permettant alors au bateau de flotter haut et à l'horizontale jusqu'aux cocotiers, après avoir passé par-dessus le récif. Plus récemment, un trimaran en plastique conduit de Tahiti aux îles Hawaï a heurté une falaise à l'arrivée. Il paraît que le morceau le plus grand de l'épave ne mesurait pas plus de 1,50 mètre de long, après quelques heures. Cela ne veut pas dire qu'un bateau acier s'en serait tiré dans les mêmes conditions, mais tout de même, cela aurait fait une rude différence dans des circonstances moins graves, sur un récif par exemple.

Réparations

Pour qu'il soit possible de sauver *Joshua* en cas d'échouage accidentel, le lest amovible est constitué par des gueuses de vingt à trente kilos placées au fond de la quille creuse. Ces gueuses sont verrouillées à l'aide de barres démontables. Ainsi, rien ne peut bouger pendant un chavirage.

Ce serait une grave erreur de croire qu'un bateau acier en tôles de 5 mm est forcément à l'abri d'un trou dans la coque : une épave en fer heurtée par petite profondeur, ou un rocher bien pointu avec de la houle par-dessus et un peu de malchance en plus...

Outre le lest et beaucoup d'autre matériel, la quille creuse contient donc quelques plaques de tôle galvanisée de 1,5 mm d'épaisseur et des bocaux en verre (pour ne pas rouiller) remplis de rivets de 6 mm. Une vingtaine de forets (mèches à métal) sont également enfermés dans ces mêmes bocaux de rivets, le tout imprégné d'huile afin de se conserver en parfait état. Ainsi, *Joshua* est paré en prévision de grosses réparations éventuelles sur un atoll perdu, et aussi pour que je puisse rester entièrement indépendant où que ce soit, avec simplement l'aide d'un copain pour m'aider à réparer en cas de besoin.

Je n'ai jamais pratiqué le rivetage avec des spécialistes, mais je sais par expérience qu'on peut faire du travail solide et étanche en amateur. Venu donner un coup de main à Henry Wakelam, nous avions riveté, à deux, une dizaine de placards en tôle de 1,5 mm sur les parties défectueuses de *Shafhaï*, vieux bateau acier âgé de vingt-huit ans. L'étanchéité totale a été obtenue en plaçant des rivets de 6 mm à environ 2 cm les uns des autres, après avoir pris la précaution d'intercaler une feuille de papier journal barbouillée de minium entre les placards et la carène. La surface totale de ces placards représentait environ 2,50 m^2. Ce travail a été réalisé à deux, en dix jours, par les moyens du bord. Les trous étaient percés à la chignole, le placard fixé provisoirement par quatre petits boulons qui le maintenaient en place. Puis on terminait le perçage des trous (2 cm de centre à centre) traversant à la fois le placard et la coque. Une fois les trous de 6 mm terminés, on fraisait légèrement le côté extérieur des trous avec un foret de 10 mm, on retirait le placard pour faire sauter les bavures intérieures, on plaçait le papier journal contre la coque, plaqué avec de la peinture (minium) et on remettait le placard en place, maintenu par ses quatre boulons provisoires. Venait alors le rivetage, moi à l'intérieur, Henry à l'extérieur : j'enfonçais le rivet, maintenais sa tête contre la coque à l'aide d'un tas (gros poids en fer), donnais un coup de talon pour prévenir Henry que tout était paré de mon côté, et il rivetait alors avec un petit marteau, en écrasant bien le rivet jusqu'au fond du fraisage. C'était du rivetage à froid, c'est-à-dire sans faire rougir préalablement le rivet au feu. Pas une goutte d'eau n'est passée.

Un trou important dans une carène de bois, plastique ou métal peut être réparé provisoirement en plongée selon un procédé asiatique, avec un mastic composé d'une partie de ciment ordinaire mélangée avec une demie de glaise. Durcit sous l'eau en douze heures environ. De belles voies d'eau ont été colmatées de cette manière sur la carène de *Marie-Thérèse* dans l'océan Indien. Par la suite, Henry Wakelam a beaucoup perfectionné la chose. Les essais que nous avons faits ensemble tiennent en ceci : mélanger à partie égale du plâtre et du ciment, à sec. Dans un autre récipient, mélanger de l'eau et de l'argile (pas du kaolin) jusqu'à obtenir une boue très fluide. Verser alors cette boue sur le mélange plâtre-ciment et malaxer pour former un mastic ayant à peu près la consistance de la pâte à modeler. Maintenant, il faut faire très vite car ce ne sera plus malléable après deux ou trois minutes. Ce mastic plâtre-ciment-argile s'applique en plongée et durcit en moins d'un quart d'heure. À Plymouth, Loïck avait trouvé du ciment à prise rapide pour remplacer le ciment ordinaire. C'est meilleur.

Ici à Tahiti, j'ai entendu parler d'un résultat étonnant réalisé avec un autre produit. Il s'agit de deux tubes ressemblant à des tubes de pâte dentifrice : on mélange les deux produits dans une assiette (comme pour l'Araldite), puis on prend cette pâte dans la main et on l'applique, en frottant sur la partie abîmée de la carène, en plongée. Ça tient sur le bois humide. Dans l'exemple dont il est question ici, il s'agissait de protéger contre les tarets une surface de carène grande comme deux fois la main, et qui avait été mise à nu en raclant sur un pâté de corail. Le bateau venait juste de caréner, il devait partir pour un long charter dans les Tuamotu et ne pouvait pas attendre qu'une place soit libre sur le slip. Il est revenu caréner sept ou huit mois plus tard. Je n'ai pas vu de mes yeux, mais trois copains dignes de foi m'ont certifié que cette réparation faite sous l'eau avait tenu d'une façon étonnante, et qu'après l'arrachage de cette protection plastique, le bois nu ne présentait pas une seule trace de tarets. Il s'agit d'un produit américain appelé Under water patching (tubes A et B) fabriqué par Petit Paints Co à San Leandro, Californie. J'ai l'impression que le Santofer et d'autres produits plastique devraient donner des résultats assez corrects si on prend la précaution de planter quelques petits clous (servant de pivots) sur la partie malade d'une carène en bois, afin de faciliter l'accrochage du produit. Même remarque en ce qui concerne le mélange plâtre-ciment-argile : des petits clous plantés correctement garantissent l'accrochage contre le bois, si la partie à protéger est trop lisse.

Tarets

On pourrait croire que les tarets meurent très vite une fois le bateau sur slip. Il n'en est rien, les tarets peuvent vivre plusieurs semaines, peut-être même un mois, dans du bois sorti de l'eau. Ne pas croire qu'une ou deux couches de peinture antifouling par-dessus du bois *déjà attaqué* gênera les tarets en quoi que ce soit : il faut que le bateau reste un bon mois au sec si on veut être sûr qu'il n'y reste aucun taret.

Ne pas compter aveuglément, non plus, sur la protection d'un doublage en cuivre, ou sur la plastification d'une coque en bois : si un taret parvient à se glisser jusqu'au bois à la faveur d'un petit défaut, il y fera des ravages sérieux sans qu'on s'en doute. J'ai vu cela à plusieurs reprises, sur des bateaux doublés cuivre et sur un bateau en bois moulé plastifié.

Voies d'eau introuvables

Un sac de sciure de bois peut s'avérer précieux à bord d'un vieux bateau en bois pour venir à bout d'une quantité d'entrées d'eau. La méthode est la suivante : remplir une boîte de sciure, plonger à environ 2 mètres sous la quille en tenant la boîte à l'envers pour que la sciure ne s'échappe pas et ne se mouille pas, puis retourner la boîte, ouverture vers le haut. La sciure s'échappe alors, et monte en nuage vers la carène (agiter la boîte pour obtenir une meilleure dispersion). Une fois contre la carène, des particules de sciure sont aspirées par les voies d'eau, se coincent, puis gonflent au bout de quelques minutes, assurant ainsi l'étanchéité. Je répétais périodiquement ce traitement asiatique sur la carène de *Marie-Thérèse* pendant sa traversée de l'océan Indien. Les résultats variaient de quelques heures à quelques jours, selon la chance. Au mouillage, le bateau ne travaille pas, et alors l'étanchéité obtenue par ce procédé peut durer des mois.

Encore une petite information avant de quitter ce sujet inépuisable des réparations et bricolages : j'ai vu des voiles déchirées qui ont traversé au moins un océan, réparées provisoirement mais d'une manière quasi définitive, en y collant des placards avec du *texticroche*, sans fil ni aiguille. J'ai également vu réparer une voile Tergal, toujours sans fil ni aiguille, avec de la colle Formica (très employée pour le travail du Formica en menuiserie). Évidemment, c'est du bricolage, mais cela peut servir, et ayant assisté à l'opération, je vais la décrire. Il s'agissait d'un bel accroc sur une voile Tergal. Le copain a découpé une pièce de la dimension voulue, il a appliqué la colle au pinceau sur une face de la pièce et sur la partie correspondante de la voile malade, il a attendu une dizaine de minutes que la colle Formica soit devenue à peine un peu gommeuse au toucher, presque sèche, puis il a appliqué la pièce, colle contre colle, en prenant soin de ne pas faire de faux plis. Ça a tenu près d'un an.

Sur *Joshua*, en école de voile, le vieux foc largement déchiré à une couture a été recollé avec une bande adhésive placée de part et d'autre de la déchirure : un de mes équipiers se servait couramment de ce procédé sur son propre bateau. J'ai malheureusement oublié le nom de ce produit de dépannage. Ce foc a tenu ensuite jusqu'à la fin de la saison, avec quelques ménagements tout de même, mais malgré plusieurs coups de mistral. Je n'irais pas jusqu'à recommander cette méthode, cependant elle en a dépanné plusieurs.

Cartes marines

Le jeu des pilot charts couvrant le monde entier ne coûte pas cher. On y trouve une foule de renseignements météo, courants, glaces, etc., mois par mois, ou trimestre par trimestre. Ces cartes sont éditées par The Hydrographic Office, à Washington.

Les cartes marines proprement dites, générales et de détail, sont très coûteuses dans tous les pays. De grosses quantités de ces précieuses cartes, une fois périmées, sont détruites par le Service cartographique. Si un organisme officiel pouvait mettre la main dessus avant leur destruction, et nous les céder au prix de la pâte à papier, majoré des menus frais, nous pourrions les corriger auprès des navires pour ce qui nous intéresse. Cela aiderait bien des jeunes et moins jeunes.

Paul-Émile Victor et son équipe ont aidé pas mal de jeunes, comme ça, simplement pour les aider, avec du vieux matériel devenu inapte pour les pôles mais encore très valable sous des latitudes moins rudes. Peut-être ont-ils été déçus de temps en temps, mais qu'est-ce que cela peut bien faire, si, de temps en temps aussi, leur aide a servi à quelque chose.

Manger

Au cours de certaines escales, on trouve parfois des occasions inespérées concernant l'approvisionnement à bon compte, autrement dit pour rien : tortues de mer, poissons et fruits très nombreux aux Galápagos, citrons, oranges, pamplemousses, chèvres et moutons sauvages aux Marquises, thons et dorades en mer quand on passe sur un banc et qu'ils se mettent à mordre tous à la fois, œufs et tortues à l'Ascension, etc.

Du temps de *Wanda* et de *Marie-Thérèse II*, nous regrettions, Henry Wakelam et moi, de n'être pas équipés pour fabriquer des conserves :

— Tu imagines notre chagrin si un jour on rencontrait un âne bien gras sans propriétaire, un âne à personne sauf à nous !

— On ne pourrait quand même pas le tuer pour manger juste quelques jours du curry d'âne.

— Tandis que si on était équipé pour faire des conserves…

Il faut dire que nous avions les dents très longues et pointues à cette époque. Elles sont maintenant sans doute moins longues, mais cela n'empêche qu'un équipement simple pour les conserves peut se révéler fort utile.

J'ai entendu parler de petits appareils à usage ménager, pour sertir les boîtes, mais ne les connais pas personnellement, et je crois qu'ils sont tout de même assez encombrants pour un petit bateau. De plus, le problème d'encombrement posé par les boîtes vides serait de taille.

Aux Galápagos, les Deroy utilisaient des bocaux spéciaux en verre, qui avaient la particularité d'avoir un couvercle métallique très plat. Une grande quantité de couvercles de réserve occupait une place minime, détail important sur un bateau. (Les gros couvercles traditionnels en verre solidaires du bocal par une charnière métallique occupent une place rédhibitoire, sans parler du poids.) Pour la préparation des conserves, une Cocotte-Minute de bonne taille suffit à la stérilisation. Le manuel qui accompagne la Cocotte-Minute donne toutes les indications à ce sujet, temps de cuisson, etc., et on doit pouvoir faire pas mal de boulot en quelques jours de travail chez un copain à terre.

William, qui a traduit ce bouquin en anglais, approvisionnait la cambuse du ketch *Tiki* en chèvres sauvages pendant son escale aux Galápagos. Les meilleurs morceaux seraient les filets le long de la colonne vertébrale, le cœur et le foie. Pour saler le reste, voici sa recette : découper des entailles profondes espacées d'environ un centimètre, dans le sens de la longueur, sans enlever l'os. Frotter ensuite la viande avec du gros sel et mettre au soleil. Retirer le jus chaque soir et stocker à l'abri de la rosée pendant la nuit. Deux à trois jours d'exposition au soleil suffisent. Pour cuire, laisser tremper quelques heures dans de l'eau douce. Curry ou risotto ensuite. Aux Galápagos, le gros sel se trouve dans des sortes de crevasses naturelles à ciel ouvert.

On peut aussi fumer de la tortue de mer et de la chèvre sauvage. C'est un procédé assez long, qui prend au moins un jour et une nuit de travail patient si l'on veut un bon résultat.

Ceux qui font escale aux Galápagos pourront demander la recette aux colons. Le matériel consiste en un vieux fût métallique de 200 litres, des crochets fabriqués sur place avec du fil de fer, et du bois vert de palétuvier qu'on va couper à la machette en bordure de mer.

Le séchage des bananes est intéressant, car un régime de bananes mûrit d'un coup et on n'a pas le temps de tout manger avant qu'elles pourrissent. Il suffit de peler les bananes mûres, de les découper en trois dans le sens de la longueur, et de laisser quatre à six jours au soleil. Les protéger de la rosée pendant la nuit. Très nourrissant. Se conservent plusieurs mois.

Dans sa très intéressante thèse de doctorat sur les plantes de la Polynésie, Paul-Henri Pétard nous donne des renseignements précieux. Les lignes en italique sont extraites de cette thèse, publiée le 27 mai 1960 à la faculté de Médecine et de Pharmacie de Marseille.

Parlant des grandes fougères arborescentes connues sous les noms indigènes *Mamau* à Tahiti, *Aki* et *Aki Vivi* à Rapa, *Tuku* aux Marquises, le docteur Paul-Henri Pétard écrit :

« *Le cœur (moelle du tronc) et les bourgeons terminaux et latéraux sont riches en fécule, et peuvent être consommés après cuisson. C'est un aliment de disette qui, avant l'arrivée des Blancs, a sauvé des centaines d'indigènes de la famine et qui est encore utilisé actuellement par les habitants de Rapa et ceux des Marquises dans de rares occasions... D'une façon générale, le voyageur égaré dans la forêt et à court de nourriture peut subsister un certain temps avec les frondes de la plupart des espèces de fougères, cueillies très jeunes, avant qu'elles ne soient déployées et qu'elles ne portent des feuilles, et cuites soigneusement. Les espèces toxiques sont extrêmement rares.* »

Parlant du pandanus (*Fara* à Tahiti, *Ha'a Fa'a* aux Marquises, *Hala* aux îles Hawaï, *Tima* aux Tuamotu, etc.), Paul-Henri Pétard nous apprend ceci :

« *Le fruit du Pandanus joue un rôle de premier plan dans l'alimentation des indigènes de certaines îles. Sur les atolls de formation récente où les plantes nutritives océaniennes, telles que taros, bananes, patates, arbre à pain, ne poussent qu'avec une grande difficulté, et où le cocotier lui-même germe difficilement, le Pandanus fleurit spontanément et représente une source de nourriture absolument sûre. La pulpe n'est pas mangée crue, même aux époques de disette, car elle irrite très fortement les muqueuses...*

Pour la consommation immédiate, les fruits sont bouillis dans l'eau ou cuits dans le four tahitien. S'ils sont destinés à être utilisés plus tard, on en retire la pulpe dont on fait des galettes en la mélangeant à l'amande fraîchement râpée de la noix de coco ; ces galettes sont séchées au soleil et peuvent se conserver indéfiniment pour être cuites au moment du besoin... »

Concernant la noix de coco, Paul-Henri Pétard nous apprend des choses fort intéressantes :

« *Dans certaines îles des Pomotous, dépourvues de sources d'eau* [c'est-à-dire tous les atolls] *lorsque les citernes alimentées par les pluies sont épuisées, les habitants boivent constamment l'eau de coco et cette absorption massive et journalière ne présente aucun inconvénient...*

Normalement, l'eau de coco est stérile. Elle peut être injectée par voie sous-cutanée, intramusculaire ou intraveineuse, sans provoquer aucun trouble. Elle remplace avantageusement le sérum glucosé et les différents sérums salés artificiels provoquant un véritable lessivage des reins...

L'albumen frais, ou amande, du coco, est consommé à tous les stades de la noix [à tous les stades de la maturité]. *La chair molle, semblable à du lait caillé des cocos nia* [mûrs mais pas secs, qu'il faut donc cueillir en grimpant au cocotier] *est donnée aux bébés, ainsi qu'aux petits cochons qui ont été privés de la mamelle. Elle contient, d'après J. Lepine, pour 100 parties :*

Sucres	1
Gommes	0,33
Albumines	1,46
Huile	2,40
Cellulose	4,30
Sels minéraux	6
Eau	84 »

Plus loin, Paul-Henri Pétard nous parle du ti, « *arbrisseau à tige droite et flexible, non ramifié, terminé par un panache de longues feuilles d'un vert sombre, qui forme des haies autour de la plupart des cases. C'est le ti, Liliacée, qui, en raison de ses multiples usages, joue dans la vie indigène un rôle comparable à celui du uru* [fruit de l'arbre à pain] *et du Pandanus... La racine de ti est une racine pivotante allongée, souvent ramifiée, qui peut atteindre chez un arbuste âgé de vingt ans une longueur de deux mètres et le diamètre de la cuisse d'un homme... Une racine de cinq kilos renfermerait plus d'un kilo de saccharose. Les jeunes racines sont très pauvres en sucre, et ne sont pas employées dans l'alimentation. La richesse augmente avec l'âge, et les indigènes consomment toujours des racines de plus de 5 ans, pesant plus de 5 kilos...* »

Mais il faut cuire cette racine entre 24 et 48 heures au four polynésien. Ce four ou *himaa*, se prépare grosso modo comme suit : on creuse un trou d'environ 1,50 m de diamètre par 50 à 60 cm de profondeur, on y brûle du bois, quand le bois est devenu braise on y met des cailloux qu'on laisse chauffer au rouge, on recouvre ensuite les pierres avec un lit de feuilles de bananier, on pose la nourriture à cuire dessus, on remet des feuilles pour la protéger de la terre, et enfin on recouvre de terre ou de sable et on laisse cuire tranquillement. Pour les aliments habituels, cela prend une ou deux heures. Pour le ti, 24 à 48 heures d'après Paul-Henri Pétard.

> « *Il y a une vingtaine d'années, on pouvait encore trouver aux étalages des marchands ambulants de Papeete des cubes de racines ti cuites au himaa. Cette friandise était très appréciée des Tahitiens qui suçaient les fragments de ti en guise de bonbons et s'en servaient pour sucrer leur thé... Lorsque les indigènes de Rapa n'ont pas le temps ou le courage d'allumer le himaa, ils se contentent de découper les racines crues en tranches très minces, et de les plonger dans l'eau bouillante pendant plusieurs heures ; ils obtiennent une décoction sucrée qu'ils*

emploient après l'avoir filtrée, pour édulcorer leurs boissons et leurs aliments... »

À bord, dans les coins pas toujours bien ravitaillés en verdure (littoral des Galápagos et atolls des Tuamotu par exemple) il serait agréable de faire germer des graines de blé, soja, cresson. Si je n'ai pas persévéré dans cette voie pendant mon voyage, c'est surtout parce qu'étant peu doué pour la cuisine, je ne connaissais pas de bonne recette pour consommer les germes. La Maison Sellcraft, 6, rue Médéric, Paris 17e, vend un appareil simple et une brochure donnant des recettes faciles. Ce n'est pas une réclame, je donne simplement un renseignement que je pense utile.

Nicole est arrivée à Tahiti en solitaire avec *Esquilo*. Elle fait une choucroute à base de papayes : peler les papayes *vertes*, les râper, retirer les pépins, et laisser mariner quinze jours au minimum dans du sel. Se conserve ainsi très longtemps. Pour consommer, rincer la « choucroute » afin d'éliminer le sel, et cuire environ une demi-heure en Cocotte-Minute. Ajouter ensuite la viande, le lard et le saucisson (frais ou en conserves), un peu d'extrait de viande, poivre, épices. Remettre à cuire dix minutes.

La recette de Nicole pour conserver thons et dorades pêchés à la traîne est celle-ci : cuire à l'eau, mettre les morceaux chauds ou froids (pas d'importance) en bocaux de verre et remplir de vinaigre, après avoir ajouté oignons crus hachés et herbes. Se conserve ainsi pendant des mois dans des bocaux non étanches, à condition que le vinaigre recouvre bien.

Se méfier du poisson dans les atolls et les îles coralliennes du Pacifique : certains poissons sont parfaitement comestibles ici, alors que là, deux cents ou trois cents mètres plus loin, *la même variété* peut être très toxique. On aurait vu des cas mortels. Toujours demander à un habitant si tel ou tel poisson est consommable. Il vous demandera où vous l'avez pêché.

En règle quasi générale, les poissons chasseurs (thons, carangues) pêchés dans les eaux coralliennes ne sont jamais toxiques. Mais cela arrive parfois, j'ai rencontré deux personnes durement touchées par du thon (un mois de maladie). Par contre, il paraît qu'un certain poisson peut être mangé à coup sûr : il s'agit d'un poisson rouge vif avec de gros yeux très noirs et des écailles presque aussi tranchantes que des lames de rasoir. Pas plus grand que la main, il affectionne les petites cavernes sombres des pâtés de coraux et vit en groupe. Très facile à tirer au fusil sous-marin. Tous les Tahitiens, Marquisiens et Paumotous que j'ai interrogés m'ont affirmé que ce poisson n'a jamais empoisonné personne.

Dans les zones que je connais de l'océan Indien (Chagos, Cargados-Carajos, île Maurice), le poisson toxique existe aussi, mais c'est beaucoup moins grave que dans le Pacifique, on s'en tire généralement avec une ou deux mauvaises nuits.

Aucun bruit suspect aux Galápagos, tous les poissons y seraient comestibles, à part le tétrodon qui peut être mortel paraît-il dans toutes les mers. Celui-là se reconnaît facilement : il se gonfle et pousse des grognements quand on le prend à la ligne. Yves et Babette Jonville en ont fait une grosse consommation pendant leur séjour aux Galapagos, mais en prenant grand soin d'enlever la peau et la tête, et surtout les viscères. Un ami océanographe leur avait parlé du tétrodon comme d'un poisson très fin, à condition de prendre les précautions dites plus haut.

En plein océan, on peut parfois harponner des balistes par temps calme. Elles aiment se tenir près du gouvernail. Ce sont des poissons de la taille de la main, avec une peau comme du cuir et une grosse arête sur le dos, qui se dresse et reste bloquée. D'où le nom de « poisson cran d'arrêt » qu'on lui donne aussi. J'en ai mangé une dizaine dans ma vie, mais j'ai appris tout récemment en relisant Bombard que la baliste est parfois toxique au point de pouvoir tuer.

Une publication médicale de J. et C. Rivolier parue dans *Les Cahiers Sandoz*, n° 14, juin 1969, est fort bien documentée sur les animaux marins venimeux et vénéneux.

À Tahiti, j'ai consulté le docteur Christian Jonville, copain de bateaux, qui a fait le tour du monde à la voile et pas mal bourlingué dans le Pacifique. Il peut donc se placer sous notre optique et voici ce que j'ai noté :

L'intoxication courante se traduit par des maux de tête, douleurs derrière les yeux, douleurs articulaires, diarrhées et éventuellement vomissements. Puis des démangeaisons parfois très intenses.

Le traitement qui suit m'a été conseillé en 1971 par Christian Jonville pour le cas où la chose m'arriverait dans un coin isolé :

a) *Pour la douleur* : Deux injections intramusculaires par jour de Novobédouze Dix Mille (forme retard de la vitamine B_{12}) plus quatre comprimés par jour de Bétrimax (complexe vitaminé B_1, B_6, B_{12}). M'en tenir à ces doses, ne pas les dépasser. Injections et comprimés pendant deux à quatre jours. Réduire dès que possible le nombre des injections à une par jour.

b) *S'il y a diarrhées* : outre les injections et comprimés du paragraphe précédent, prendre un antiseptique intestinal du type Ercefuryl, Ganidan, ou Talidine, pendant trois jours.

c) *S'il y a vomissements* : ajouter à la cure du Primperan en gouttes, ou injections, ou comprimés, au choix, tant que durent les vomissements.

De toute manière, essayer de rallier un centre de secours médical ou un hôpital : il ne faut pas s'amuser à bricoler avec ces choses-là, sauf impossibilité de faire autrement.

D'autre part, Christian Jonville a retrouvé des textes du vieux sorcier tahitien Tiuraï, décédé depuis longtemps, et a traduit quelque chose d'intéressant pour nous, avec l'aide du professeur de tahitien Maco Tevane. Le sorcier Tiuraï donne deux recettes :

Première recette

Une cuillerée à soupe de vinaigre. Une cuillerée à soupe de sucre roux. Un fruit vert (pas mûr) du nono (*Morinda cyclifolia* des botanistes). Ce fruit pousse sur un *arbuste* et présente des nodosités assez semblables à celles de l'ananas. Sa taille varie d'un œuf à une balle de tennis. On le rencontre sur beaucoup d'îles du Pacifique *et sur les atolls*.

La recette consiste à écraser ce fruit du nono entier (avec la peau, les graines, tout), à en extraire le jus en pressant dans un linge par exemple, à mélanger ce jus avec le vinaigre et le sucre, puis à boire la solution. Recommencer le lendemain. *Pas plus*.

La seconde recette est pour quand on n'a rien sous la main : Prendre les arêtes du poisson fautif, les réduire en poudre, mélanger cette poudre à de l'eau, faire bouillir, et boire. Le texte du sorcier Tiuraï ne donne aucune précision sur le temps d'ébullition ni sur la quantité d'eau.

L'argent

Eh oui, l'argent… on a beau ramasser les clopes et vivre à peu près intelligemment, il en faut quand même plus ou moins selon les tempéraments. En tout cas, une chose est certaine : on peut aller très loin et mener une vie intéressante avec très peu d'argent au départ, car on se débrouille toujours en chemin… à condition d'être en chemin.

Charter ou école de voile en ont dépanné beaucoup aux Antilles et à Tahiti. Avec ça, la caisse de bord se remplira probablement moins qu'en Méditerranée, mais c'est incontestablement un moyen correct pour faire rentrer des sous afin de pouvoir continuer. Et que le bateau mesure quinze mètres ou neuf mètres, on peut toujours s'en sortir avec le charter ou l'école de voile, à certaines escales favorables.

Ici à Tahiti, bon nombre de copains bricolent à terre ou sur d'autres bateaux, le niveau de la caisse se maintient. Jory réparait des voiles et fabriquait des tauds sur sa machine à coudre pour les yachts riches. Christian, qui avait débarqué sans un sou alors qu'il était équipier sur un yacht de passage, est reparti deux ans plus tard s'acheter un cotre acier de huit mètres en Hollande : il avait gagné l'argent en faisant des photos-minute

Polaroïd à l'arrivée des touristes au terrain d'aviation, sur les quais de navires, et dans les bars la nuit. Jack rédigeait des lettres commerciales en anglais pour les importateurs chinois d'ici. Pour ceux qui possèdent très bien une langue étrangère, il y a parfois des travaux de traduction. C'est ce qu'ont fait William et un autre copain à cheveux longs.

Klaus, lui, nous a confié la garde de son bateau pendant quelques semaines pour aller convoyer, en tant que skipper, des Antilles à Tahiti, le bateau de vingt-cinq mètres d'un riche industriel. C'était un gros coup, car ce genre de convoyage paie bien. Bien entendu, il ne faut pas trop compter sur des rentrées aussi belles, mais on se débrouille toujours. Je me souviens avoir donné des leçons de français pendant une escale d'Extrême-Orient en territoire de langue britannique, il y a très longtemps. C'était très peu payé, cela permettait tout juste de manger, et je ne sais pas si mes élèves ont appris grand-chose. Mais moi, c'est comme ça que j'ai appris l'anglais, et cela m'a bien servi par la suite.

On peut aussi écrire un bouquin. Il suffit de raconter. Les revues nautiques, de leur côté sont souvent heureuses de prendre des récits de traversée, de vie aux escales. Ça ne paierait pas pour la vie à terre, elle coûte cher. Mais à bord, c'est très différent. Au cours du voyage précédent de France à Tahiti et retour, nous avons vécu deux ans sans entamer nos réserves, grâce à un travail de gréement et de gouvernail automatique sur un yacht voisin à Casablanca, un peu de charter aux Canaries et aux Antilles, quelques articles dans la revue *Bateaux* et un convoyage d'une semaine.

La réalisation d'un film au cours de la navigation peut se révéler passionnante. Sa projection aux escales est un moyen à peu près certain d'alimenter la caisse. Cela demande malheureusement une mise de fonds importante, avec de gros aléas, car il faut filmer en 16 mm couleur. Mais si on peut se permettre ce risque, la croisière se révélera sans doute plus intéressante, plus vivante, on remarquera des choses qui nous auraient peut-être échappé autrement. Et si on peut récupérer la mise tout en présentant au public un film qu'on aime, puis vivre ensuite de cette manière, ce n'est pas de l'argent volé. Et si on en ramasse quand même trop pour nos besoins raisonnables, on peut toujours en utiliser une partie pour des choses qui ne font de mal à personne, planter un arbre par exemple. Et si nous ne voulons vraiment pas prendre conscience du drôle de destin vers lequel les faux dieux du monde moderne entraînent l'humanité entière, alors viendra un jour où nous pourrons dire à nos petits-enfants : *Tu sais, autrefois il y avait des fleurs et des arbres et des choses vertes partout, et le ciel était bleu au lieu d'être tout gris et la mer aussi était bleue, ce n'était pas du goudron, on pouvait même aller dessus sans demander la permission parce qu'on était libre encore autrefois, je vais te raconter comment c'était avant quand j'avais ton âge... viens voir, je vais te montrer un très vieux film, on y voit la mer bleue avec ses vagues blanches et ses plages dorées, et des oiseaux qui volent vraiment et qui chantent, et des fleurs et des arbres. Mais tout cela a été détruit par...*

Peu après la première édition de ce bouquin, j'ai reçu une vague de lettres indignées au sujet de mon « don au Pape ». À ceux qui me reprochent cela, je recommande de se faire cuire un œuf, très lentement. Et de méditer, pendant cette cuisson, sur une histoire où il est question d'un coup de lance-pierres et d'un mot de passe compris de travers.

Glossaire

Ce glossaire est destiné aux personnes qui ne font pas de bateau et qui veulent suivre cette histoire. Je l'ai donc rédigé d'une manière aussi simple que possible. Les marins n'en ont pas besoin, ils me pardonneront donc des explications parfois un peu superflues, ou écrites en termes pas toujours marins.

Amure. On dit que le bateau navigue *bâbord amures* quand le vent vient de bâbord, et *tribord amures* quand le vent vient de tribord. Bâbord est la gauche du bateau. Tribord est la droite. Sur les anciennes corvettes à voile, il y avait écrit le mot *Batterie* sur le panneau de la soute à munition. Alors les matelots ont commencé à dire « côté Bâ » pour la gauche (bâbord) et « côté Tri » pour la droite (tribord).

Artimon. Le mât d'artimon est le mât arrière. La voile d'artimon est la voile établie sur le mât d'artimon. On emploie le mot « artimon » pour désigner la voile d'artimon, par contraction.

Atterrissage (ou atterrir). Passer en vue d'une terre, d'un phare, d'une île. Les marins sont presque toujours nerveux pendant la période qui précède un atterrissage, ils ont un peu peur de s'être trompés dans leurs calculs.

Balancine. Cordage servant à soutenir l'extrémité de la bôme lorsque la grand-voile ou l'artimon ne sont pas en service. La bôme, c'est la pièce de bois horizontale sur laquelle est amarré le bas (on dit *bordure*) de la voile. Les focs et trinquette (voir le dessin page 49) n'ont pas de bôme en général, donc pas de balancine.

Bôme ou beaume. Voir plus haut à *balancine*. Une bôme peut être en bois ou en alliage d'aluminium, comme les mâts. Les bômes de *Joshua* sont en bois. Ses mâts aussi.

Bonnettes. Voile supplémentaire de beau temps qu'on peut placer (on dit : établir) sous une autre voile, pour augmenter la surface de toile.

Bout-dehors. Pièce de bois (de fer pour *Joshua* et pour la plupart des bateaux en acier) qui prolonge l'étrave sur l'avant (voir le dessin page 49). À l'heure actuelle, peu de bateaux ont un bout-dehors, mais je trouve le bout-dehors bien pratique car il permet d'envoyer (d'établir) plus de voiles. En revanche, le bout-dehors est parfois de trop dans les ports.

Capeyer. Tenir la cape. C'est difficile à expliquer en quelques lignes. C'est une manœuvre de mauvais temps, qui permet de laisser le bateau se débrouiller tout seul quand la mer est très mauvaise. Il y a différentes méthodes : par exemple, on peut baisser (amener) toutes les voiles, puis amarrer la barre du gouvernail « sous le vent » (à tribord si le vent vient de bâbord) et aller dormir. Le bateau se mettra alors à faire tranquillement le bouchon, sans avancer, en attendant la fin du mauvais temps. Mais il est parfois dangereux de ne porter aucune voile à la cape. Alors, on met un peu de grand-voile, et la trinquette à contre (bordée vers le côté d'où vient le vent) toujours barre du gouvernail, amarrée sous le vent à l'aide de sandows. Ainsi, le bateau dérive un peu, et cela crée une sorte de remous protecteur du côté « au vent ». Ce remous protecteur empêche les lames de déferler. Mais depuis que les bateaux naviguent, on a écrit des tonnes de papier sur la manière de prendre la cape, et cela n'empêche pas toujours le bateau de se faire retourner par une déferlante. Mais si le bateau a une quille lestée, il se redresse avant d'avoir eu le temps de se remplir, c'est le principal.

Carène. Partie immergée de la coque. On dit parfois aussi les « œuvres vives », par opposition aux « œuvres mortes » qui font partie de tout ce qui n'est pas immergé.

Choquer. Laisser filer un peu, donner du mou, dans un cordage, une écoute, une drisse.

Cockpit. Genre de caisson ouvert sur le pont et à l'arrière de la cabine, où l'on peut se tenir sans être trop exposé au danger. C'est du cockpit qu'on barre en général.

Draille. Câble d'acier partant de l'étrave et allant en général jusqu'aux deux tiers de la hauteur du grand mât. Cela consolide la tenue du mât et permet en outre d'établir la trinquette (voir étai).

Drisse. Cordage (ou câble d'acier de petit diamètre très souple) passant dans une poulie en haut du mât et servant à hisser les voiles. Il y a une drisse pour chaque voile.

Écoute. Cordage servant à orienter les voiles par rapport au vent, et placé à l'extrémité basse de la voile (point d'écoute). On dit qu'on borde la voile (ou l'écoute) quand on tire l'écoute vers l'intérieur du bateau. On choque la voile (ou l'écoute) quand on « laisse filer » l'écoute vers l'extérieur. Il est évidemment beaucoup plus facile de choquer que de border, puisque pour choquer une voile, il suffit de laisser filer l'écoute, la force du vent se charge du reste. Pour border, il faut des muscles ou un winch (ou un palan).

Empanner. Faire passer (volontairement ou par accident) les voiles d'un bord à l'autre, au vent arrière. Quand le vent est fort, cela peut provoquer la rupture de la bôme sous le choc, si le bateau porte trop de toile pour le vent.

Espar. N'importe quelle pièce de bois allongée, comme la bôme, le bout-dehors, etc.

Étai. C'est à peu près la même chose que la draille, mais à cette différence que l'étai relie l'étrave (ou l'extrémité du bout-dehors) au sommet du grand mât. L'étai sert à tenir le mât et aussi à établir le foc, tourmentin, génois (voir dessin p. 49)

Étarquer. Hisser à bloc, raidir à bloc.

Ferler. Amarrer une voile le long de sa bôme, après avoir amené (baissé) la voile. S'il n'y a pas de bôme, on ferle quand même, ça ne fait rien. On ferle en se servant de rabans, petits bouts de cordages ou petites lanières de tissu.

Foc. Voile triangulaire placée sur l'avant du bateau (voir le croquis page 49).

Gaffe. Perche solide, de deux et trois mètres de long, avec un crochet arrondi au bout, servant à ramasser un objet tombé à la mer, à repousser un quai pendant une manœuvre de port, etc. « Tenir à longueur de gaffe » est donc une expression imagée qui veut dire « se méfier ».

Génois. C'est un grand foc. On portera donc le génois quand le vent n'est pas trop fort, sans quoi, c'est le mât qui casse. Le tourmentin est également un foc, mais tout petit, pour quand ça souffle dur.

Guindeau. Genre de cabestan servant à relever la chaîne de l'ancre. Plus un bateau est petit, moins le guindeau est nécessaire, puisqu'on peut alors hisser l'ancre en tirant à la main sur la chaîne. De nombreux bateaux de régate, même grands, préfèrent se passer de guindeau, puisque l'équipage est nombreux et que le guindeau pèserait lourd et gênerait les manœuvres de voiles parfois. En croisière, il en est tout autrement.

Haubans. Câbles d'acier servant à soutenir les mâts latéralement.

Hiloire. Partie verticale de la cabine au-dessus du pont et aussi partie verticale du cockpit qui sert à protéger l'homme de barre contre les embruns et le vent.

Loch. Appareil servant à enregistrer la distance parcourue et qui fonctionne sans doute à la manière d'un compteur de vitesse sur une automobile. Dans le loch, une petite hélice remorquée par une ligne entraîne le compteur, qui, lui, est fixé sur le pont, à l'arrière du bateau. En régate, on utilise de préférence un loch beaucoup plus perfectionné et minuscule, fixé sous la carène, avec une hélice de quelques centimètres de diamètre (2 ou 3 centimètres), qui ne freine absolument plus le bateau. Beaucoup de bateaux de croisière sont du reste équipés avec ce second type de loch, qui donne à la fois la vitesse et la distance parcourue.

Lofer. Dévier la route en allant vers le côté d'où souffle le vent. C'est le contraire d'abattre.

Moustaches. Genre de hauban servant à tenir le bout-dehors latéralement. En général, les moustaches sont en câble d'acier (comme les haubans), mais je préfère avoir des moustaches en chaîne, moins sujettes à la corrosion.

Palan. Ensemble de poulies servant à démultiplier l'effort sur un cordage. La force du palan est considérable. Ainsi, il y a longtemps, l'une des montagnes de Tahiti a été emmenée jusqu'à la baie de

Pao-Pao sur l'île voisine de Moorea, à l'aide d'un palan multiple que les habitants avaient sculpté dans la coquille des nacres du lagon. Mais ils ont d'abord ceinturé la montagne avec un cordage tressé dans l'écorce des burao de la côte Ouest. Et si beaucoup de gens maintenant ne croient pas à cette histoire vraie, c'est peut-être parce qu'ils ont oublié qu'autrefois les hommes croyaient en quelque chose.

Près. On dit qu'un bateau navigue au près quand il remonte le vent à environ 45°, c'est-à-dire le plus *près* possible du lit du vent. Le près « bon plein » est un près moins serré, soit environ 60°. On comprend que le bateau marche mieux au près bon plein qu'au près serré, il bute moins, tosse moins dans la lame, va plus vite. Mais il fait un moins bon cap contre le vent au près bon plein qu'au près serré. Il faut choisir selon l'état de la mer.

Ris (ou bandes de ris). Petits trous percés dans la voile, en bandes horizontales, lesquels trous sont renforcés par des œillets (comme une boutonnière). Des petits bouts de cordages y sont fixés et servent à réduire la toile selon la force du vent. Le *bas ris* est le ris le plus haut, c'est-à-dire celui qui permet de réduire le plus de toile. Courir au bas ris veut donc dire courir sous le minimum de toile. (Voir p. 319 à 321.)

Sancir. Chavirer par l'avant cul par-dessus tête.

Sous-barbe. Les moustaches servent à tenir le bout-dehors latéralement, la sous-barbe sert à tenir le bout-dehors de bas en haut. Tout comme les moustaches, la sous-barbe de *Joshua* est en chaîne au lieu de câble d'acier. Beaucoup de bateaux préfèrent une sous-barbe en chaîne, nettement moins sujette que le câble à la corrosion.

Tourmentin. Foc de très petite surface, solide, utilisé dans le mauvais temps. Par ordre de taille, il y a donc : le grand génois, le petit génois, le foc de route, le petit foc, le plus petit foc et enfin le tourmentin. On peut même avoir des tourmentins de différentes tailles, l'un petit, l'autre très petit. À noter que toutes ces voiles (du génois au tourmentin) font partie de ce qu'on appelle les « voiles d'avant », ainsi que la trinquette : c'est-à-dire tout ce qui se trouve sur l'avant du grand mât.

Trinquette. Voile d'avant placée entre la grand-voile et le foc. Les bateaux de petite taille se contentent généralement du foc et évitent la trinquette. Mais pour la croisière, les marins préfèrent souvent ce qu'on appelle un « gréement divisé », c'est-à-dire foc et trinquette, permettant des réglages plus faciles, avec des voiles moins grandes individuellement, donc plus maniables. Bien entendu, les petits dériveurs que vous voyez dans les baies n'ont pas de trinquette, elle serait inutile et gênante, vu la taille de ces bateaux.

Wharf. En gros, c'est un quai ou un appontement.

Winch. Genre de petits cabestans permettant de tirer sans trop de fatigue sur les écoutes, et aussi de réaliser des réglages très précis. C'est pourquoi on voit des winches même sur des bateaux assez petits. Quand on n'a pas de winch, on se sert d'un palan, mais c'est beaucoup plus long et compliqué.

Table

Préface 11

I

1. Toute la toile 19
2. Tétrodons et requins 41
3. Pie chercheuse 51
4. Dimanche à Trinidad 61
5. Muchos pocos hacen un mucho 73
6. Joué, perdu... Joué... gagné ! 85

II

7. Bonne-Espérance 101
8. Sillage en dents de scie 123
9. Les jours et les nuits 143
10. La longue route 161
11. La règle du jeu 173
12. Noël et le rat 181
13. Le Temps des Tout Commencements 189

III

14. Frère aîné 201
15. Joshua contre Joshua.. 221
16. Une nuit… 239
17. Un jour… une nuit… 251

IV

18. Rêves vrais… et faux rêves 267
19. Le temps de choisir 285
20. Le tournant 293
21. Écoute, Joshua… 307
22. Le temps de choisir 317
23. Le tournant 327

Appendice 337
Glossaire 433

Bernard Moitessier est l'auteur des dessins p. 29, 256, 280, 283, 296, 299, 311, 335 et des croquis de l'appendice.
Les dessins p. 43, 53, 58-59, et 97 sont de Marc P.G. Berthier.

3738

Composition
NORD COMPO

Achevé d'imprimer à Barcelone
par CPI Black Print
le 9 septembre 2025.

Dépôt légal : mai 2021
EAN 9782290261774
OTP L21EPLN003059-678910/R4
1er dépôt légal dans la collection : septembre 2012

ÉDITIONS J'AI LU
82, rue Saint-Lazare, 75009 Paris

Diffusion France et étranger : Flammarion